"十四五"国家重点出版物出版规划项目

国家社科基金抗日战争研究专项工程项目"满铁资料整理与研究"（项目编号：17KZD001）成果

李娜 等著

满铁对中国东北林业资源的
调查与掠夺

满铁研究丛书

主　编　邵汉明
副主编　武向平

中国社会科学出版社

图书在版编目（CIP）数据

满铁对中国东北林业资源的调查与掠夺 / 李娜等著.
北京：中国社会科学出版社，2025．8. -- （满铁研究丛
书）. -- ISBN 978-7-5227-5277-8

Ⅰ．K265.610.6；S7

中国国家版本馆 CIP 数据核字第 20251M4X26 号

出 版 人　季为民
责任编辑　靳明伦　苗祎琦
责任校对　周　昊
责任印制　李寡寡

出　　　版　中国社会科学出版社
社　　　址　北京鼓楼西大街甲 158 号
邮　　　编　100720
网　　　址　http://www.csspw.cn
发 行 部　010-84083685
门 市 部　010-84029450
经　　　销　新华书店及其他书店

印刷装订　北京君升印刷有限公司
版　　　次　2025 年 8 月第 1 版
印　　　次　2025 年 8 月第 1 次印刷

开　　　本　710×1000　1/16
印　　　张　18.75
字　　　数　292 千字
定　　　价　89.00 元

"满铁研究丛书" 编委会

主　　　编　邵汉明

常务副主编　武向平

顾　　　问　解学诗　　王建朗

主　　　任　邵汉明

副　主　任　金以林　　郭连强　　武向平

编委会成员（按姓氏笔画）：

王玉芹　　王玉强　　王铁军　　孙文慧

孙志鹏　　孙　彤　　孙　雁　　李雨桐

李　娜　　吴　玲　　周颂伦　　郑　毅

景　壮

总　　序

　　南满洲铁道株式会社，简称"满铁"，一个名称上看似专营铁路业务的民营企业，在日本侵华史上是一个特殊的存在，它实际上是一个集殖民统治、经济掠夺、情报搜集等活动于一体的巨无霸企业，不仅在日本史上独一无二，在世界史上也是罕见的。

　　满铁在近代中日关系史上占有重要地位。它成立于日俄战争后的1906年，是根据日本特殊立法而设立的"国策会社"，首任总裁是曾经担任中国台湾民政长官的有着"殖民地经营家"之称的后藤新平。他主张"举王道之旗行霸道之术"，提出"文装的武备"的殖民主义统治政策。九一八事变前，满铁是近代日本推行大陆扩张政策的中枢机构；九一八事变后，满铁更是凭借其雄厚的实力以及在中国东北特殊的地位，积极地配合关东军侵略东北。可以说，九一八事变是关东军与满铁共同作用的结果。

　　此后，伴随着日本侵略范围的扩大，满铁经营的范围也迅速向中国华北、华东、华南地区扩张，几乎控制了中国东北、华北的主要经济命脉，广泛涉及铁路、水运、煤炭、钢铁、森林、农牧、金融、学校、医院、旅馆等各个领域。满铁垄断了中国东北铁路网，掠夺了中国东北及华北大量的国防能源和经济资源，将中国东北变成了日本工业原料供应地，是日本对华经济掠夺和经济侵略的中心组织。

　　满铁在中国东北盘踞40年，发展规模达40亿日元，从业人员近50万人，其直接统治的满铁附属地近500平方公里。从九一八事变到1945年日本战败投降，满铁几乎参与了日本全部侵华活动。它是日本对中国进行全面侵略的重要工具，是在华时间最长、侵害最大的侵略会社。

　　情报搜集是满铁的一项重要职能，满铁调查部直属专业调查人员有2500余人。数十年间，满铁对中国的地质、矿产、土地、森林、港湾、农业、海运等展开了全面调查，并形成了庞大的调查报告书，广泛涉及当时中国的政治、经济、军事、法律、历史、文化、教育、民族、宗教、地理、自然科学等各个领域。1945年日本战败投降后，满铁档案资料除了部分被焚烧以外，绝大部分留在了中国东北。这些满铁资料包括文书档案、往复电报、调查报告、指令、命令等，涉及日本侵华的各种机密文件。这些资料分散于十几家档案馆、图书馆及研究机构中，其中，吉林省社会科学院所藏满铁资料最为丰富。这些当年服务于日本侵华的资料，成为今日确证日本侵略行为的罪证，成为历史研究的珍贵的第一手资料。

　　吉林省社会科学院长期以来致力于满铁资料的整理与研究。20世纪50年代末，满铁研究作为经济学重大课题被纳入国家科学发展规划。其后历经曲折，直到改革开放后的1987年，八卷本1000万字的《满铁史资料》终于面世。20世纪90年代，吉林省社会科学院正式建立满铁资料馆，该馆收藏满铁资料总计3万余册，大幅图表近3000幅。2016年，在吉林省社会科学院和中国社会科学院近代史研究所的共同主导下，满铁研究中心成立了，这是国内首个满铁研究实体机构。此后，满铁研究中心在满铁资料抢救、整理、研究方面发挥了重要的推动作用。为便利学界研究，满铁研究中心出版了大量馆藏的满铁对华"调查"资料，其中，由时任院长邵汉明发起并亲任主编的《近代日本对华调查档案资料丛刊》迄今已陆续有六辑出版面世，多达490册。

　　吉林省社会科学院不仅是国内的满铁资料中心，也是满铁研究重镇。前辈解学诗是中国满铁研究的重要奠基人，他先后出版了《满铁与中国劳工》《评满铁调查部》《满铁与华北经济》，并主编了《满铁内密文书》（30卷）、《满洲交通史稿》（20卷）。在他的带领下，满铁研究的后起之秀纷纷崛起。近年来，武向平著《满铁与国联调查团研究》、李娜著《满铁对中国东北的文化侵略》、王玉芹著《日本对中国东北医疗卫生殖民统制研究》等陆续面世，进一步丰富了满铁研究。

　　此次，吉林省社会科学院集结了满铁研究的精兵强将，以本院研究骨干为主体，吸纳东北相关高校和研究机构的研究者参与，组成了强有力的项目团队。该丛书对满铁展开了系统研究，涵盖满铁活动的众多面相，内容包括满铁对附属地的统治、满铁与日本关东军、满铁与"满洲"扩张论，满铁对东北矿产资源林业资源的调查与掠夺、满铁对铁路煤矿的垄断经营，以及对满铁重要人物、战后满铁会的研究等。通过这些研究，丛书比较完整地描绘出满铁的基本面貌，揭示了满铁在日本向中国东北扩张中的急先锋作用，与日本军方的紧密关系及其在日本对华各类资源掠夺中的重要作用。

依托吉林省社会科学院得天独厚的满铁资料收藏，这些研究建立在丰富而扎实的史料基础上。大量的第一手史料的发掘与使用，使得这些著作体现出浓郁的原创性。这一系统性的研究，将满铁研究又推向了一个新的阶段，在满铁研究的学术史上必将留下浓重的一笔。

祝贺丛书的出版，期待有更多的优秀成果面世，将满铁研究推向新的高峰，将日本侵华史研究推向新的高峰。

王建朗

2025 年 6 月 6 日

目　　录

绪　论 ……………………………………………………………… 1

第一章　日俄战争前列强对中国东北林业资源的觊觎与攫取 ……… 13
　　一　中国政府对东北林业资源管理的缺失 ………………… 13
　　二　日俄对中国东北林权的争夺 …………………………… 15
　　三　各国列强角逐分羹的企图 ……………………………… 28

第二章　日本对中国东北林业的政策 ……………………………… 39
　　一　中国政府的林业政策 …………………………………… 39
　　二　沙皇俄国侵略时期的林业政策 ………………………… 45
　　三　日伪统制时期的林业政策 ……………………………… 46

第三章　满铁林业调查统制机构 …………………………………… 63
　　一　满铁的调查机关 ………………………………………… 64
　　二　伪满时期的林政机构 …………………………………… 80

第四章　满铁对中国东北主要河流流域及铁路沿线
　　　　林业资源的调查 ……………………………………… 86
　　一　清政府对东北森林资源的早期调查与开发 …………… 86
　　二　满铁对中国东北森林资源的早期调查 ………………… 89
　　三　满铁对铁路沿线的林业调查与掠夺 ………………… 109

四 伪满时期满铁对中国东北森林资源的调查 …………… 118

五 满铁对中国东北林业资源调查的特点 ……………… 129

第五章 满铁对林产品的生产加工 ……………………………… 133

一 满铁辖下的林业会社 ……………………………… 136

二 木材直接采伐与利用 ……………………………… 151

三 满铁的木材加工业对林产的掠夺 ………………… 159

四 对副产物的采集与掠夺 …………………………… 174

第六章 满铁对木材从业者的雇用与奴役 …………………… 179

一 对东北伐木工的雇用和剥削 ……………………… 179

二 日本"林业移民"政策及移民状况 ……………… 191

三 森林警察 …………………………………………… 208

第七章 满铁对中国东北林木的运输与掠夺 ………………… 214

一 铁路为主要运输手段 ……………………………… 215

二 水运 ………………………………………………… 229

三 陆运 ………………………………………………… 242

第八章 满铁对中国东北林业资源掠夺造成的生态代价 …… 256

一 日本的侵略殖民对中国东北林业的掠夺和破坏 … 259

二 中国东北木材之于日本国内及战争的价值 ……… 270

三 对中国东北森林资源和生态环境的破坏 ………… 276

参考文献 ………………………………………………………… 281

后 记 …………………………………………………………… 289

绪　　论

　　资源与战争是紧密联系不可分割的，资源是战争的必需品，有了资源，战争才能多一分胜算。日本是资源小国，纵观日本对中国及其他亚洲国家的侵略，总是以资源调查为先导的。因此，日本军国主义的侵华战争，其政治和军事目的首先也必然是以经济为前提的。而实现经济掠夺，必须先要搞清楚资源分布情况。19世纪末20世纪初，帝国主义列强基本完成了对中国的瓜分，中国封建专制统治虽试图变法维新，但以失败告终，后起的日本帝国主义就是在这种列强撕裂中国和中国政局动荡的转型时期挤进中国的，把它的穷凶极恶加诸中国，扭曲了中国近代史的发展进程，加速了中国的殖民地化。

　　日俄战争是日本侵华的转折点。通过1904—1905年的日俄战争，日本的最大收获是攫取了辽东半岛租借权和经营"南满"铁路的特权，对于前者，1906年10月在旅顺设立关东都督府；对于后者，同年11月"南满铁道株式会社"出台，简称满铁。胡绳曾指出，满铁"名义上是个股份公司，实际上是日本政府直接管理下的一个经济机构"①。历史表明，满铁是日本"官民一体"和"文装武备"的综合侵华实体，是强贼钻进中国肚皮建立起来的庞大而独特的侵略机构——"国中国"②。满铁的首要任务是铁路交通运输业，包括港湾、水运、公路等，其次是矿工业，此外还有渗透到工农商各业多达六七十家的所谓"关系会社"。满铁正是因为拥有雄厚的经济实力，才有可能从事非营利事业，如调查情

---

① 胡绳：《从鸦片战争到五四运动》下册，人民出版社1981年版，第767—768页。
② 苏崇民主编：《满铁档案资料汇编·第六卷——水陆交通和运输工人》，社会科学文献出版社2011年版，总序第4页。

报活动。满铁的调查情报网遍布中国东北、华北及日本、欧美各地。满铁调查活动峰期专职调查人员达 2500 人，这还不包括谍报特工人员。

而满铁的资源调查又为日本对中国东北进行殖民统治提供了可靠的情报。本书主要论述满铁对中国东北林业资源的调查与掠夺。满铁对中国东北的林业资源调查经历了三个阶段，从早期明确的经济目的，到赤裸裸地为日军服务；从偷偷地进行调查，到明目张胆的军事掠夺；从局部范围的调查，到大范围的普查；从调查机构的设立到调查方案的实施，再到每一部调查报告的形成，满铁林业资源调查详细至极，精密的计划背后反映出的是日本对中国东北资源掠夺的野心。

一　国内外研究现状述评

满铁在存在的近 40 年时间里，几乎参与了日本所有的重要侵华行动，作为中日关系史的一个特殊时期，其存在的本身和行业轨迹就是一部帝国主义的侵华史，其侵略的诸多情节与史实至今仍鲜为人知。因此，满铁研究在日本侵华史的研究布局中具有全局性战略意义，能为中日学者日本侵华史研究提供重要线索和许多不为人知的资料。其中，满铁对中国东北的林业资源的调查和掠夺即满铁掠夺中国国防资源的重要一环，越来越被中外学者所关注和研究。

但是，目前国内外的学者对 20 世纪初满铁对中国东北的林业资源调查与掠夺的研究尚无专著问世，有关方面的研究多出现在相关著作的章节中，并且主要从宏观角度进行论述。对此进行研究的论文也只有寥寥十数篇，多数研究者只是对某一区域、某一时间段，从某一角度或整体粗略地探讨此类问题。尽管如此，这些研究成果为本书的研究提供了理论指导和诸多启示。由于该问题的历史价值和现实意义较强，因此国内外学者给予了一定的关注，取得了一些阶段性的研究成果。

(一) 国内外研究现状

国内学者对这一问题的关注和研究，从时间上大致分为四个阶段。

第一阶段：1906—1945 年，这一时期的显著特点是处于满铁统制东北的整个时间段，研究也贯穿日本侵华战争始终。尽管如此，国内出现了一批对中国东北森林资源十分关注的爱国学者，并形成了一些研究成果，如徐嗣同的《东北的产业》（1932）、何新吾的《东北现状》《国人对东北应有的认识》（1933），从日本对中国东北森林掠夺的角度入手，介绍了日本对中国东北地区各产业的掠夺，同时记录了日本对东北森林的需求以及投资开办森林企业的情况。同一时期，陈觉于 1933 年著《东北路矿森林问题》一书，介绍了日本自日俄战争后对中国东北矿产、森林、铁路进行调查和掠夺的过程，尤其是九一八事变后，日本侵略者变本加厉地加强对铁路的控制和资源的掠夺。这一时间段中国学者的关注和研究主体是日本，并未细化到满铁，因此研究视角比较宏观。

第二阶段：1945—1949 年，这一时间段是战后研究的起步阶段，国内形势极其复杂，经历了三年内战，所以对满铁的研究完全处于探索阶段。战后伊始，对东北资源的宏观研究只有詹自佑在 1946 著的《东北的资源》一书，书中用极少的章节介绍了 1932 年以后伪满时期林业生产经营状况及林业贸易，对满铁的活动几乎没有涉及。这一阶段最可贵的资料性研究就是国民党东北物资调节委员会于 1948 年出版的《东北经济小丛书》，这套丛书经过缜密调查，对东北的经济分成若干专题进行介绍和论述，研究了伪满时期中国东北地区的资源产业情况，具有很高的文献价值。该丛书以伪满建立后的时间段为主要论述点，但其中对东北森林的分布、面积、蓄积量及森林产业的研究，不仅限于伪满时期，而是从更长的时间段对日本在中国东北地区进行的林业经营管理情况进行了详细的描述，包括晚清时期、满铁时期及伪满时期日本在中国东北地区实施的有关林业政策、采伐、林业工人、林产品加工、林业移民等方面的内容均有涉猎，成为本书研究重要的参考文献。

第三阶段：1949—20 世纪 80 年代。中华人民共和国成立后，针对满铁的研究随即开始。50 年代开始出现了关于满铁对华资源调查与掠夺问题的研究，这主要体现在以解学诗先生为代表的吉林省社会科学院和以苏崇民教授为代表的吉林大学所承担的关于"满铁史资料"的整理、编辑和出版，满铁研究开始作为专题研究被国内外学者所正式关注。70

年代初，为应对日本甚嚣尘上的右翼势力，中国学者继续坚持资料整理和专题研究工作，为批判日本右翼史观收集证据。

第四阶段：20世纪80年代至今，这一时期是对满铁重视与逐步展开研究的时期。关于满铁对华资源掠夺的研究，相继出现一些较有影响的著作，其中集大成之作，为苏崇民的《满铁史》（1990）一书。该书是迄今为止唯一一本关于满铁的综合性著作，从满铁设立开始，多角度、多维度地对满铁对中国东北的侵略、调查、掠夺进行论述。其中涉及满铁调查部的设置及其进行的相关调查、满铁及其特殊会社对中国东北的林业资源进行的大量调查和大肆掠夺、从对东北森林采伐权的攫取到各林业子公司、林场的设立，从各铁路沿线和主要河流流域的森林的采伐到对林业加工、运输的经营等诸多方面。但因为该书为综合性的著作，因此这些方面只是作为书中的个别章节进行介绍。尽管如此，该书亦成为本书研究的基础和重要参考。另外，解学诗在2003年出版了《隔世遗思 评满铁调查部》一书，亦为目前研究满铁调查部的权威著作。书中对满铁调查部的设立、沿革、改革、调查、研究等方方面面进行了论述，从满铁调查的角度出发，论述了满铁组织大量人力、物力、财力对东北森林进行调查，以便弄清东北森林的详细情况，得出了关于中国东北森林调查第一手资料。满铁对中国东北森林资源并不只止于调查研究，它的根本目的是快速而大量地对中国东北森林进行采伐和掠夺。此书为本书的研究奠定了丰富的史料基础，但书中并未对满铁林业资源调查进行详细而全面地展开，这为本书提供了研究的空间。还有一部著作主要对东北森林与生态环境之间的关系进行论述，即范立君在2013年出版的《近代松花江流域经济开发与生态环境变迁》一书。书中论述了近代松花江流域的开发，尤其指出日本对松花江流域森林的掠夺是造成松花江流域生态环境变迁的一个主要因素。这一著作也为本书研究提供了有益的研究方法和思路。

在资料书出版方面，值得一提的是华中师范大学中国农村研究院院长徐勇教授从2005年起组织庞大的编译团队，陆续将《满铁调查》翻译成中文并出版（第一辑已于2015年由中国社会科学出版社出版）。该译丛书系内容庞大，涉及面广，是研究满铁调查的重要史料。此外，还有东北各省的省志及地方志，多少都涉猎了日本对中国东北地区林业资源掠夺的记载，在此不一一赘述。

综上，从总体上看，近 20 年来满铁侵华史研究成果已经将满铁侵华的基本脉络、基本面貌揭露得较为清楚，这极大推进了东北森林变迁史的研究。同时，国内也涌现出了一批有远见卓识的专家和学者，著作颇为丰富。但是这些研究大多数是通史性、综合性的研究，满铁对中国东北林业资源的调查只是作为部分章节内容进行了孤立的讨论，并未对其毁灭性掠夺造成的影响进行阐述和评价，对满铁调查、掠夺东北林业资源情况缺乏系统性、全面性的专著研究。

关于满铁资源调查的研究不仅限于上述著作，更可喜的是，随着学者们对资源调查的重视，近年来学术界出现了从不同角度进行研究的论文，学者从满铁对中国东北森林的调查和森林产业、日本林业移民、东北地区森林与生态环境的关系等方面进行了论述。论文数量虽然不多，对满铁在东北森林的采伐和掠夺研究也没有形成一个独立而完整的研究体系，但这些研究成果为本书的研究提供了理论观点及写作方面的借鉴。在不到 20 年的时间里，有关满铁侵华史研究已形成一个群体，发表著述的内容几乎涵盖了满铁侵华史的所有重大事件，这同时也表明满铁侵华史研究的题材和领域是很宽广的，可以说满铁侵华史研究正步入良性的发展轨道。

（二）有关日本学者和机构研究

战后不久，日本相关学者和学术团体对满铁的研究取得了积极的成果，其中影响较大的即安藤彦太郎及其领导的满铁史研究会，由安藤彦太郎主编、1965 年由日本御茶水书房出版的《满铁——日本帝国主义与中国》成为真正科学地研究满铁与中日关系史的开路之作。① 20 世纪 80 年代，由曾在满铁工作过的野村一雄所著、1986 年由日本劲草书房出版的《回想满铁调查部》和石堂清伦著、1986 年由日本原书房出版的《十五年战争与满铁调查部》相继问世，这些著作回忆了满铁调查活动

---

① 参见苏崇民主编《满铁档案资料汇编·第九卷——农林牧业扩张与移民》，社会科学文献出版社 2011 年版，总序第 8 页。

实态，揭示了满铁侵略活动的实质，对推动满铁与中日关系史研究具有积极的作用。但是，由于当时的政治气候和中日关系的外交环境，这些日本著述难免偏离正确的历史观。这一时期的研究内容对中国东北森林，尤其是满铁侵略时期对东北森林的掠夺涉及不多，多以综合性的论述为主，并没有关于满铁时代森林史的专门性著作问世。

日本有关学者通过满铁留下来的丰富的调查资料，以满铁经营为主线，对伪满时期东北地区的资源及东北各经济部门的状况进行相关研究的重要著述则是日本满史会（1953—1963）的《满洲开发四十年史》，该书于1965年1月由满洲开发四十年史刊行会出版，全书共三卷，主编大藏公望曾任职满铁运输部次长、理事，后任日本东亚研究所副总裁。该书研究内容涉及东北地区资源、经济、贸易等诸多领域，可谓中国东北地区近现代经济史著作，书中对满铁进行了大篇幅的介绍，对满铁在东北地区的森林采伐和木材生产情况及林产品的工业化都做了记载。随后，《满洲国史》于1970—1971年出版，该书由满蒙同胞援护会（1970—1971）出版，主编是原关东军参谋片仓衷和原伪满总务厅次长古海忠之。该书由总论和各论构成，书中大量介绍了伪满洲国经济、产业、交通等各领域、各部门，其中涉及日本对东北地区林业的投资以及经营状况等。但是很显然，这两套著作所宣扬的核心观点是殖民主义侵略和扩张的"合理"性，大藏公望在《满洲开发四十年史》的序言中即称："本书不想对日本开发满洲的功与罪予以评论。这是一份离开政治观点，如何栉风沐雨献身于旷野开发的事实记录，是由于日本人的创见和勤奋而遗留下来的经验写照。对它的研究和反省，必须等待即将到来的重新评价和机会，它对于从新的和平观点出发的落后地区工作，是有利用价值的。"① 大藏公望的所谓"离开政治观点"，归根结底就是阉割反映侵略掠夺本质的事实，在战后的历史实践中表明，这种"开发"论是误导最广、影响最大、危害最深的右翼错误史观之一。

近些年来，随着对环境问题的关注，森林掠夺与生态环境的关系作为学者的研究热点课题得到深入和拓展，近代以来东北地区森林与环境

---

① 苏崇民主编：《满铁档案资料汇编·第九卷——农林牧业扩张与移民》，社会科学文献出版社2011年版，总序第11页。

关系的课题也引起了日本有关学者的关注。日本学者安富步、深尾叶子等的《"满洲"之成立——森林的耗尽与近代空间的形式》于 2009 年出版，书中论述了中国东北地区近代空间的形成和森林之间的关系，得出的结论是，东北地区的近代化在一定程度上是建立在森林的大量消耗、森林环境破坏基础上的近代化，日俄的开发，森林大火、病虫害、土匪与当地居民的毁林开荒等，对东北地区的环境造成了无法弥补的消极影响。

近年来日本还出版了满铁调查资料集，包括下条英男的《满铁调查部综合调查报告集》（亚纪书房 1982 年版）等。与此同时，20 世纪 70 年代以来，日本对伪满洲国时期出版的一系列著述和资料进行了翻印和电子化，尤其以满铁调查资料居多，涉及对东北林业资源的调查与利用的资料整理，如《满铁调查月报》《满洲产业统计》等。日本学者对这些资料没有进行深入的研究，也没有专门的著作出现，这些资料只是分散地存在于有关中国东北地区资源类或经济类著作的章节中。

综上，日本学者对于近半个世纪满铁在中国东北地区的森林调查、采伐、利用的著述，大多为满铁社员的回忆和满铁当年的调查资料，涉及满铁森林资源调查原始数据资料，内容也仅限于东北地区森林的分布、面积、木材蓄积量及林木行业等，而且只是同其他经济类研究在一起的综合性研究，关于满铁对中国东北地区林业资源的论述只是作为其中的章节存在，而并没有出现专题性著作。虽然近些年来有少数日本学者对中国东北森林与生态环境的关系给予了应有的关注，但是研究成果寥寥可数，并未形成系统的体系研究，这也为本书提供了较大的研究空间。

（三）存在的问题

从国内外研究的现状来看，对此项问题进行研究的基本上限于中日学界，虽然取得了许多成果，但是作为专题研究还有值得探讨的种种空间：研究各相关问题的文章虽多，专著却未见；真正把与此项研究相关的史料挖深、把史实说透的文章和专著，在满铁研究中尚不多见。提高研究专业性的根本途径在于细化、深化研究。所谓细化，并不是笼统概述，而是就某一个方面、某一个专题进行挖掘，将这一研究渗透到每一个细微环节，包括研究思维的缜密、研究内容的精细设计、研究过程的精细操作等；所谓深化，就是要通过问题的提出，将史料与研究有机地结合起来，最终产生有价值的成果。满铁"军铁一体"的最直接的后果，决定了它对中国东北林业资源的调查与掠夺的本质是野蛮性、暴力性的，而且在关东军荷枪实弹的掩护下，这种侵略无疑是赤裸裸的，这是不容置辩的事实。我们的研究除要揭露日本军国主义侵略的史实，更要挖掘其背后的深层原因，例如，通过满铁实行日本军国主义的林业资源掠夺的历史背景、政策、计划的制订，调查机构与调查实绩，掠夺组织与运输手段等，同时还要反思满铁的这一罪恶行径在日本侵略和日本国内建设中扮演的角色，以及对中国东北经济发展、生态环境所造成的破坏。

二　选题目的和意义

日本国土面积狭小、资源匮乏。明治维新后，日本迅速走上了资本帝国主义扩张的道路，其本国的资源已经远远无法满足发展的需要，为了满足日本在发展资本主义经济过程中对林木日益增长的需求和发动侵略战争的需要，中国东北地区丰富的森林宝库早已是其觊觎的对象。日本侵略者认为，中国东北优良的林业形态，在国防、产业、经济、文化等方面，将成为安定民生、发展经济极其重要的因素。因此，为了弄清楚中国东北地区森林面积、分布、树种、蓄积量等、最终实现霸占和掠夺的目的，日本命令满铁进行了长达近半个世纪的调查。

本书之所以选择满铁对中国东北林业资源的调查与掠夺为研究对象，一是因为学界对此的关注和研究虽然达到一定的程度，但至今还没有专门的著作出版。二是因为笔者在长期从事满铁研究的过程中，对此项目的相关资料有所关注，满铁在长达近40年的时间里形成了大量关于中国的资料图书和档案材料，这些资料构成了本书的史料基础，而吉林省社会科学院的满铁资料馆是本书的强大后盾和资料库。三是因为日本在对中国东北长达半个世纪的侵略中，对中国东北地区的森林资源进行了强盗式的大规模采伐和毁灭性的破坏，采伐只需要优质林木，对劣质的或不需要的进行遗弃，这种掠夺式的采伐造成了大量的浪费，而且对森林系统的破坏程度比以往任何时期都要严重，森林面积和总量直线式锐减。满铁的采伐和掠夺使中国东北的原始森林丧失了大量的优质树种，猎杀动物牟取暴利，给存活了上百年的森林生态系统造成了史无前例的破坏。这种毁灭性的开发直接影响到中国整个东北地区森林布局和总体生态环境状况。从生态学来看，满铁作为东北地区森林开发的特殊的历史时期，其采伐方式和造成的严重后果在人类历史上具有重要的警示作用。四是因为要清除右翼史观及其对中日历史研究的污染，归根结底有赖于科学史学的发展。

三　选题的学术价值和现实价值

第一，理论价值。本书为研究日本侵华史提供了新的证据。目前学术界对这一领域仍缺乏系统性研究，且研究内容片面而单一，大部分都集中在伪满时期，而对满铁的林业资源调查掠夺的研究更尚需完善、补充。本书从自然条件入手，描述了人类的参与尤其是帝国主义列强入侵如何打破了东北森林的宁静，着重分析日俄战争后满铁对中国东北地区森林林业政策、调查、采伐、"经营"、掠夺的基本情况以及对东北地区的经济和环境各方面产生的影响，以期推动今后此方面的满铁研究。

第二，借鉴价值。满铁在长达近40年时间的经营过程中，形成了大量关于中国的调查报告、资料图书和档案材料，史学界称之为"满铁资料"。这批资料是迄今为止研究20世纪前半期乃至中国近代基层经济社会史和农村发展史、经济史、东北民俗史、社会史的直接、系统、全面的第一手调查文献。以当今的学术眼光来看，其调查方法的专业性和规范性、研究资料的系统性和直接性，仍然具有价值，值得借鉴和研究。

第三，史料价值。通过满铁资料研究，可以揭露满铁的侵华罪行，还原历史真相；同时，通过对满铁资料的挖掘，整理保存一批反映中国当时社会经济实况的历史资料，力图使之成为历史学、社会学、经济学、民俗学以及农村问题研究等多领域学者和学术机构的重要参考资料，为反击日本歪曲侵华历史事实提供一份可供参考的资料。

第四，现实价值。中国东北地区丰富的森林资源成为中国经济建设和社会生产需要的重要木材产区，为东北的发展作出了重大贡献。然而对林木的需求不断增多，森林的更新又需要长时间地生长，这就使得森林更新速度远远低于需求速度，导致的直接后果即森林可开发总量的减少。绿色生态建设需要实现森林资源的可持续发展，实现自然—生态—经济的和谐共存发展是 21 世纪的重要任务。因此，必须揭露和批判满铁对中国东北地区森林资源的侵略，并对此进行深刻的反思：对森林的开发要坚持适时、适度的原则，注重保护森林生态系统，形成森林生物与环境之间、森林生物之间的相互作用，产生能量转换和物质循环的统一体系，方能永续利用。经过这些反思，从而使森林在为人类提供大量的木材和林副业产品、维持生物系统的稳定、改善生态环境等方面发挥更大的作用。

四 研究思路与方法

（一）研究思路

本书首先揭示了满铁攫取中国东北森林采伐权的历史根源和过程。

其次，本书探讨了满铁对东北铁路沿线和主要河流流域森林资源的调查、对林产物的生产和加工状况、对林业工人的雇用和剥削，以及在东北进行的大规模的砍伐活动、水陆运输等侵略活动。

最后，本书讨论了东北林业资源之于中日两国的价值及满铁的林业资源掠夺对中国东北发展和日本经济的影响，并对破坏性采伐对东北区域生态环境的影响进行评价。

根据上述研究思路，本书围绕"满铁对东北林业资源的掠夺"这一主题，尝试回答以下几个问题。

（1）满铁自日俄战争后即在中国东北设立，为了满足日本征服中国而采取的长远战略，推行"大陆政策"，这就需要大量的资源做保障，林业资源即其中重要的资源。日本对中国东北林业资源的觊觎始于何时？满铁与帝国主义列强如何争夺东北林权？

（2）满铁与沙俄是如何从晚清政府、民国政府、东北军阀处攫取中国东北地区的林业权益的？

（3）满铁对东北森林的采伐、掠夺、摧残达到什么程度？其掠夺活动的触角深入哪些区域？侵略范围覆盖程度如何？

（4）中国东北林业资源掠夺对这一地区生态造成怎样的破坏？产生的深远影响是什么？

（5）满铁对中国东北森林资源的侵略，毫无例外地是其全面掠夺中国重要资源的一部分。那么，满铁有计划、全面的、破坏性的掠夺，与"大陆政策"及日本国内的政治谋略、军事侵略、经济发展究竟存在怎样的关系？

（6）满铁对东北林业资源调查、掠夺机关的设立、发展及调查规模与方式对东北森林生态产生了哪些影响？

围绕以上诸多问题，本书对大量满铁资料进行挖掘，以满铁对华侵略整体为研究对象进行综合分析，以寻求日本殖民统治东北的历史史实和侵略证据。

（二）研究方法

第一，史料实证法。史学研究与其他社会科学研究的一个明显的不同之处，即对史料及史料的处理。本书以满铁遗留下来的资料为研究基础和依据，结合国内外学者对伪满时期的历史资料的收集和整理，通过科学的史学方法进行梳理、分析和应用，并借鉴已有的研究成果，坚持从文献史实出发，力图证明满铁侵略的事实和对区域性环境的破坏，揭露其历史罪人的真面目。

第二，区域研究法。中国东北地区作为中国的一个地理区域，历史上包括现在的辽宁省、吉林省、黑龙江省及内蒙古东北部，从近代历史来看，日俄战争后，日本完全把这一区域当成其囊中之物来进行殖民统治。本书通过对这特定地理区域、特定历史阶段森林采伐和森林掠夺的事实进行研究，揭露满铁这一特殊"国策会社"对中国东北地区生态系统所犯下的罪行。

第三，数据分析法。通过统计分析方法对收集的相关文献资料中的大量森林方面的数据进行分析，提取佐证信息和数字，了解满铁对中国东北地区森林采伐和掠夺的情况，通过对数据进行整合、对比，将日本侵略对中国东北森林的调查和掠夺进行量化，从而揭露日本对中国东北地区资源掠夺的无序和无度。

需要说明的是，"南满""满铁""满蒙"等历史词汇本身具有一定的殖民色彩，学界在使用时一般直接改写为"东北南部"等。本书因涉及特定的语境且数量庞大，书中并未逐一加以改写，此系历史范畴的特定用语，不代表著者立场。此外，东北地区历来属于中国的领土，即便某些历史阶段被侵略者暂时占领，也不能改变这一事实。书中所称"东北地区"均指中国东北地区，请读者在阅读或引用时特别加以注意。

第一章

日俄战争前列强对中国东北林业资源的觊觎与攫取

早在远古时代，东北地区已被茂密的森林所覆盖，从古至今，东北地区的生产和生活都与森林有关，但森林开发的范围、频率和商品化程度非常有限，发展的重点是森林副产品，而不是主要生产的木材。长期以来，东北林区一直是中国重要的优质木材生产基地。近代以后，列强陆续进入东北掠夺中国资源，东北丰富的林业资源遂成为列强觊觎和掠取的目标。

一　中国政府对东北林业资源管理的缺失

东北地区有目前中国面积最大的林区——东北林区，包含大、小兴安岭和长白山林区，森林面积 3590 万公顷，森林蓄积量 321269.48 万立方米，分别占全国的 16.68% 和 24.04%，是中国面积最大、资源分布最集中的重点林区。东北林区的森林除具有其闻名的木材生产功能以外，还具有重要的生态功能和不可替代的社会功能，是东北林区人民"靠山吃山"生存生活的物质基础，是东北林区人民的经济收入、生存物资、生活材料的来源。[1] 在清代禁伐政策下，森林利用受到限制，林木得到

---

① 沈海龙、林存学、杨玲等：《东北林区经济林树种资源状况、存在问题与发展对策》，《经济林研究》2013 年第 2 期。

了繁衍。1878年，森林禁伐政策取消，私有伐木被合法化。甲午战争后，受西方林业知识和工业思想的影响，有识之士敦促政府制定政策，共同规划，加大森林开发力度。于是，清政府在吉林省设立了林业管理机关，对民间采伐活动进行指导。[①] 民国时期，南京政府借鉴西方森林管理体制，1914年颁布了《森林法》等法律法规，对东北地区国有林场的分布进行了规制，并建立了专门的管理机构。同时，注重禁锢私有林，维护政府作为国有资源所有者和管理者的利益，防范复垦、盗伐、火灾，维护林场秩序，并建立林业学校，培养专业管理人才，加强森林管理。

　　然而，从实践的角度来看，这一时期对东北的森林管理效果不应被高估。管理措施的各个环节都存在诸多弊端。除了资金不足外，由于林业管理的困难和复杂性，清末民初的林业管理很难被称为"基于科学"，各类机构对林业管理的宏观认识不足、微观管理手段匮乏，缺少整体意识，有利可图则争先恐后，特别是林权权属性质的交叉管理，导致林业管理机构为了获利重复发放，导致林地、林权纠纷频发，对林商的苛捐杂税层出不穷，权属不仅加大了开发风险，导致林业开发者视林业开发如畏途。另外，对于耗费精力和资金较大的林务管理，各林业管理部门未能善尽其责，导致林场因管理不善出现水火病虫灾害，偷采盗伐现象频发，造成了较大资产损失。戢武在《中东经济月刊》1930年第6卷第9期上发表了《东省之林木税及其应兴应革事宜（续）》，其中言道："实际上在东三省内并没有专管森林的机关，就是有也不过是征收税捐的机关，他的经费即赖此项收，赍送国库的不过其中之一部分罢了，所以这种机关只知道增加税收，有时各机关彼此竞争，至于保存地方林富和实行种种的计划，却一概不问"；"现在的林事机关就知道竞争税收，今日兴一税，明日添一捐，只知利己，虽然害及大体也是不顾的，照此情形看来，还怎样整顿、怎样改良呢"[②]。

---

　　① 张文涛：《清代东北地区林业管理的变化及其影响》，《北京林业大学学报》（社会科学版）2010年第9卷第2期。
　　② 郑宇：《近代东北森林资源产业化研究（1878—1931）》，博士学位论文，吉林大学，2017年。

在 19 世纪末和 20 世纪初，知识阶层开始产生林业产业化的思想，受这种思潮的影响，清政府加强对民间开发利用林权的干预，设立新的吉林全省林业局，以维护林权，收集木材税和运输费，并建立木材种植有限公司，"官督商办"和"官商合办"并举，由政府筹集资金，鼓励民间共同投资，这些努力促进了木材产业的兴起和森林产品的商业化发展。但这一时期的林业管理也暴露出了一些问题，一是管理机构的权责不够明晰，进而导致管理措施不力，森林无序利用成为普遍现象；二是政府的组织发展限于地方，未能形成产业联动发展的效应，导致林业发展水平较低。1918 年，北洋政府同日本签订臭名昭著的《吉黑林矿借款》，以黑、吉两省的矿产与森林为担保，向日本借款 1 亿元。在日本的授意下，北洋政府聘请了日本林业专家为顾问，改组了黑龙江的林业管理机构，新设黑龙江森林局，扩大了森林局的权限。① 这种所谓的"改革"不仅没有改善东北地区林业管理的混乱现状，反倒为日本帝国主义全面染指东北林业资源大开方便之门。

纵观清末民初的东北林政管理，"以林生利"的功利主义思想贯穿始终，作为一级行政机构的东北林政当局重开发轻保护，重眼前忘整体，即使是以 20 世纪初周边国家及世界的管理水平而论，也难称到位。地方政府坐拥林权，却因人力、财力、物力的短缺而无法为林业提供扎实有效的管理，反倒是在发放林权、收取林税方面十分积极，这不仅扭曲了林政的管理属性，也给林业产业的发展制造了障碍。"有林无政、有管无理"是清末民初东北林业的真实写照。这一混乱无序的状态并未持续太久，东北林业真正的灾难就开始了。

二　日俄对中国东北林权的争夺

正当东北的林政处于由一个腐朽的政府向另一个腐朽的政府过渡的混乱时期，帝国主义殖民浪潮席卷全球，东北也因其重要的地缘战

①　裴长洪：《西原借款与寺内内阁的对华策略》，《历史研究》1982 年第 5 期。

略位置和丰富的资源而遭到了帝国主义的觊觎。特别是在 19 世纪末 20 世纪初，由于工业革命的影响，木材成为重要的经济资源和战略资源，新旧两个帝国主义——新兴的日本和老牌帝国主义列强沙俄在东北地区展开了争夺。日、俄林业资本家们倚仗雄厚的资本、先进的技术和帝国主义侵略殖民的特权，享受运价降低、税收减免等优惠条件，支配了整个产业。为了扩大侵略利益，他们进行掠夺式砍伐，同时造成了林业资源的巨大的浪费，致使森林生态平衡遭到破坏，一系列环境问题接踵而生。

沙俄是较早在东北地区进行资源掠夺的帝国主义列强，早在 19 世纪中叶，沙俄与腐朽的清廷签署丧权辱国的中俄《瑷珲条约》，进占黑龙江以北、乌苏里江以东的广大领土。此时，沙俄的伐木工人越境盗伐中国一侧林木的情况就频繁发生。1896 年，沙俄迫使清政府签订《合办东省铁路公司合同章程》，该章程规定："中国政府谕令各该管地方官，凡该公司（东省铁路公司——引者注）建造铁路所需用料件，雇觅工人，及水陆转运之舟车夫马并需用粮草等事，皆须尽力相助，各按市价，由该公司自行筹款给发"①；1898 年，沙俄又与清政府订立《东省铁路公司续订合同》，其第 4 款进一步规定："按照光绪二十二年中国政府允准公司开采木植、煤斤为铁路需用，现准公司在官地树林内自行采伐，每株缴价若干，由总监工或其代办与地方官公同酌定，惟不得过地方时价"②，这意味着由俄国把持的"中国东省铁路公司"获得了铁路沿线的森林采伐权。但沙俄并未因此满足，为了获得自有林区，沙俄霸占沿线森林，反复与清政府交涉。从内容上看，合同划定的林场"四周"并不准确且难以界定，俄方可以随意解释，任意扩大采伐范围；同时规定对于黑龙江省其他林区铁路公司亦可采伐，这就意味着采伐区域并不仅限于铁路沿线，而是整个黑龙江省所有林区。此外，合同规定由铁路公司核算木材价值，这给俄方肆意压价、剥削中国木把头提供了合法依据。若合同最终成立，黑龙江当局

---

① 中国社会科学院近代史研究所编：《沙俄侵华史》，人民出版社 1978 年版，第 3 页。
② 《当代中国》丛书编辑委员会编：《当代中国的林业》，中国社会科学出版社 1985 年版，第 19 页。

的森林权益将全无保障。所以合同一经公布，就引发了朝野一片反对之声。清政府也认为划定区域太大，表示无法接受，吉、黑两省将军代表杜学瀛、宋小濂分别与铁路公司交涉，经过长达一年的艰苦谈判，才将周冕所签订的合同废止。1898 年中东铁路的修筑，成为沙俄在东北地区扩大林木资源掠夺的转折性事件。此后随着沙俄的势力范围与中东铁路同时拓展，沙俄对东北地区林业资源的掠夺也进入了新的阶段。

日本在历史上曾经是一个拥有丰富森林资源的国家，但是由于森林资源的掠夺性开采，到 17 世纪末 18 世纪初的幕府末期，日本的森林覆盖率锐减。明治维新后，生产生活需要的猛增和采伐技术的提高，导致日本境内的林木陷入捉襟见肘、不堪敷用的地步。① 因此，像对待所有本土急需又匮乏的资源一样，明治维新后的日本把贪婪的目光投向了海外。甲午战争后，日本木材商便开始在中国东北地区活动。日本在东北地区展开的各类商业和非商业背景的资源调查自 19 世纪末开始，历史最长、范围最广、资料最为详细，可谓是当时林业资源调查的最高水平。通过清末、北洋两个时期以商业名义对东北林业资源的渗透和蚕食，到伪满洲国成立之前，日本在东北地区已可与更早进入的沙俄分庭抗礼，共同争夺东北地区的林木资源。

（一）俄国对中国东北森林的开发和掠夺

19 世纪后半叶，清王朝日益走向没落，日、俄等国乘势加紧对中国东北边疆的侵略，两国均对东北丰富的森林资源垂涎三尺。俄国自沙皇以下，早已盯上这一富产，如担任过沙俄陆军大臣的克鲁泡特金曾奉沙皇之命，负责掠夺鸭绿江地区森林，回国复命时提交报告："臣所不能不剖陈于陛下者，则皇室之经营鸭绿江木业，殆臣民所共喻，抑亦世界所共晓，再难假称普通商业，以掩人耳目，此事迟早终成为政治的重要事件"②，极力主张扩大对鸭绿江森林的侵略。

---

① 据统计，到甲午战争之前，日本国内的林木供应仅能满足日本半数所需，其余需向外界大量增购。参见徐嗣同《东北的产业》，中华书局 1932 年版，第 63 页。
② 连瀋：《东三省经济实况概要》，观海时事月刊社 1931 年版，第 166 页。

沙俄对东北林业资源的掠夺，有三个转折性的时间节点：1898 年中东铁路开工，1900 年沙俄出兵中国东北，1905 年日俄战争俄国战败。以这三个时间点划分，沙俄对东北林业资源的掠夺与其在东北地区殖民扩张同步，给东北人民和东北的自然环境都造成了深重的灾难。

中俄《瑷珲条约》和中俄《北京条约》签署后，沙俄进占黑龙江以北、乌苏里江以东的广大领土，俄国边民不满足于进占的领土内丰富的林业资源，仍然经常越境盗伐中国一侧的林木。布拉戈维申斯克（海兰泡）的俄国居民每年只要向中国方面缴纳 300 卢布的费用，就可以在黑龙江沿岸中国一侧伐木、割草和放牧。① 1898 年，为了扩大在东北地区的殖民利益，方便转运在中国东北掠夺的物资，沙俄政府开始修筑中东铁路。由于修筑铁路的木材消耗巨大，中东铁路的施工方决定采取就近解决的原则获取林木。黑龙江省当局为了维护利权，号召省内的商贾士绅筹资设立木材公司，"凡铁路需用各项材木，以及轮船柴薪暨民间房木等件，概归承办"②。1899 年，清政府设立的中东铁路吉林交涉总局③附设木植公司，负责发放采伐票证、征收木材费用等相关事宜，"凡铁路公司需用木植，无论雇人自砍，或给华俄把头包砍，必先报明指砍山场，拟砍木植若干，价值若干，由公司勘明发给大票，先交票费一半，始许进山砍伐，至次年运木出山，再照章补足"④。虽然施工方并未严格按照这一规定执行，但在庚子事变前，沙俄商人和中东铁路的施工方仍主要以正常贸易的形式从华商处购买林木，清政府设立的交涉局仍然能对沙俄盗伐林木、侵占林业资源的行为形成约束。"维时两省商民始有

---

① 博尔纳：《阿穆尔河沿岸地区》，莫斯科：1909 年版，第 312 页。
② 黑龙江省档案馆编：《中东铁路》（一），黑龙江档案馆 1986 年版，第 47—49 页。
③ 1899 年，黑龙江将军恩泽等上奏，请于哈尔滨设铁路交涉总局，各段监工处设铁路交涉分局，由省派员专办中俄铁路交涉事宜。同年 5 月 31 日，中俄在哈尔滨签订《吉林铁路交涉总局章程》，设吉林铁路交涉局于秦家岗。随着铁路工程的进展，沿路工商逐渐兴盛，而俄方于哈尔滨等处擅自拓展土地，关系铁路的交涉日繁。1901 年 6 月，俄方总监工尤戈维奇委派其代办达聂尔向中方申请设立交涉机构。吉林将军奏请派员重设哈尔滨铁路交涉总局，并增设分局。参见李朋《吉黑两省铁路交涉局的"嬗变"——1898—1917 年中东铁路附属地行政管理权研究》，《中国边疆史地研究》2010 年第 1 期。
④ 张凤鸣：《沙俄对黑龙江地区森林资源的掠夺》，《中俄关系的历史与现实》，河南大学出版社 2004 年版，第 187 页。

经营林业者，铁道所需率购诸华商之手，俄人固未能把持也"①。

1900 年，八国联军联合绞杀义和团运动，庚子事变爆发。是年 7 月至 8 月间，沙俄出兵十余万进占东北，俄军以铁岭为界，划分南北两区实行军事占领，铁岭以北归伯力总督格罗德科夫（Н. И. Гродеков）统治，铁岭以南归关东（旅大租借地）总督阿列克谢耶夫统治，清政府丧失了对东北林业的控制权，"庚子乱后，卡伦悉毁，俄遂乘隙，任意采伐"②，"不特铁路公司需木随便砍伐，即无关铁路各俄人亦均到处采木"③。甲午战争后，俄日在东北的争夺加剧，当时，老牌列强沙俄通过与中国缔结条约，取得中东、"南满"铁路敷设权以及旅顺、大连两个港口的租借权，将侵略魔爪伸入辽东半岛，其在东北的势力迅速膨胀，并以筹集中东铁路所需枕木为名，以武力为后盾，派出陆军中校马德罗夫"招募土人为兵，屯驻通化鸭绿江一带，采办木植"④，于 1902 年成立中俄合办木植公司，"其表面虽属会社之组织，而内容以陆军少将充总理，以十二名之军人充事务官，派巡兵六十人，于要所使用中国人百四十人为事务员，规模宏大，隐然一政府气象"⑤，同时在朝鲜境内之龙岩浦设立锯木厂，准备长期经营采伐长白山一带森林，次年又与清政府签订《森林条约》，获取了鸭绿江及浑江沿岸的采伐权，此为近代外人侵略鸭绿江森林之始。俄人的种种行为，令同样对该片森林抱有野心的日本人眼红不已。为与之抗衡，日本拉拢部分中国奸商共同出资，在朝鲜京城设立日清义盛公司，俄人对此难以容忍，立即予以反制，"其时俄韩之森林条约亦成，中日合办之义盛公司，受其影响，毫无成效。日俄交涉，遂接踵而起，致以兵戎相见，其原因虽此一端，而鸭绿江之森林问题，亦为导线之一也"⑥。有人认为，两国关于鸭绿江森林权利的纠

---

① 徐世昌：《东三省政略》卷三，交涉，森林交涉篇，纪东清铁路伐木合同，吉林文史出版社 1986 年版，第 27 页。

② 经济学会：《黑龙江省财政沿革利弊说明书》卷中，1910 年版，交涉木植税，第 1 页。

③ 黑龙江省档案馆：全宗号 27，目录号 1，案卷号 256，铁路交涉总局周冕与铁路公司订立木植合同作废照会，光绪三十七年七月。

④ 王学来：《奉天中日合办采木公司事业之梗概及其组织》，《东方杂志》1915 年第 12 卷第 9 期。

⑤ 王舜成译：《鸭绿江之森林》，《新译界》1906 年第 3 期。

⑥ 陈嵘：《中国森林史料》，中国林业出版社 1982 年版，第 60 页。

葛，是致使日俄战争爆发的导火索之一。1902 年，黑龙江省重设铁路交涉局并向中东铁路公司提出仿效吉林交涉局的章程，以核发伐木票的形式批准沙俄采伐林木，但中东铁路公司拒绝缴纳费用。沙俄不仅要窃占采伐的林木，还希望使已经非法占据的林地和林场合法化。1904 年，在东省铁路公司总办霍尔瓦特的威逼利诱下，黑龙江铁路交涉局总办、湖南候补道周冕与之签订《黑龙江省铁路公司与东省铁路公司订立伐木合同》，其第一条规定："东省铁路公司，在以下所指地段树木内只有砍备各项木植材料之权：甲、陆路自庆基斯汉站至雅克山站，铁路两旁各卅五华里各树林；乙、水路在呼兰河内之纳敏河东岸至大呼兰河西岸中间一带树林，其界限自此二岔河各至水源为止；丙、水路在松花江之北岸，汉林河至港湾河中间一带树林，其界限自此二岔河各至水源为止"；第二条规定"……至江省所属别处树林，地方铁路公司，亦可砍伐木植材料，但须按照地方官颁给各项人等通行章程砍伐，其票费仍照运至铁路木价核算，值百抽八认缴"①；第三条规定"以上所指第一条地段界内树林，铁路公司亦可允给商民砍伐，惟须由铁路公司按运至铁路核算价值，以每百分之八认缴黑龙江省将军衙门官库票费"②；第四条规定"以上第一条所指地段界内树林，其如何砍伐，铁路公司可自行设法布置，惟须多雇江省本地人工作"③。

1901 年至 1911 年，俄国逼迫黑吉两省行政当局分别签订《黑龙江铁路公司伐木合同》《吉林木植合同》等不平等条约，攫取了中东铁路沿线的土地和林业资源。由于中东铁路对枕木、建材、薪炭的巨大需求，沿线的森林资源遭受了灭顶之灾。1907 年，吉林省地方官员杜学瀛与霍尔瓦特在哈尔滨签署《吉林木植合同》，合同规定了中东铁路在吉林省内的 3 处砍伐地段，即石头河子、高岭子，两者各长 42.5 千米；一面坡，长、宽均不超过 12.5 千米，面积不超过 156 平方千米。

---

① 郑宇：《近代东北森林资源产业化研究（1878—1931）》，博士学位论文，吉林大学，2017 年。
② 郑宇：《近代东北森林资源产业化研究（1878—1931）》，博士学位论文，吉林大学，2017 年。
③ 郑宇：《近代东北森林资源产业化研究（1878—1931）》，博士学位论文，吉林大学，2017 年。

1908 年，黑龙江省政府与俄方重新订立《黑龙江铁路公司伐木合同》，其内容基本照抄《吉林木植合同》。自此，凭借这两个章程，沙俄获得了吉、黑两省林场的所有权，中东铁路在拥有采伐权之后也拥有了林场的所有权。同时允许在缴纳税费后可以将多余的木材外卖，这等于在给予中东铁路公司采伐权、林地所有权的同时，其还有权将采伐的木材出售。受到这一条款的刺激，沙俄多次向清政府和吉黑当局交涉，要求扩大沿线林场的范围。1910 年东省铁路公司"以明年修筑铁路所用之木，恐指定地段之内不敷使用"，向清政府申请扩大采伐范围。清政府以所处之地木材足够铁路使用为据驳回了申请。

民国初年，沙俄以黑龙江省林区多经长期采伐林木较少为由，迫使黑龙江省政府同意更换林场。1912 年，霍尔瓦特的代表丹尼爱尔与黑龙江铁路交涉局局长李鸿谟签署《东清铁路在黑龙江省采伐木材之附加合同》，该合同的主要内容是"以新易旧"，其中规定："（一）黑龙江省当局根据东清铁路公司之请求，特将前次合同第一条所列之两处林段（即位于霍里果尔地方者及巴木站附近者）易为大兴安岭南绰尔河西岸伊拉尔得支流及五都木果特北岸间之一处林场，其面积不得超过 1500 平方华里；（二）根据前次合同东清铁路公司所取得之第三处岔林河流域林段，兹特依据该公司所请求，黑龙江省当局代为易以坐落八道河附近者，此处林场距离岔林河入松花江口约 150 华里，其疆界如下：南起八道河与岔林河之汇合处，东为通背河与八道河之分水岭，西为岔林河上游与和兴沟河之分水岭，北界另定，但不得使其总面积超过 1750 平方华里"①。根据上述合同，中东铁路获得了绰尔河、岔林河两片林场，面积共计 3250 平方里（合 812.5 平方千米），均为未经开发的原始林区；而退还的两段，历经长期砍伐，已然无木可采，俄人略施伎俩，再次掠走沿线大量森林资源。

沙俄势大，清政府与黑、吉当局以至其后的北洋政府都被迫屈服于沙俄和中东铁路公司的淫威，倚仗其势，沙俄商人也竭尽巧取豪夺之能事。相比沙俄的粗暴蛮横和财大气粗，曾经在中东铁路修筑之前

---

① 孙经纬等：《帝俄对哈尔滨一带的经济掠夺》，黑龙江人民出版社 1986 年版，第 16 页。

小有成果的中国林商则陷入困窘。东北地区经济发展相对缓慢，中国的工业资本和商业资本都较沙俄远远不及，中国林商在商业竞争中已屈居下风，加之沙俄通过中东铁路开发所攫取的殖民特权，中国林商逐渐被排挤出利润丰厚的林木贸易，只能退居木把头的位置，以出卖苦力勉强为生。而沙俄商人仍然不肯罢休，中国伐木公司的林场只要在中东铁路范围内，出入林场的人员货物便均被课以极高的费用。若要运送林木出境，则会被沙俄边检扣留并收取重税。在内外夹击之下，中国林商利润微薄、入不敷出，最终只能清盘离场，将东北林业拱手让于俄人。在九一八事变爆发、日本侵占东北之前，俄国木材商人垄断了东北的林业，不仅在筑路上大发木材横财，同时利用丰富的森林资源开办森林企业，通过所谓的"林场租借"成为事实上的林场主。中东铁路沿线有30多处林场都被俄国木材商人所控制，比较著名的有斯基达尔和葛瓦里斯基等。这些人通过控制林场，发展出制材厂、木材干馏厂等。除中东铁路沿线有俄商的活动足迹外，鸭绿江流域和图们江流域也有相关的俄商成立森林企业、进行森林的采伐经营。1902年俄商人在鸭绿江成立"远东林业公司"，1879年俄商人进入图们江流域进行采伐。他们采伐所得优质木材或被高价转卖给中国，或运回海参崴，或销售给其他国家。据估计，其掠夺森林所获利润，每年在1亿银圆以上。[①]

（二）日本对中国林权的攫取

日本面积狭小，人口稠密，资源有限，原料缺乏，特别是明治维新以后，由于日本的建筑以木质结构为主，快速扩张的城市化对建材的需求飞速增长，而经历长时间掠夺式的开发，日本境内的天然林几乎被采伐殆尽。与此同时，薪柴作为重要的动力来源，仍广泛应用于蒸汽机车和蒸汽轮船，铁路里程的迅速增加使枕木的需求也随之加大。日本工业发达，建筑繁兴，木材需求量年年增加，但国内木材年产额仅占其需求量的56%，不足部分只得仰仗外材输入，"而输入额中除由朝鲜、台湾、

① 冯其坤：《伪满时期日本对东北森林的经营与掠夺研究》，硕士学位论文，西北农林科技大学，2016年。

北海道、桦太岛及美国供给少数外，其大部分都是由我东北劫夺去的"①，中国漫山遍野未被采伐的原始森林，以其良好的木质、较高的资源密度和良好的采伐条件，令日、俄两国垂涎不已。

早在19世纪末，日本帝国主义就先后派遣浪人和间谍打着科学研究的旗号，深入中国东北三省和内蒙古东部地区进行资源调查，并先后出版了介绍东北森林资源的书籍。其中《满洲地志》称："满洲全部山峰，皆有森林覆盖之"，还介绍了森林的分布及树种情况。② 这些都刺激了日本侵略者的野心。19世纪末，日本通过明治维新开启了近代化进程，并迅速走上了帝国主义的道路。甲午战争后，日本看穿了清政府的腐败无能，看中了东北肥沃的膏腴之地，借助商业扩张，插手东北地区林木的开发。《马关条约》签订后，中国割让辽东半岛给日本，但对于已经在东北地区站稳脚跟的沙俄来说，日本这个新兴帝国主义对其殖民利益的挑衅无疑是不能接受的。在《马关条约》签署后，沙俄联合法、德两个西方列强，逼迫日本将辽东半岛"归还"清政府，实质是为了排除日本对东北的独占，捍卫西方列强的殖民利益。但日本对东北的觊觎并未因这个挫折而有所收敛，反倒是在沙俄垄断东北之时，就开始了"知己知彼"的调查活动。

近代日、俄对东北森林的多方调查，为随后的掠夺行动提供了"便利"。甲午战争后，日、俄两国便急不可耐地侵入鸭绿江流域森林地带，并发生激烈的冲突，终致在战场上刀枪相见。日俄战争后，双方初步划定了在东北的势力范围，日本取代俄国牢牢把持了鸭绿江一带森林，并创设了表面为中日合办、实则为日人一手操纵的鸭绿江采木公司。日军强行占领安东（今辽宁丹东）后，将鸭绿江流域的漂流木作为战利品据为己有，"置战地临时建筑部综理其事"，同时颁布严令："无日军政署之许可证，输出木材者，认为有碍军事行动，照军法办理"③。俄国势力则退往"北满"地区，通过一系列采伐合同的签订，掌握了中东铁路沿线

---

① 何新吾、徐正学：《国人对于东北应有的认识》，东北研究社1933年版，第68页。
② 吉林省图书馆伪满洲国史料编委会编：《伪满洲国史料》第33册，全国图书馆文献缩微复制中心2002年版。
③ 东北文化社年鉴编印处编：《东北年鉴·1931》，1931年印行，第1372页。

大片森林的采伐、经营特权。至 20 世纪 20 年代末，整个东北林业界成为日、俄林商的天下，"自中东路通车后，因交通便利，当地无知土著劣绅土豪，以及贪官污吏等，贪外人目前之小利，多将大好林权拱手让之外人，而吾人自行采伐者，十不及一，如俄之葛瓦里斯基、斯吉迭尔斯基、协结斯等；日之海林采木公司、裕宁公司及业经停业之札免公司等，均属资本雄厚之林商"①。其中，日人处于领头羊的地位，这从投资额上可见一斑："查东省采木事业，日本人投资近三千万元，俄国人二千万元，我国人仅一千万元"②。

早在日俄战争前，沙俄修筑中东铁路，将鸭绿江流域和"北满"地区牢牢控制在手中，并将林业和矿业资源视为禁脔，严防日本渗透和染指。1903 年，日商与华商联合出资成立日清义盛公司，希望以当时跟沙俄联营的华商为跳板，争夺沙俄把控严密的林权。但日商很快发现，沙俄将把控中东铁路、盘剥中国商人的手段也用在了合资的日商身上。沙俄设立的"极东林业公司"以森林铁路为中心，采伐下来的林木转运效率极高，而缺少运输方式的日商和华商却陷入了运输困难的窘境。③

日本于 1905 年 5 月在安东成立了军政署和战地临时建筑部，开始在安东和龙岩浦一带"征收"鸭绿江木材。之后又对木材实行军事管制，垄断森林采伐业，没收了沙河镇大东沟一带中国商人存放的原木，在安东设置了军用木材厂，大量加工木材以充军用或运往日本。日俄战争期间，为满足军用燃料和路轨所需，日本在靠近港口的安东和靠近采伐地的通化十九道沟修建了数个军用木材厂，由日本的筑城团进行木材的采伐、加工和运输。在紧邻延边地区的朝鲜惠山地区建立木材站，将鸭绿江流域采伐和加工的木材运输至此并集中一起，再对外进行贸易经营。④ 1908 年，日本同黑吉行政当局签署《中日合办鸭绿江采木公司章程》，

---

① 《吉林保护北满林权办法》，《银行月刊》1928 年第 8 卷第 11 期，"国内经济"，第 13 页。

② 连濬：《东三省经济实况概要》，观海时事月刊社 1931 年版，第 170 页。

③ 据史料记载，日商有在松花江流域、延边地区进行木材贸易的渠道，但由于没有森林铁路转运，成本极高，木材价格相较俄商有较大的劣势。参见［日］满洲史学会编著《满洲开发四十年史》，东北沦陷十四年史辽宁编写组译，东北师范大学出版社 1988 年版，第 372 页。

④ ［日］日本产业调查会满洲总局编：《满洲产业经济大观》，载吉林省图书馆伪满洲国史料编委会编《伪满洲国史料》第 4 册，全国图书馆文献缩微复制中心 2002 年版，第 284 页。

成立了中日"合办"的鸭绿江采木公司，随后又签订了《中日合办鸭绿江右岸采木公司章程》和《中日鸭绿江采木公司事务章程》，划定采木范围，并约定该公司享有整个鸭绿江右岸林区的木材专营权。由于日俄战争中沙俄战败，其影响力向中东路沿线以北收缩，日本遂加大力度蚕食鲸吞沙俄的势力范围，借鸭绿江采木公司的名义四处开办类似"合办"公司，拓展势力范围，特别是兼并甚至抢占沙俄商人在中东路沿线的部分林场。[①] 在这一阶段，日本在东北地区以物理手段强行采伐木材，甚至没收华俄商人采伐的林木，除支撑日俄战争及铁路修建维护之所需外，还将部分木材产出运回国内，为高速运转的帝国主义军事机器提供柴薪，这是日本帝国主义在中国东北将军事侵略和经济掠夺手段相结合的写照。

日本对东北地区的林业资源掠夺还与所谓的"满洲开拓计划"联系在了一起。日俄战争后，为了增加日本在东北地区掠夺资源的实力，日本实施了"满洲移民"计划，时任日军参谋总长儿玉源太郎及满铁第一任总裁后藤新平极力鼓吹日本向中国东北移民，以此来确保日本在中国东北的长久利益。而参与这项移民计划的日本移民，主要是日本国内从事农、林、牧、渔产业的农民和工人，以及失地农民和城市失业者。[②] 从1906年到1930年的移民称为"早期移民"，主要由"东亚劝业株式会社"具体负责实施。九一八事变后，日本决定加快移民侵略步伐，提出武装移民的方针。这部分早期进入东北地区的武装移民团，在随后成为日本军国主义深入中国东北的触角，演化为承担着侵略者、掠夺者、殖民者和生产者等多重职责的"满洲开拓团"，给东北民众带来了深重灾难。

日俄战争期间，日军于1904年5月占领九连城后，掌握了鸭绿江一带的实权，立即设置了调查委员会，调查鸭绿江两岸的森林资源。1905年11月26日，清政府外务部会办大臣那桐和日本公使林权助签订了《中日会议东三省事宜条约》，连同《鸭绿江木植公司章程》13

---

① 国难资料编辑社：《日本大陆政策的真面目》，生活书店1937年版，第30—31页。
② ［日］藤卷启森：《以青森县为例的日本"满洲林业移民"探析》，《日本学论坛》2005年11月，第58页。

条。根据以上条约的规定，成立了一个中日"合办"木植公司，在鸭绿江右岸地区采伐木植。而日本并未遵守条约规定，经常大量派人越界自行采伐，除此之外，还强行要求当地木把头通过领取"旗帜执照"的方式把所伐木材的一半交由日本公司，剩下的一半还须强行交税，这令汾江赖此为生的木把头苦不堪言。日本又挑起事端，扬言要派兵剿洗，经中方与其多次磋商，日本在获取巨额赔偿并低价购入大量木材后方停止调兵，但向木把头抽税一事并未改变。1908 年 5 月，中日订立《中日合办鸭绿江森林合同》和《中日合办鸭绿江右岸采木公司章程》，划定鸭绿江右岸自帽儿山起至二十四道沟止，距江面干流 64 里为界，成立中日"合办"鸭绿江采木公司，资本 300 万元，中日各半，以 25 年为限，公司总局设在安东。公司余利以 5% 返给中国，其余所有净利归中日两国股东均摊，同年 9 月公司正式开业。日本在此期间对东北林业的掠夺，主要也是通过军事强占或假借"中日合办"之名。这不仅是对东北资源的殖民掠夺，也是在为其军事侵略服务。日本在东北以武力手段强行采伐的木材，一部分充以军用，另一部分运送回国，成为日本国内重工业发展的重要原料，为日本军事侵略东北提供了动力。这又一次表明日本的军事侵略与经济侵略是互相推进的亲密关系。

内蒙古东部地区旧属奉天省，光绪三十三年（1907）清廷改东北地区的军府制为行省制，遂裁撤盛京将军，设奉天省，省会为奉天府（今沈阳市），辖境为今辽宁省以及内蒙古兴安盟、哲里木盟一部分和吉林省西南一部分。内蒙古东部地区广阔的草原地带东与蒙古国相连，南接华北平原的热河省，是北上入俄蒙、南下入关内的战略要地，且自然资源丰富，在军事地理和经济资源上都占据十分重要的地位。控制了蒙东地区，向北可挺进俄国远东，向南可扼制华北地区，因此日本帝国主义对蒙东地区极为重视。日本军部认为，"满蒙地区与我国领土相接，对我'国防'及国民经济生存关系极为密切"①。日俄战争后，日本从沙俄手中夺取"南满"铁路及沙俄在"南满"的一切利益，并以此为基

---

① 《敌积极煽惑蒙民》，《蒙藏旬刊》1932 年第 36 期。

图 1-1　伐木（根切"锯根"）

帽儿山分局辖境临江县五道沟外南岔

资料来源：［日］鸭绿江采木公司：《鸭绿江采木公司十周年纪念写真帖》，民国七年（1918），吉林省社会科学院满铁资料馆藏资料，编号 23255。

地，建立关东都督府（其前身为关东总督府）和满铁，向东三省和内蒙古东部地区进行势力扩张。截至热河抗战前，日本帝国主义侵略、掠夺内蒙古东部地区，主要表现为在政治上"支持"以蒙古王公为首的封建上层搞的"独立""自治"，在经济上搞所谓的"合办"企业，掠夺经济发展的资源。日本颁布《林场权整理法》，在获取内蒙古东部地区林业资源控制权的基础上，采取特殊会社经营等措施，大量采伐并掠夺该区域林业资源。与此同时，日本帝国主义还大肆破坏林业资源，盗伐木材，使森林植被遭到严重破坏；野蛮地无节制地掠夺式开采、霸占矿产资源，获取高额利润；强迫种植鸦片、破坏性地盗伐林地，严重破坏了内蒙古东部地区的自然生态环境，造成了土地沙化、水土流失、森林覆盖面积下降等一系列问题。

日俄列强对东北林业资源的争夺，伴随的是对东北地区以林为生的工人、农民以及木把头的剥削和压迫。传统上，中国的伐木工一般在秋收之后由木把头组织进山劳作，冬季封山之前将林木运输下山，工作时间和收入相对稳定。但在日俄列强介入林木贸易之后，木把头由贸易商退化成简单的劳务中介性质的服务商，日俄商人垄断贸易和运输，人为压低伐木工的报酬，在这个产业体系中，广大中国木把头处于最底层，他们历尽艰难、备尝辛苦，自己的汗水甚至生命都被日俄奸商剥削压榨。伪满洲国成立之后，日本通过对伪满政府的操控，采取收回林场权等的林政措施，将东北地区的森林收归伪满洲国经营，建立起伪中央集权的森林管理体制。通过一系列的林政改革，日本逐渐垄断了中国东北地区的森林管理大权，如愿以偿实现了对中国东北地区森林的独占。

三　各国列强角逐分羹的企图

东北地区从其地理位置上来说，是中国极其重要的边陲，也是远东太平洋地区的战略要地。在中国近代史上，东北地区成为帝国主义列强的矛盾焦点。从 19 世纪 90 年代东北被列强卷入国际斗争起，至 20 世纪 40 年代列强被赶出东北止，在半个多世纪的时间内，东北地区成为帝国主义列强的角逐场。列强不仅极力扩大和巩固在中国东北的侵略权益，而且相互进行激烈的外交斗争、经济斗争和军事斗争。列强争夺东北的过程，是它们侵略和压迫中国的一个重要方面，也是它们争夺远东太平洋地区霸权的一个核心内容。东北优越的战略地位和丰富的资源令列强垂涎三尺，晚清和民国政府时期国势衰微、内忧外患，助长了列强的气焰。在争夺中国东北重要资源的过程中，列强从来不遗余力，除日、俄因为地理位置的优势成为最大的争夺者之外，美国也将东北当成有利可图的市场，并且在日、俄、美的帝国主义竞争中，英、德、法等帝国主义列强又以这种或那种形式卷入其中，从而加剧了列强在中国东北的争夺。

（一）美国"门户开放"政策的提出

19 世纪后半期，在生产技术进步和投资率高等因素的促进下，美国经济迅猛发展，但同时经济危机也随之而来。环顾世界，当时，一部分美国资本家认为世界经济霸权的重点区域是东亚，这一结论反映了美国资本家也同其他资本主义国家一样，将争夺海外市场的重点放在东亚的战略思想。19 世纪末 20 世纪初，满铁未接手大连港之前，营口一直是东北地区进出口贸易的主要港口。1899—1903 年，美、日、俄的进出口贸易主要是经过营口港来进行的（见表 1-1）。从表 1-1 我们可以看出，首先在这五年中，日本向营口输出最多，累计达 1309 千英镑，美国次之，俄国第三，日本为美国的 5.9 倍；其次，从表中可以看出美国和沙俄没有从营口输入商品，而日本这五年则合计输入 4987 千英镑，为同期日本向营口输出的 3.8 倍。这表明日本此时就已重点从中国东北掠夺资源，并把这个地区作为它的重要原料基地和产品倾销市场。

表 1-1　　　　　　　　1899—1903 年美日俄营口贸易情况　　　　　（单位：千英镑）

年别＼类别	美国		日本		俄国	
	输出	输入	输出	输入	输出	输入
1899	140	0	259	1214	38	0
1900	55	0	192	526	—	0
1901	7	0	248	971	17	0
1902	4	0	285	1041	5	0
1903	15	0	325	1235	27	0

资料来源：［俄］基比乌斯：《关于我国对日战争的原因》，《政治公报汇编》1905 年，第 33 页。

从美国对东北的贸易额来看，它对东北处于一种失控的状态，但既然美国把中国东北看作一个重要的市场，那么就会考虑如何保持和拓展这一市场，因此加强政治渗透来保障经济渗透成为了美国争夺东北的重要原则。从经济实力出发，美国并不担心会败于同其他国家的经济竞争。但是，如果东北被俄国占领则情况就不同了，俄国完全有占据东北的可能与条件。正是这种出于对沙俄行动的疑惧，以及可能失去东北重要资源的担忧，美国政府于 1899 年、1900 年两次提出"门户开放"政策，其主要原则是："美国政府切望美国公民的利益，不因任何强国所控制的在华势力范围之内的排他性待遇，而受到损害，并希望为世界商品保留一个公开市场。"① 美国政府决不承认"任何国家在中国任何部分有排他性的权力或控制权"②。"门户开放"政策的主要内容有："1. 不得干涉任何一个依照条约开放的通商口岸，或与各该国在华的所谓'势力范围'或租借地内，干涉任何国家的已得利益；2. 不论何国的货物，进入上述'利益范围'的口岸内，一律适用目前的中国协定关税；3. 对于上述范围内口岸的别国船只，各国所谓'利益范围'的国家，不得征收比对本国船只更高的港口税；对别国商品经过上述'范围'内，所谓'利益范围'的国家，不得利用其所修建、控制及管理的铁路，在同等里程内，抽收比本国同类货物更高的运费"③。随后，1903 年中美新商约又规定开放奉天和安东为通商口岸。"门户开放"政策遭到了欲霸占中国东北的沙俄的强烈反对，且后来列强都把维护或违反"门户开放"政策作为向其他列强发难并与其争夺权益的借口。不久后爆发的日俄战争，就是日本打着这一旗号反对沙俄独占中国东北地区而发动的。

从帝国主义侵略的本质来看，美国提出"门户开放"政策的根本目的并不是维护中国领土的完整，而是从它自身在中国东北的商业利益角度考虑的。出于地理位置和自身国力的考量，美国不可能盲目出战，而是"借助"一切可以调动的力量来实现美国想"做到的一切"。日俄战争前，美国在中国东北虽有贸易，但额度相较日俄都少，从东北输出的原料也微乎其微，因此美国欲借"门户开放"政策从列强在中国东北的竞争中分得一杯羹，企图用政治外交手段为经济侵略保驾护航，从列强尤其是日俄之争中获得相应的商业利益。然而日俄战争以沙俄战败告终，日本从沙俄手中接管了原来沙俄在中国东北的权益，并提出了"南

① Jules Davids, *American Diplomatic and Public Papers: the United States and China Series 8*, Wilmington: Soholarly Resonrces Inc, 1973, p. 38.
② 《国务卿海约翰致驻英大使（绰特）函》，《中美关系史资料汇编》第 1 辑，世界知识出版社 1957 年版，第 450 页。
③ No. 927. Mr Hay to Mr White, DEPARTMENT OF STATE, FRUS, December 5, 1899, China, p. 129.

满仅为日本人所有"的口号，推行对其他国家关闭的政策。① 美国之所以支持日本打败俄国，是因为它明白美国在太平洋上的军事力量还不足以与日俄抗衡，所以它采取的策略是利用日俄矛盾、利用中国方面维护领土完整的愿望，最终借日本之手保护自身在东北的贸易市场和商业利益。但面对日本前门赶走狼、后门引进虎的局面，美国如意算盘完全落空，其利用政治手段斡旋的结果与其设想的目标相去甚远。

(二) 英国与日俄的龃龉

近代以来，英国借《天津条约》于 1861 年在营口开埠，成为最早在营口驻扎的老牌资本主义国家，并且以营口为海上贸易基地，向东北内地推销商品、开拓市场，逐步由东北南部向内地扩大其商业范围。随着列强不断进入东北，英国的势力受到前所未有的冲击，突出表现为对外贸易上与日本的竞争，以及与俄国围绕旅大租借权和铁路的争夺。

1. 英日对营口航运业的竞争与第一次英日同盟

在营口开埠的五十年间，英国把持着东北地区的海关事务，在对东北的贸易中占据着重要地位。1871 年，"牛庄港 50% 的贸易是由英国的船只完成的"②，一直到 19 世纪 90 年代的最初几年英国在营口航运业始终占据着垄断地位，直至日本为发展资本主义，向东北倾销产品、掠夺原料。后起的日本资本主义在甲午战争后，对蕴藏着丰富资源的中国东北开始了积极扩张，日本势力蜂拥至中国东北。军事斗争、政治格局的调整必将带来经济格局的变化，日本对中国东北军事、经济的介入动摇了英国贸易霸主的地位。因此在对中国东北的贸易中，英日的竞争、矛盾乃至对抗不可避免，日本成为英国的首要经济对手。从 1899 年英日进出营口港的船只、吨位数来看（见表 1-2），英国的垄断地位彻底被打破，1899 年也成为一个里程碑年份，代之而起的是日本成为东亚的新

---

① 刘萍：《美国与中国东北的贸易研究（1894—1931）》，硕士学位论文，黑龙江大学，2011 年。

② British parliamentary papers：China. Irish University Press 1971, Vol. 10. Commercial reports, Newchwang, 1871, p. 167.

表1-2　　　1899年英、日进出营口港船只数量、吨位比较

(单位：只、吨)

国别	轮船													进出港全部	
	进港						出港								
	装有货物		压仓货		全部		装有货物		压仓货		全部				
	数量	吨位	数量	吨位	数量	吨位	数量	吨位	数量	吨位	数量	吨位		数量	吨位
英	121	126085	52	51050	173	178135	162	162055	11	16080	173	178135		346	356270
日	136	119159	56	49960	192	169119	185	164047	7	5072	192	169119		384	338238

资料来源：中国第二历史档案馆、中国海关总署办公厅编：《中国旧海关史料》第29册，京华出版社2001年版，The Trade Reports and Returns, Newchwang, 1899, p. 57。

霸主。虽然因日俄战争，日本暂时处于贸易低潮，但在日俄战争前英国在营口的航运业处于日本之下则是不争的事实。尽管如此，作为在东北经营了几十年贸易活动的英国实力犹存，并与日本一道垄断营口港航运业的 80% 左右，极大地压制了中国本土航运业的发展，对中国航运发展的负面影响是深远的。①

尽管英日在航运业中为了各自的经济利益存在竞争，但在对外侵略中，经济收益必须有军事、政治保障，而此时，俄国顽固地坚持独占东北的方针，这就使英日有了共同的敌人。随着时局的发展，俄国与英日的矛盾迅速朝着需用战争来解决的方向变化。1901 年 4 月，日本驻英国大使林董向英外交大臣兰斯敦提出"个人"对英日同盟方案的设想，但直到是年秋，谈判并无实质性进展。这是因为英国外交方针仍然把德国作为遏制俄国的主要力量，但德国的骑墙使它在英俄之间摇摆不定，英国政府也看清了依赖德国在远东牵制俄国毫无希望，因此转而向日本表示愿意结盟。两国在 1902 年 1 月签署第一次《英日同盟条约》，即日生效。第一次英日同盟纯属对俄的军事攻守同盟，它的形成既是 19 世纪末国际帝国主义列强相互关系开始进行重新组合以来所发生的第一个重大事件，也是国际帝国主义争夺远东霸权的斗争走向集团化的重要标志。② 根据这个协定，如果日本同俄国交战，德法加入俄国一边，英国加入日本一边，从国际外交上保证了"迫使俄国顺应"日本的要求，③使日本帝国主义对外扩张的矛头一变而为"北进南守"。当然英国对英日同盟也有所期待，它使英国得到了一个对抗沙俄、削弱沙俄的有力武器，"俄日两国进入战争状态，无论俄国胜利抑或失败，使其削弱在欧洲之力量，英国当然可以得到好处"④。英日同盟订立后，美国认为"保证了清政府和朝鲜的独立及领土完整，是所有国家在中国和朝鲜工商业顺利发展的一个保证"⑤，在条约签订的第二天，美国即向中俄以及其他

---

① 马跃：《英国与中国东北关系研究》，博士学位论文，吉林大学，2012 年。

② 常诚、崔丕：《世界列强与东北——"九·一八"事变前日本和欧美列强对东北的争夺》，中国大百科全书出版社 1995 年版，第 101 页。

③ ［日］日本外务省：《日本外交文书》，第 34 卷，日本国际协会发行，1963 年，第 67 页。

④ ［日］信夫清三郎、中山治一：《日俄战争史研究》，河出书房 1959 年版，第 354 页。

⑤ Alfred. L. Dennis, *The Anglo-Japanese Alliance*, University of Publications, 1923, p. 9.

列强同时发出照会，反对俄国对东北利权的独占。① 这对俄国来说不啻一个晴天霹雳，其虽急忙拉住盟国法国，将两国在欧洲的军事同盟扩大至远东，但都弥补不了俄国所受到的沉重打击。英日同盟与俄法同盟在远东的出现，"使得自1894年以来就已成为国际政治中战争策源地的远东局势更加复杂，从而使东西方的原有斗争受到了欧洲列强竞争的影响。在这种背景下，整个亚洲问题的解决也更趋复杂，中国问题成为当时国际政治的中心"②。

而英国在第一次英日同盟中不仅实现了其经济利益在中国东北的军事保障，而且不得不说是一次外交上的胜利，它顺应了资本主义资本输出的发展阶段，从而更加肆无忌惮地加强了对中国东北的经济侵略。从一定程度上讲，军事侵略是灭亡一个国家的根本手段，但经济侵略更能毁灭一个国家于无形中，"过去世界上帝国主义者，多以武力亡人国家，现在则以经济亡人国家；武力亡人国家者，难免要牺牲流血，经济亡人国家，可亡人于不知不觉中"③。英日同盟缔结后，英国加强了对中国东北的经济侵略和资源掠夺，以巩固和扩大甲午战争后的侵略权益。

2. 英俄在中国东北的角逐

英国除了发挥其老牌航运业的先进航运技术加强与欧美、印度、日本等国的通航外，还将侵略的魔爪逐渐伸入东北内地，掠夺东北的重要资源。但随着各国列强势力涌入，英国的外交优势地位也岌岌可危。其中来势最猛的，当数正在远东极尽扩张能事的俄国。沙俄先后借《瑷珲条约》和《北京条约》不仅侵占了东北的大片领土，而且对大兴安岭和黑龙江流域原始森林、丰饶物产肆意掠取，但仍然不能满足俄国的侵略野心。此后俄国冲破大兴安岭以南和黑龙江流域，加大侵略步伐，从东北北部开向南部。为了抗衡西方列强和日本在东北的势力，俄国主导了三国干涉还辽，而清政府为了回报俄国，于1896年6月签订了《中俄

---

① 常诚、崔丕：《世界列强与东北——"九·一八"事变前日本和欧美列强对东北的争夺》，中国大百科全书出版社1995年版，第103页。

② Alfred. L. Dennis, *The Anglo-Japanese Alliance*, University of Publications, 1923, p. 13.

③ 蒋坚忍：《日本帝国主义侵略中国史》，汉口奋斗报社1931年版，第35页。

密约》，前三款是结成对抗日本的军事同盟，后三款是关于俄国西伯利亚铁路穿越东北修建问题。《中俄密约》的核心是俄国要在东北修建一条穿过中国黑龙江、吉林两省并通往海参崴的铁路，以保证无论是平时或是战时，俄国均有军事运输、物产运输的权利，并以此为中心开放港口，获得一个远东不冻港，加重在远东与列强争夺的砝码。英国的侵略步伐是从中国东北的南部向北部延伸，而沙俄则是由北向南突进，英俄帝国主义在扩张势力的过程中迎头撞上，争夺的焦点，一是租借旅大，二是修筑铁路。但双方的争夺又不仅限于这两点，为了能最大限度地掠夺东北的资源，双方从更长远的利益和更广阔的矛盾出发进行协调，并最终以妥协告终。

英俄从工业革命时期就宿怨已久，双方在近东和中东都有斗争，并延续到远东地区，而19世纪末围绕着租借旅顺和大连湾的交涉成为双方在中国东北竞争的主要内容。1898年，沙俄为了实施其远东政策，先后强迫清政府签订了《中俄会订条约》（即《中俄旅大租地条约》）、《续订旅大租地条约》，以25年为期租借旅顺和大连湾，这直接成为英俄矛盾的导火索。英国认为旅顺落入俄国手中是对英国对华贸易的一种威胁，是对英国在太平洋地位的一个挑衅，特别是对远东均势的一个打击，这就可能加速对中国的瓜分。① 针对俄国的行动，英国一方面进行武力威胁，派两艘军舰在旅顺口，这一行为"对俄国是不友好的，而且容易产生将要发生战争的谣言"②；另一方面展开了一系列的外交交涉，向俄国施加压力，当时英国的基本态度是：虽然承认俄国有权为西伯利亚铁路在太平洋获得一个出口，但它不承认俄国在旅顺获得一个设防的海军基地的权利。③ 于是英国唆使日本对俄采取行动，在英国看来，旅顺口落入俄国之手，不仅仅是威胁英国对

---

① ［英］菲利浦·约瑟夫：《列强对华外交》，胡滨译，商务印书馆1959年版，第258页。马跃：《英国与中国东北关系研究（1861—1911）》，硕士学位论文，吉林大学，2012年。

② Gooch and Harold Temperley, *British Documents on the Origins of the War*, Vol. I, 1898-1914, London: Printed and Published by his Majesty's Stationery Office, 1927. p. 2.

③ ［英］菲利浦·约瑟夫：《列强对华外交》，胡滨译，商务印书馆1959年版，第256—257页。

中国东北的贸易，更是对英国在太平洋地位的一种挑衅，特别是对远东既有均势的一个打击①，这就可能加速列强势力在中国东北的重新洗牌。英国从自身利益出发，有两方面考量：一方面作为在中国东北最早开埠的帝国主义国家，英国一直以营口港为活动中心，但是该港是内河入海港，河道窄浅，大型商船受到限制，对东北的进出口贸易快速发展受到影响；另一方面从东亚整体国际秩序出发，防止列强借口俄国开大连港重新瓜分中国。随后俄国的扩张野心完全印证了英国的这种担心，1898 年 1 月俄国在大连开埠建港，英国为保证其侵略权益毫不落后，要求俄国对大连湾全面开放以保证在华享有的特权，对此，俄国以退为进，表示"列强的条约权利在该地受到尊重"②，但对占领旅顺口和大连港是势在必得，是军方出于"战略上的"目的，以便帮助他们推进对华的计划。③ 因为在俄国看来，英国当时是对东北贸易的最大竞争对手，在商品倾销市场和物资掠夺方面更是获得了巨额利润，英国在远东的海运业更是俄国望尘莫及的，无论从资本主义国家在全球的争夺，还是在国际秩序中享有经济霸权来看，俄国都希望英国在中国东北受到牵制，同时，它也看出了英国与清政府的虚弱，因此对列强采用积极拉拢、让步、利益许诺的手段来对抗英国，并获得了默许和支持。

从英俄的争夺中不难看出，一方是为扩张远东的势力范围，另一方是为了争夺资本主义发展所渴求的商品销售市场和原料产地，但在武力威胁、外交压迫、金钱收买等多重手段之下，清政府答应了沙俄的无耻要求，英国阻止俄国侵略步伐的努力成为泡影。英国考虑到在远东的政策和与列强之间的复杂关系，对俄政策也只能慎重行事，在其他方面得到一些补偿（英国于 1898 年强租威海卫、签订借款合同）后终因国内外的矛盾不得不做出让步。英俄在租借旅大地区的矛盾和斗争既是资本主义扩张过程中两种模式的对抗，也是东北亚国际关系日益复杂化的反映。对英国与中国东北的关系来说，俄国因素会越来越成为英国在该地

---

① ［英］菲利浦·约瑟夫：《列强对华外交》，胡滨译，商务印书馆 1959 年版，第 258 页。

② ［英］菲利浦·约瑟夫：《列强对华外交》，胡滨译，商务印书馆 1959 年版，第 257 页。

③ ［俄］维特：《维特伯爵回忆录》，傅正译，商务印书馆 1976 年版，第 77 页。

区扩张的阻碍。[①]

英俄在中国东北除在港口有争夺之外，还有铁路修筑权的争夺。铁路是军事侵略和经济侵略的大动脉，可以说，铁路修到哪里，对资源的掠夺就到哪里，铁路两旁的矿产与森林开采权就自然被修筑铁路的国家所占有，铁路所经地区也将成为修筑者的势力范围。[②] "欧洲列强很知道，在中国保障经济势力的有力方法之一，是将铁路建筑权抓在自己手里"[③]。因此，列强在中国东北的铁路争夺达到了白热化的程度。英国希望通过介入中国东北铁路的修建达到进一步向东北腹地挺进的目的，为倾销商品、掠夺资源开辟更为广阔的市场；俄国则希望在保证中国东北北部优势的前提下向南部挺进，借助地理优势占领整个东北，实现"黄色斯拉夫"的梦想。因此，英俄两帝国主义国家在中国东北的利益产生强烈碰撞。1899 年英俄双方签订了《英俄协定》，对各自在铁路中的相关利益做了详细规定，随后又签订了一个补充协定，至此，俄国通过修筑东北铁路以扩大在中国东北的侵略野心不仅没有被遏制，俄国还与英国等列强达成了某种程度的默契，中国东北的权益由于中国国力的贫弱在列强的条约中被私相授受。英国在铁路政策上很大程度上考虑全球战略和政治、外交斗争的因素，尽其所能减缓俄国在中国东北向南扩张的进程，干涉俄国在整个东北的整体计划，因此尽量平缓在修筑铁路的问题上与俄国的矛盾和斗争，减少了对俄国对中国东北修筑铁路的公开干涉。但实际上，并没有改变中国东北铁路仍然被操控在俄国之手的事实。

英、俄、日、美等主要东西方列强在中国东北的利权争夺，既是老牌资本主义与新兴资本主义国家争夺世界霸权的延续，又具有鲜明的地域特点。英美在中国东北的政策核心主要从商业利益出发，日俄则利用地缘优势，追求领土的扩张和政治利益的谋取。但归根结底，帝国主义

① 马跃:《英国与中国东北关系研究（1861—1911）》，硕士学位论文，吉林大学，2012 年，第 112 页。

② 高鸿志:《近代中英关系史》，四川人民出版社 2001 年版，第 301 页。

③ 《红档杂志有关中国交涉史料选译》，张蓉初译，生活·读书·新知三联书店 1957 年版，第 172 页。

的争夺，一个重要目的无非就是对中国东北重要资源的掠夺。最终日俄以战争的形式来解决，而英美根据与两国的相关条约也获取了相应的利益。英美在争夺东北森林资源的过程中虽然没有直接获得采伐权，但从与日俄的贸易中获得了所追求的利益，因此，英美等列强同日俄一样，都是破坏中国东北森林资源的元凶。

第二章

日本对中国东北林业的政策

中国自古就拥有丰富的森林资源，尤其是东北地区，凭借其得天独厚的地理位置和自然环境，蕴藏了极其丰富的森林资源。清代中期以前，东北地区的原始森林保存相对完好，但是随着清代末期开禁放垦政策的实施、民国初年军阀混战时期地方官员的大肆砍伐以及日本帝国主义对森林资源的掠夺，东北地区的森林资源遭到极大的破坏，损失惨重。日本为达到对中国东北森林资源长期掠夺的目的，在清末、民国奉系军阀治理时期采取逐渐渗透与蚕食并进的方式进行掠夺；在伪满洲国时期则独占和垄断经营，并在满铁的协助下制定了相关的林业政策，以达到其掠夺侵占的目的。

一　中国政府的林业政策

（一）清末及民国时期

清王朝夺取政权定都北京后，东北的大批满族官兵、旗人涌进关内，使得原本因明末战乱而极度荒凉的东北更是出现了土地荒芜、人烟稀少的局面。顺治年间，清政府为了解决财政困难的局面，开始鼓励在东北招民垦殖，于顺治六年（1649）、顺治八年（1651）颁布一系列鼓励移民以及开发东北地区的政策，如"保甲编入法""荒地开垦诸规程""辽东开垦规程"等，但收效甚微。东北大部分地区仍然处于极度荒凉、有土无人的状态。① 虽然招民垦殖政策并未取得成效，但使得东北地区的自然资源特别是林木资源得到了变相的保护。

从顺治到康熙，国家逐渐强盛，国库充足。为了维持清王朝的统治，清政府神化长白山，编造了仙女沐浴、吞食朱果的神话。为了保护其发祥圣地，康熙皇帝对东北地区采取了保守的封禁政策，康熙七年（1668）宣布禁止汉人任意出关，并在东北的一部分地区实行"四禁"措施，即禁止采伐森林、禁止农垦、禁止渔猎、禁止采矿。"四禁"所覆盖的区域并非东北全境，主要集中在山区森林地带和部分草原地区，其中对长白山主体和皇家陵寝实行绝对保护，对作为皇室采捕渔猎场所的其他天然物产丰富的山川，实行对满汉群众的"四禁"②。严厉的封禁政策使得原本荒凉的东北地区人烟更加稀少，但却在相当长的时期内保护了东北大面积的森林资源。"四禁"区内森林茂盛，林副产品极其丰富。

清朝的封禁政策从康熙开始，经雍正、乾隆直到嘉庆年间才有所缓解，前后历经一百多年。嘉庆年间，出关进入东北的汉人越来越多，一方面是由于经历了康乾盛世，国家繁荣，社会安定，人口日益增多，关内齐、鲁、燕、晋等地人多地少，生活困难，人们纷纷逃往关外谋生。另一方面是居住在东北地区的满人在优待政策下生活优裕，需要大量的劳工。因此由关内走私出关的人民到达关外后，大受欢迎。③加上辽东各城在乾隆时期重新翻修，商业和手工业也逐渐发展，木材的需求量激增。为了规范采伐森林，嘉庆十三年（1808）清政府根据辽东的森林资源情况，在山区附近设置"伐木山场"，进行定点采伐。共设伐木山场22处，其中在辽宁省的兴京（现新宾满族自治县）附近设立伐木山场9处，开原设3处，辽阳设2处，凤凰城设6处。同时，在兴京、开原、辽源、凤城、岫岩各设税卡一处，用于征收木税。④清朝中后期，面临内忧外患，清朝财政也开始出现困难，对围

① 陶炎：《东北林业发展史》，吉林省社会科学院1987年版，第89—90页。
② 陶炎：《东北林业发展史》，吉林省社会科学院1987年版，第90—93页。
③ 钱公来：《东北五十年来社会之变迁》，《东北集刊》第2期。
④ 陶炎：《东北林业发展史》，吉林省社会科学院1987年版，第97—99页。

场的监管也逐渐松懈，开始出现私自伐木、狩猎的现象，清政府不得不部分开禁，允许开垦，以木税弥补国库收入。在光绪四年（1878）成立了大东沟木税局，随后又成立了东边道、奉天木税局等地区的木税局。① 光绪二十八年（1902）由于在鸭绿江流域产生了官商合办的木植公司，各地纷纷效仿，出现了一些新成立的木植公司。② 光绪三十三年（1907）9 月，在吉林市成立了吉林省林业总局，下辖土龙山和四合川（今五常、额穆县地区）两个分局。③ 吉林省林业总局在砍伐森林的过程中，也做了一些造林和护林的工作，但由于没有完善的规章制度和充足的资金来源，收效甚微，但仍在防止乱砍滥伐方面发挥了一定的贡献。1912 年，林业总局因收不抵支倒闭。随着清末帝国主义列强进入东北，清朝东北铁路主权的丧失和不平等条约的陆续签订，中国失去了中东铁路沿线和鸭绿江流域森林的开采权，东北林业也开始向清政府或民间商人与日俄合办经营方式过渡，东北地区的森林范围开始呈现断崖式的减少，森林环境也开始恶化。④

通过明治维新逐渐强大的日本，走上了帝国主义道路，将目标直指"征服满蒙"继而征服世界。19 世纪末，日本政府派遣林业官员西田又二和牟田五郎等人率领驻朝鲜守备队士兵，秘密潜入鸭绿江两岸，花费四个月时间调查了当地的森林储备量、分布情况以及俄国、中国木材生产加工企业的规模、市场、税制等情况，丰富的森林资源刺激了日本帝国主义的胃口。1903 年清政府为抵制沙俄势力进入鸭绿江流域掠夺森林，与日本政府合资设立了日清义盛公司，准备开发鸭绿江一带森林，但因遭到沙俄的阻挠，公司被迫停办，但日本一直未放弃侵占的野心，仍处心积虑地谋划夺取东北的森林资源。日俄战争俄国战败，日俄两国私下签订了《朴茨茅斯和约》，俄国退出了鸭绿江流域，原本俄国经营

① 衣保中：《中国东北农业史》，吉林文史出版社 1993 年版，第 363 页。

② 黄甲元：《长白山开发史稿》，载《长白山丛书研究系列》，吉林文史出版社 1992 年版，第 240 页。

③ ［日］日本产业调查会满洲总局编：《满洲产业经济大观》，载吉林省图书馆伪满洲国史料编委会编《伪满洲国史料》第 4 册，全国图书馆文献缩微复制中心 2002 年版，第 284 页。

④ 陶炎：《东北林业发展史》，吉林省社会科学院 1987 年版，第 129—131 页。

的木材事业完全变成了日本人的战利品。为了将中国的森林资源霸占得名正言顺，日本又逼迫清政府签订了《中日会议东三省事宜正附条款》，其中包括建立合作经营"鸭绿江采伐公司"用于共同开发鸭绿江流域森林——但这所谓的合营完全是幌子，全部实权都掌握在日本人之手，中国方面只是被掠夺的对象。① 之后又签订了《鸭绿江木植公司章程》《中日合办鸭绿江森林合同》以及《中日木植公司事务章程》等一系列丧权辱国的文件。这一系列不平等条约使中国东北森林资源的采伐权、贩卖权和木税权等完全落入日本侵略者的手中，日本已经完全取代沙俄的地位，强行占有了鸭绿江流域的森林特权。②

光绪三十四年（1908）中日合办的鸭绿江木植公司（见图2-1）成立，由中日双方各出资150万银圆，以二十五年为限，总部设在安东，以东边道为督办，中日两国各派理事长一名，但这些所谓的合办只是名义上的，实权只掌握在日本人手里。为实现更大规模的采伐，公司铺设了森林轨道、森林铁路，并在安东一带修筑码头及储材场等，垄断了该流域一切木材采伐业务，夺走了中国的税收大权，掠夺了大量的木材。据《鸭绿江林业志》记载："1909年至1929年共21年间，仅流送到安东的木筏总数为96800张，总材积为3826万连（不论木材直径大小，每8尺为一连，其材积约为0.4立方米到0.6立方米不等）。另有电柱78万根，杂木1500根、枕木18000根。若以每连0.5立方米计算，折合材积为1900多万立方米，加上其他电柱、枕木等，总材积当在2000万立方米左右，消耗森林资源约在6000万立方米以上。这些木材除了小部分就地销售和运往关内，大部分经由朝鲜运往日本"③。鸭绿江沿线的森林被砍伐殆尽，至九一八事变前，除位于鸭绿江上游长白县二十四道沟尚有部分林木外，"其余皆属零星数株"④。鸭绿江采木公司成了日本侵略者夺取东北森林资源的重要工具。

---

① 陶炎：《东北林业发展史》，吉林省社会科学院1987年版，第138页。
② 陶炎：《东北林业发展史》，吉林省社会科学院1987年版，第138—141页。
③ 陶炎：《东北林业发展史》，吉林省社会科学院1987年版，第143页。
④ 王希亮：《近代东北森林开发史话》，《黑龙江林业》1984年第4期。

图 2-1　鸭绿江木植公司总局事务所

安东县八番通五丁目（安东县七道沟）

资料来源：［日］鸭绿江采木公司：《鸭绿江采木公司十周年纪念写真帖》，1918 年。吉林省社会科学院满铁资料馆藏资料，编号 23255。

（二）民国奉系军阀治理时期的林业政策

民国时期，民国政府效仿西方国家建立了近代的林政。中华民国政府成立农林部（后改为农商部、农工部）主管林政，由宋教仁担任农林部总长，并制定了明确的林政方针，方针规定："凡国有山林，除已属民有者由民间自营并责成地方官监督保护外，其余均定为国有，由部直接管理，仍仰各该管地方官就近保护，严禁私伐"①。但由于民国初期中国处于军阀割据混战的状态，很多地方军阀受利益驱使，借发放林照之机敛收税款，使得这一林业政策无法贯彻执行。为整顿林政管理混乱的局面，农林部于 1912 年 12 月 11 日颁布了《东三省国有林发放暂时规则》，其中规定："各官署所发的旧木植票一律作废，必

---

① 陈嵘：《中国森林史料》，中国林业出版社 1983 年版，第 71 页。

须按照手续领取新照，方可采伐"①。

为进一步加强对东北三省林政的管理，北洋政府曾在 1914 年 8 月和 1920 年 6 月两次修改《东三省国有林发放规则》，主要包括：（1）凡具有法人资格的中华民国公民，均可承领东三省的国有林，其中承领森林每次不得超过 200 公里；（2）承领森林者须按规定提出承领书，由相关部门勘测、核准，遵照票照有效期进行每年验照及缴费；（3）所伐林木种类、大小、长短应向相关部门报备并按规定缴纳木税及其他费用；（4）采伐时针对母树的保留措施等。② 然而这项规则并没有起到对东北森林的有效保护作用，反而导致东北森林遭受更快、更大规模的破坏，给日本侵略者掠夺东北森林提供了可乘之机。《东三省国有林发放规则》（以下简称《规则》）以开发国有林、增加国家财政收入、防止外人占有和发放给中国人经营为主要目的，但东北地区的私有林极少，因此这项规则只为北洋政府及东北地区官署扩充财政收入提供了便利，显然不是一种保护森林资源的政策。并且当时的国民政府无力统治地方，地方军阀割据，承领人多为官僚地主和有军阀保护的商人、资本家，他们承领森林只是为了发家致富，在森林发放中通过各种手段，获得加倍的承领面积。在得到林场权后，承领人或是将林场转让给外国资本家，或是雇用封建把头，招募工人，依靠封建剥削从中谋利，完全无视《规则》中对于采伐林地的规定。林务机关对发放的森林疏于监管，同一块林地重复发放的情况屡屡发生。除发放林照外，地方因经费不足还发放了临时的砍伐票照，拥有林权者和持有砍伐票照者，经常因林权问题产生纠纷，这些林权纠纷日益增多，各方的矛盾又不易解决。在这种形势下，国民政府于 1929 年 1 月以部令公布了"东三省国有林整理委员会章程"，并成立专门机构，重新整理林权。但随着九一八事变爆发，东北沦陷，这项计划也不得不停止了。③

---

① 熊大桐：《中国近代林业史》，中国林业出版社 1989 年版，第 67 页。
② 陶炎：《东北林业发展史》，吉林省社会科学院 1987 年版，第 196—197 页。
③ 陶炎：《东北林业发展史》，吉林省社会科学院 1987 年版，第 197—200 页。

二　沙皇俄国侵略时期的林业政策

　　早在 19 世纪 40 年代初期，沙俄就趁清政府对北部边疆的疏于管理，派一小批殖民主义者侵入中国黑龙江流域，获取了黑龙江以北大片土地。1689 年签订的中俄《尼布楚条约》，从法律上确定了黑龙江和乌苏里江流域的广大地区都是中国的领土。鸦片战争后，沙皇俄国勾结西方资本主义国家，掀起了瓜分中国的热潮，通过 1858 年的中俄《瑷珲条约》和 1860 年的中俄《北京条约》，侵占中国 100 多万平方千米的土地，其中包括大面积的森林资源。[①]

　　沙皇俄国为了进一步获取在中国东北地区的利益，于 1896 年 6 月与清政府签订了《中俄密约》，取得了修筑中国东省铁路（即中东铁路，也称东清铁路）的特权。《中俄密约》的签订为沙皇俄国公开侵略东北铺平了道路。1896 年 9 月，又通过签订《中俄合办东省铁路公司合同章程》获得"中国政府允许公司开采木植、煤筋为铁路需用"[②]。《中俄密约》和《中俄合办东省铁路公司合同章程》的各项条款为沙俄政府侵略中国东北，大肆掠夺中国森林、煤矿资源创造了条件。中东铁路的修建，使得满洲里到绥芬河沿线 1000 多千米的森林遭到大规模的采伐。据《东三省政略》记载："自兴铁路之役，凡铁轨所设之枕木，锅炉所用之木柈，以至上者为屋宇、为桥梁，下者为樵薪，莫不取资于林业"[③]。中东铁路从 1897 年动工到 1903 年完工，历时六年。其间大批俄国木材商人涌入东北，假借供应铁路公司所需之名攫取伐木权。中东铁路通车后，为了继续侵占中国资源，1904 年中东铁路公司与黑龙江省铁路交涉局签订了《黑龙江铁路公司伐木合同》，这一合同将黑龙江省全境森林全部交由俄国人手中。1905 年日俄战争中俄国战败，中俄两国开

---

　　① 陶炎：《东北林业发展史》，吉林省社会科学院 1987 年版，第 107 页。

　　② 复旦大学历史系《沙俄侵华史》编写组编：《沙俄侵华史》，上海人民出版社 1975 年版，第 317 页。

　　③ 王希亮：《近代东北森林开发史话》，《黑龙江林业》1984 年第 2 期。

始谈判。1907 年中东铁路公司与吉林、黑龙江两省确定了关于林地经营的两项条约，条约表面上看是地方当局取得胜利，但是狡猾的俄国人在谈判的同时，不断地侵占铁路沿线有价值并且交通便利的林地。① 经过长期谈判，1908 年吉林、黑龙江两省才先后与铁路公司签订伐木合同，将原来的七条改为十四条，吉林、黑龙江两省的森林资源被拱手相让，为日后沙俄进一步扩大侵略埋下伏笔。② 1912 年 7 月 31 日，沙俄迫使黑龙江铁路交涉局签订《增订中东铁路在江省指明地段砍伐应用木植之副合同》，将采伐完毕的无木之地与茂密的原始森林地区交换，砍伐的木材不仅限于“铁路使用”，同时可以买卖。新合同的生效，使得铁路沿线两侧五十里至百里的森林，短短二十年时间就被砍伐殆尽。在中东铁路直接经营林场的同时，俄国商人根据《东三省国有林发放规则》中关于租借性质发放的森林地段的规定，开始所谓的“租借林场”。十月革命后，俄国在远东的势力受到了很大影响，东北当局趁机收回了中东铁路沿线的二十多处林场权，剩下的俄商开始勾结人合办采木公司，日本资本开始进入“北满”林区，日本方面的东拓、三井采木等开始进行森林采伐，使得中国东北林业出现更为混乱、复杂的局面。③

三 日伪统制时期的林业政策

日俄战争后，日本从俄国手中攫取了中国东北的利权，其中一项便是对中国东北森林的采伐和统制权。为了加强对中国东北林业资源的开采和管理，日本随着战局的发展，在不同的时间制定了不同的林业政策。

(一) 九一八事变前的林业政策

九一八事变前日本主要是通过对中国东北森林渗透蚕食的手段达到

① 熊大桐：《中国近代林业史》，中国林业出版社 1989 年版，第 290 页。
② 陶炎：《东北林业发展史》，吉林省社会科学院 1987 年版，第 118—120 页。
③ 孔经纬、朱显平：《帝俄对哈尔滨一带的经济掠夺》，黑龙江人民出版社 1986 年版，第 67 页。

其掠夺的目的，从形式上可以分为政府经营的具有军事性质的鸭绿江采木公司及满铁的成立，以及民间木材资本家的涌入。

1. 鸭绿江采木公司

日本在明治维新后，开始走上资本主义道路，发展帝国主义，蓄意对外扩张，逐渐形成了以侵略中国为中心的"大陆政策"。中日甲午战争中清政府战败，北洋水师全军覆没，清政府迫于日本的军事压力于1895年4月17日签订了丧权辱国的《马关条约》。日本政府企图以此占领辽东半岛，遭到俄、法、德三国的干涉，清政府赎回了辽东半岛，粉碎了日本趁机侵占东北的企图。但是，对东北森林资源垂涎已久的日本毫不死心，19世纪末，日本政府派遣林业官员西田又二和牟田五郎等人率领朝鲜守备队士兵，秘密潜入鸭绿江两岸，历时四个月，调查了当地的森林蓄积、分布道路以及俄国、中国木材生产和加工企业的生产规模、木材市场、税制等情况。[①] 之后又派宫岛喜一郎于1902—1903年对鸭绿江森林进行调查，也正是通过这次调查，坚定了日本开发鸭绿江森林的决心。而清政府为了抵制沙俄势力进入鸭绿江流域，与日本政府一拍即合，于1903年成立了日清义盛公司，计划合资开发鸭绿江流域。这一构想遭到沙俄的阻挠，迫于《俄韩森林条约》的限制，公司成立不久便停办。日俄战争开始后，日本通过鸭绿江战役夺取了九连城，彻底打开了进入东北的大门，随后设置调查委员开始着手对鸭绿江两岸森林资源的调查。[②] 1905年5月，在安东成立了军政署和战地临时建筑部，无视中国主权，在安东、龙岩浦一带实行军事管制，垄断森林采伐业，贱价收买甚至没收中国商人存放的原木，同时又设置军用木材厂，大量加工木材作为军用或运回本国。[③]（见图2-2）

日俄战争后，日本迫使清政府签订了《中日会议东三省事宜正附条款》，条款约定中日两国共同开发鸭绿江流域森林，成立合营的"鸭绿江采伐公司"。但这里所谓的合营完全是幌子，全部实权掌握在日本方

---

① 陶炎：《东北林业发展史》，吉林省社会科学院1987年版，第137页。

② ［日］满洲木材通信社：《满洲林业概观》（1940年），载《伪满时期东北林业史料译编》第1册，吉林市林业局林业志办公室1987年版，第79页。

③ 陶炎：《东北林业发展史》，吉林省社会科学院1987年版，第138页。

图 2-2 水中贮木

安东县六道沟贮木所内第一坞（水道内）

资料来源：［日］鸭绿江采木公司：《鸭绿江采木公司十周年纪念写真帖》，1918 年。吉林省社会科学院满铁资料馆藏资料，编号 23255。

面，中国方面只是被掠夺的对象。[①] 1908 年清政府与日本政府签订了《中日合办鸭绿江采木公司章程》《中日合办鸭绿江森林合同》《中日木植公司事务章程》等一系列丧权辱国的文件。根据这些文件，中日两国各出资 150 万银圆，以 25 年为限设立公司，公司总部设在安东，双方各派理事长一名。但在公司经营过程中，中方的管理人员对公司事务不闻不问，一切事务皆由日方处理。日俄战争结束后，日本帝国主义取代了沙俄的地位，完成了鸭绿江沿岸的木材业垄断，强行占有了鸭绿江流域的森林特权。1908 年 9 月 1 日，鸭绿江采木公司正式成立，开始了大规模的森林采伐。[②]

鸭绿江采木公司为了从事大规模的采伐，不仅开始铺设森林轨道，

---

① 陶炎：《东北林业发展史》，吉林省社会科学院 1987 年版，第 138 页。

② 王守安、邵纯礼主编：《吉林省森林工业》，吉林人民出版社 1986 年版，第 3 页。

以畜力牵引以达到加大外运力度，同时也铺设森林铁路、修建码头设施和储材场等。公司还在两江流域的重要木材产区设立分局、分所，通过这些下设机构包揽了所有区域的木材采伐、保管、漂流木收拣等业务，垄断了木材市场。由于采木公司控制了木材收买权，变相地代行了当地政府向木材业征收税金的职能，在掠夺了大量木材资源的同时，仅分给当地政府百分之五的微利。[1] 据统计，采木公司在 1908 年到 1935 年，采伐木材的总量达 314 万立方米以上。[2] 采伐方式以掠夺式、粗放式为主，采近舍远、采好留坏、光采不造，这些木材除了小部分就地销售和运往关外外，大部分经过朝鲜运往日本。[3] 据《满蒙林业的近况》记载，采木公司从 1908 年成立到 1930 年这二十多年间："日本出资 150 万银元，分得红利 304.85 万银元，为出资的百分之二百零三，与此同时公司当时拥有资产约为 673.6 万银元。"[4] 由此看来，鸭绿江采木公司已经成为日本掠夺东北森林资源的重要角色。

2. 满铁

满铁名义上是个股份公司，实际上却是"官民一体""文装武备"的侵略机构，是日本借中日、中俄战争夺取"满蒙"特殊权益进而扩大侵略的特殊会社。满铁表面上经营日本通过《朴茨茅斯和约》获得的中国辽东半岛及中东铁路"南满洲"支线（即长春以南部分）部分铁路和通过《中日会议东三省事宜正约》及《附约》获得的原日军修建的安奉铁路部分，实际上是为了通过铁路进一步开发矿产，经营工农业、林业、牧业等，从而垄断东北经济，为进一步侵略做准备。[5]

满铁在成立初期便凭借着庞大的情报组织，对东北地区的资源做了调查。尤其是俄国十月革命后，借沙俄在北部地区势力衰败之机，满铁同其他日本木材资本家逐渐侵入北部林区，获得采伐权。1922 年与谢夫谦客、黑龙江政府三方各出 200 万元重组"扎免林业公司"，名为三方合资，实权却在满铁手中，获得了中东路西线大兴安岭林区的兴安宜里

① 陶炎：《东北林业发展史》，吉林省社会科学院 1987 年版，第 140—142 页。
② 王季平：《长白山志》，吉林文史出版社 1989 年版，第 324 页。
③ 陶炎：《东北林业发展史》，吉林省社会科学院 1987 年版，第 142—143 页。
④ 池部祐吉：《满蒙林业的近况》，日本山林会。
⑤ 苏崇民：《巨型殖民侵略机构——满铁》，社会科学文献出版社 2011 年版，第 4 页。

克都、乌奴尔、免渡河林区约 1.7 万平方千米的森林面积；满铁还出资设立"海敏采木公司"，获得了位于海拉尔河上游 4000 平方千米面积的森林；在吉林成立"吉林贸易公司"，办理吉林的木材业务。满铁还通过扶植日本私人资本，建立子公司或者关系公司，如投资满鲜坑木会社、东亚土木企业公司或成立联合公司，直接控制了对东北林业的开发，达到了其直接掠夺森林资源的目的。①

1934 年满铁制订了铁道枕木自给计划，收买了图们江上游嘎呀河林场，开始着手采伐。1935 年伪满洲国政府收买中东铁路的同时，接手了与该铁路有关的东路林区亮子岭、博克图、绰尔河、通北林区及海拉尔林区等。1936 年满铁受伪实业部委托，经营以往由加尔斯基和近藤林业公司共营的"亚布洛尼"林区，进一步取得了吉林、兴安岭南部以及其他各地的采伐权。②

随着日本统治下的东北地区兴建铁路数量的日益增多，铁路枕木、电柱、车辆用木材需求量逐年增加。1942 年开始加速修建牙克石线、汤林线、抚松线等森林铁路，这些新修建的铁路为满铁和日本木材资本家掠夺长白山腹地及大小兴安岭的密林地区创造了条件。③

满铁在日本政府的直接控制下，在对东北森林资源的掠夺中扮演了先行军的角色。公司除本身通过经营林场进行大规模的森林采伐之外，还通过铁路运输，输出了大量的木材。满铁借修建铁路获得了东北的交通经营大权，这些铁路都穿越东北的主要森林地带，皆带有森林铁路的性质，日本通过这些密集的铁路网，把东北的大量木材运到各个城市以及日本等地。

3. 日本的民间资本家

鸭绿江采木公司和满铁都是带有政府经营的军事色彩的大型会社，在九一八事变前，日本的木材资本家和以木材为原材料的资本也陆续涌入东北，掠夺东北丰富的森林资源。

在日本内阁向袁世凯提出的《二十一条》遭到中国人民的强烈反对

---

① 陶炎：《东北林业发展史》，吉林省社会科学院 1987 年版，第 145—146 页。
② 陶炎：《东北林业发展史》，吉林省社会科学院 1987 年版，第 148 页。
③ 陶炎：《东北林业发展史》，吉林省社会科学院 1987 年版，第 149 页。

后，继任首相采取了所谓的"菊分根"政策，即通过大量的借款代替强硬的交涉，将资本输入中国，继以掠夺种种特权，企图将中国变为其独占的殖民地，"西原借款"便是这种政策下的产物。通过1918年8月2日签订这笔3000万日元的借款，日本获得了吉黑两省的金矿及森林，以及这两项所生属于政府的收入。也就是说吉林、黑龙江两省的金矿和森林主权几乎全部丧失，也进一步打开了日本掠夺东北资源的道路。

东北森林的开发，最早开始于鸭绿江沿岸，由于交通便利，鸭绿江流域森林遭到了严重破坏，通过"西原借款"、吉长铁路的修建，吉林也随之成为木材贸易市场，日本的木材资本家纷纷投资进入，组建了一批如富宁、丰材、兴林等名义上为中日合办的公司，有的用于开采森林，有的以收买木材为主。① 这些木材资本家进入吉林一带森林地区也并非一帆风顺，日本资本家经营的林场大多为1916年到1919年建立，这刚好是《东三省国有林发放条例》实施不久、也是林场权混乱不清的阶段，因此中国林场主和日本林场主时有纠纷，而采伐场又多位于深山老林，当地把头土匪相互勾结，日本木材资本家必须收买把头才能进山伐木，再加上当时地方金融混乱，捐税繁多，除木材税外还增收了很多附加税，如国有林管理费、警察税、斧头税、牛马税、爬犁税、供神税和救济费等，这些因素大大打消了日本木材资本家的积极性，纷纷撤出。②

日本木材资本家还在中国东北北部与俄国资本家进行过势力范围的争夺。日本木材资本家占据了中东铁路东线和西线后，极力排斥俄国资本，尤其是俄国十月革命后，日本资本趁机而入并获取大批林场，虽然当时的法令禁止外国人获得国有林的采伐权，但是这些公司大多数以中国人的名义成立，由双方出资合办，但控制权在日本人手中。比较典型的有：日本海林实业公司，该公司于1919年出资收买了原英、俄、瑞典出资的中东海林公司，经营林区330千米；中东制材公司，日方为东洋拓殖株式会社，该会社除引进木材机械加工外，还租有林场达6000余公顷，并铺设轻便森林铁道进行木材运输。日本木材资本家还吞并了

---

① 王长富：《沙皇俄国掠夺东北林业史考》，吉林人民出版社1986年版，第27页。
② 陶炎：《东北林业发展史》，吉林省社会科学院1987年版，第151—153页。

一些华商经营的公司，采伐范围也扩大到牡丹江以南，绥滨、滨洲沿线的重点林区。活跃在中国东北地区的日商资本在1918年前后达到顶峰，但随着1920年日本经济危机的影响，日商资本相继退出，到1924年时，只剩下中东海林公司与东洋拓殖株式会社共同出资改与吉林省政府合办的合资公司、扎免采木公司和海敏采木公司继续作业，掠夺中国东北部的森林资源。

与日本木材资本家同时进入东北的，还有木材加工业的资本家。由于木材体积大，不便于运输，日本资本家就打起了就地设厂，进行原料加工的主意。比较有代表性的产业如造纸业，1919年建成的鸭绿江制纸株式会社记载，该会社"年产纸浆15000吨，制纸8000吨，每年吞食上等原木约83000立方米"①。这些木材均来源于鸭绿江两岸和安奉铁路沿线的森林地带。除了造纸业，日本资本也向木材机械加工业进行了投资。据统计，1905年到1931年，日本资本家在东北设置的木材加工企业达54家。② 除此之外，像火柴、人造纤维、胶合板等行业也相继进入东北，这些所谓的公司已经成了日本侵略者掠夺东北森林资源的重要角色，东北森林资源遭遇了一场巨大的浩劫。随着日本野心越来越大，蚕食东北资源已满足不了胃口，于是日本策划发动了九一八事变，拉开了全面侵华的序幕。

（二）伪满时期日本对东北林业的政策

1931年，日本帝国主义策划九一八事变，随后对东北全境实施军事占领，并炮制了傀儡政权伪满洲国来东北实行殖民统治。关东军充当伪政权的"太上皇"，利用满铁积极策划掠夺东北的自然资源。为了有目的、有计划地掠夺东北的林业资源，在1931年12月11日的幕僚会议上，关东军决定撤销参谋部第三课，设立统治部作为行政机构用以承担经济、行政业务，并与满铁经济调查会合作制定殖民政策。日本自始至终将旧参谋部第三课提出的《满蒙开发方策案》作为对东北殖民地的经济政策，主要包括："确保平战两时的军需资源，满蒙开发要为日本经

① 陶炎：《东北林业发展史》，吉林省社会科学院1987年版，第155页。
② 陶炎：《东北林业发展史》，吉林省社会科学院1987年版，第157页。

济做出贡献，利用外资实施'日满一体的计划经济'"①。1932 年在满铁经济调查会的策划下，开始从事所谓的"满洲经济研究"，对东北的自然资源进行普查。1933 年提出《满洲国经济建设纲要》，纲要秉承《满蒙开发方策案》的精神，提出"日满共存""日满一体"等口号。纲要还对东北的产业进行了划分，其中包括："一类是'国防'上重要产业、公共事业和一般产业的基础产业；由国营或特殊公司经营；二类是须经政府批准许可的事业；三类是可以自由经营的事业。"② 1934 年伪满政府根据纲要的产业划分，发表了详细的产业统制声明，将林业和采木业划归第一类，不许民间经营，将木浆和造纸业划归第三类。但事实上，这两个行业早已完全被日本资本家所垄断。这样，日本通过伪满洲政府将森林所有权、采伐权"国营"化，达到了对东北森林资源强化统制和掠夺的目的。

伪满洲国在建立以前，并没有特别完备的林业政策，财政收入单位的林场权极为混乱，对森林的砍伐毫无计划、肆意滥伐。在这种条件下，日本帝国主义及其操控下的伪满洲国政府针对林业的经营采取了殖民地式的统治方针，制定了一系列旨在长期、有效控制和利用森林资源的政策。

1. 整顿林场权

伪满洲国政府为将森林全部"国有化"，首先面临的是整顿林场权问题。这里所指的林场权是九一八事变前，由东北地方政府授予特定法人采伐国有森林的权利，以多种形式存在：一种是根据颁布法令所规定的一般林场权，像民国、北洋政府时期为了增加财政收入，而大肆发放给木材商人的林场权。另一种是根据国际条约或与各省所签订的特殊林场权，比如俄国木材商人在修建中东铁路时确立的林场权或是日本木材商人通过合办公司获得的林场权，一般来讲特殊林场权的地位要高于一般林场权。但不论是一般林场权还是特殊林场权，都因为发放林场权时林政机关很少到实地进行勘测，只是粗略根据略图标记林场位置，故而

---

① 王承礼主编：《中国东北沦陷十四年史纲要》，中国大百科全书出版社 1991 年版，第 129 页。

② 陶炎：《东北林业发展史》，吉林省社会科学院 1987 年版，第 159 页。

常常因林场界线划分不清导致林场重复而发生纠纷，再加上列强在东北争夺森林资源，整顿林场权困难重重。

（1）一般林场权

1934年伪满洲国政府根据《国有林发放章程》（即辽宁省"国有"林发放章程、吉林省填发临时执照简章）以及1924年黑龙江省森林局所许可的一般林场权，发布伪敕令第四号《林场管理法》，"令林场权所有人或持有采伐许可证者于一定期限内，向伪实业部申请审查"[①]。当时记载的有关林场权问题的一般事件共计241件，估计面积236万公顷，在指定时期内申请者152件，面积为209万公顷，因未申请而自动取消林场权者89件，面积为25.4万公顷。其中提出申请者中，解散和撤回申请者为31件，剩余121件于1935年12月审查完毕，撤销林场权。就这样至1938年年末，一般林场权宣告失效。

（2）特殊林场权

1）吉敦沿线林场

在敦化、额穆、桦甸及宁安南部四县境内的吉敦铁路沿线的林场权，因其权利关系复杂，不能像对待一般林场权那样，宣布无效就可以解决。1936年2月以伪敕令第六号成立的《满洲林业株式会社》为名，"限令以前的林场权所有者，醵出巨资加入股份，其无力出资者，则认为自动放弃权利"。至此该部分林场权宣告消灭。

2）鸭绿江采木公司所有林场

鸭绿江采木公司是根据1904年12月中日条约附属协定成立的，完全由日本人所控制，又因名义上的合办期限存续问题，故只能无限期延迟其所有林场权，直至该公司解散。

3）满铁系统林场

满铁系统林场包括中东铁路西线的扎免公司林场、海林公司林场、东线的海林二道沟林场、通河县西北河西部林场以及延吉县嘎呀河林场、汪清县大小汪清沟林场等。由于满铁是关东军控制下具有国策公司性质的特殊企业，伪满洲国政府只能与满铁进行磋商，直到1938年9

[①] 陶炎：《东北林业发展史》，吉林省社会科学院1987年版，第160页。

月，伪满洲国政府承诺满铁所需木材将会给予特殊照顾，满铁才同意放弃林场权。

4）滨绥沿线 12 处林场

这是 12 处由俄国木材商人在滨绥铁路（哈尔滨至绥芬河）沿线占有的林场，由原哈尔滨木石税捐总局发放的林场权限。1936 年 10 月，伪满洲国政府以伪实业部命令，无条件强制收回。

5）中东海林采木公司林场

宁安县北沟及海林河上游地带的中东海林采木公司林场属东洋拓殖株式会所有，1938 年 8 月由伪满洲国政府将其收买，并允许东洋拓殖株式会社投资，该林场权也自行解除。① 至此，东北境内的林场权全部由伪满洲国政府接管。

2. 林政机构的改革

（1）林政机构的划分

1939 年 7 月伪满洲国政府制定了林政机构改革纲要，在林政机构上通过采取伪政府管辖与地方直接隶属的两级行政机构、不再设置类似林业管理局的中层行政机构，实现了业务上的快速化。具体划分方法如下。②

1）为巩固治安及发展经济，将需要重点经营的林地划为伪政府直辖林野地区。

2）为迅速实现对伪政府管辖林区的划分，将东北地区县旗分为重要林野地区县旗和其他林野地区县旗两种，其他林野地区县旗除需要特殊保留外全部划为地方直接隶属。

3）重要林野县旗区域内的划分调查工作由伪林野局局长主持，以开拓局、该省县旗、营林局、署等机关协助分头进行。

4）林政机构未划分前，采伐林木者需向各管辖区营林署长提出申请；但自用薪炭木材，免费采伐。其中划入林野地区内的私有地，未经

① 东北物资调节委员会研究组编：《东北经济小丛书 林产》，中国文化服务社 1948 年版，第 30—31 页。
② 东北物资调节委员会研究组编：《东北经济小丛书 林产》，中国文化服务社 1948 年版，第 31—32 页。

营林署长许可，也不得擅自采伐该地林木。

5）编入地方管辖的林野地区的森林原野，需遵照伪林野局局长的规定，由省县旗决定采伐及造林办法进行经营，其中：

①"国有"林野。根据农村准备林、农村牧野、县有林设定纲要，将"国有"林野编为农村预备林或县有林；而农村预备林或县有林以及第二款所记载编入保留林野的"国有"林木，各该县、旗长需发放采伐许可。

②公有林。根据农村预备林、农村牧野、县有林设定纲要，将公有林野也编入农村预备林或县有林。

③对私有林的采伐林木，各该县、旗长如认为有必要，须加以限制。

④对伪林野局局长为保护国土或做林野试验而特别指定的地区，须设立营林署直接管辖，视为保留林野，在此区域内的私有林野，不得擅自采伐。

（2）直辖林野地区内民有土地的收买

日本侵略者操纵伪满洲国政府，将重要林野地区内的民有土地，根据1939年10月伪满洲国政府伪敕令第二百六十三号规定"所有私有山林、柴山、原野等，统归伪政府收买，以1941年6月28日为申报截止期"[1]。在强大的政治压迫下，这项工作于1942年完成，计17个县，共收买民有土地3312处，总面积为135985公顷，发价943558元[2]，平均每公顷土地价格不到7元，这无疑是日伪对东北人民的又一次强取豪夺。

（3）整顿地籍工作[3]

在直辖林野地区整理地籍：

1）确定伪政府管辖"国有"林与地方管辖"国有"林的界线。

2）确定移民用地与林业用地的界线。

3）确定林业用地与军事用地、公用地及其他官厅官地的界线。

---

① 李茂杰主编：《伪满洲国政府公报全编》第5册，线装书局2009年版。

② 东北物资调节委员会研究组编：《东北经济小丛书 林产》，中国文化服务社1948年版，第33页。

③ 东北物资调节委员会研究组编：《东北经济小丛书 林产》，中国文化服务社1948年版，第34页。

4）确定属于伪政府管辖"国有"林野中民有土地的范围。

3. 森林采伐的开始

伪满洲国时期的采伐方式，可大致分为三种形式：民间采伐、官方采伐及官民合作采伐。

（1）民间采伐

伪满洲国政权建立初期，因大局尚未稳定，日伪势力未能全面展开，因此实行民间采伐森林制度，采伐形式采取集体采伐制度，并规定了具体实施办法："首先要调查该年度的木材供应情况、林木生产能力及稳妥的搬运量和治安关系，经共同协商后，确定预定方案。将采伐人提出的申请与预定方案加以对照后，由营林署长决定是否发给采伐许可，采伐人接受采伐许可时，缴纳预估木材价值的50%作为合同保证金后，方可进行采伐。在规定期限内，结束采伐及搬运工作。搬运后，经验收和缴纳木材价款，最后方可办理交接。"①

但民间采伐并未遵照规定进行，如由于日本关东军急需木材，便于1933年3月提出《大同林业股份有限公司设立要纲》，开办大同林业事务所，在吉林设置办事处，并着手筹备开发长春至图们沿线森林。事务所采取自行组织采伐的木材商人、发放采伐许可、伪满洲国政府抽取部分"山份"作林税的形式进行采伐。② 1935年6月日本关东军实行《决定森林采伐区域与警备要纲》，组建森林警察队，采用由森林警察队与军队联合的集体采伐方式，强行采伐大片森林。

伪满时期的烧炭用材的采伐数量也很可观。其中民用薪材和烧炭用材，虽提倡官方采伐，但事实上仍由农民作为副业任意砍伐。

（2）官方采伐

伪满洲国政府在完成林场权整顿之后，全力经营"国有"林。为保障军需用材，1935年伪满洲国政府颁布伪《"国有"林采伐纲要》，规定主要地区"国有"林必须由官方进行采伐，该制度与森林事业特别会

---

① ［日］满洲国史编纂刊行会编：《满洲国史分论》（下），东北沦陷十四年史吉林编写组译，东北师范大学校办印刷厂印刷1990年版，第167页。

② 东北物资调节委员会研究组编：《东北经济小丛书　林产》，中国文化服务社1948年版，第58页。

计制度于 1936 年同时实施。

1936 年起，伪国有林实行官方采伐，官方采伐由伪满洲国政府官办的"满洲林业株式会社"实施，并根据伪国有林事业特别会计制度，将林业的财政收入自行用于修建铁路公路、购置运输设备等开发性投资。①在初期，只有延吉、牡丹江、哈尔滨、勃利四个营林署管内六处进行试验官方采伐，产出约 46 万立方米的木材，第二年，增加了穆稜、五常、绥化三个营林署管内的五处，产量也随之增至 54 万立方米。实行官方采伐制度三年后，木材的产量已达到第一年的三倍多。以后每年实行官方采伐的营林署数量都在增多，到 1945 年达到 22 个营林署管内 402 处，几乎遍布东北全境。②中国东北森林资源遭到严重的破坏，其中红松、白松等珍贵木材占很大比重。

（3）官民合作采伐

1936 年 9 月起一直存在官方采伐与民间采伐共存的采伐制度。太平洋战争爆发后，对木材的需求激增，为了扩大生产，1943 年 9 月进行了林政林业机构的改革，其中采伐制度也发生变化，废除了民间采伐和官方采伐，而选取了一种折中的采伐制度。

4. 林业长期经营计划

日本为了实现对东北的长期统治，在伪满洲国政府将全部森林收归"国有"后，编制了《林业经营计划》（以下简称《计划》），编制方针多次强调"鉴于林业之特殊性，为谋调整木材之需要及永远保持森林利益，必须树立长期计划，而作有规划的经营"③。林政机构需要从"国防"、林业配置、地形关系、地方产业的状况、交通运输情况等自然条件或经济条件上设定营林地区及作业地区。《计划》的提出标志着日本侵略者对森林资源的掠夺方式已转变为军事占领后的长期经营。

根据森林资源和用地划分，还制定了针对东北地区的《林业经营大

---

① ［日］满洲国史编纂刊行会编：《满洲国史 分论》（下），东北沦陷十四年史吉林编写组译，东北师范大学校办印刷厂印刷 1990 年版，第 166 页。
② 东北物资调节委员会研究组编：《东北经济小丛书 林产》，中国文化服务社 1948 年版，第 57 页。
③ 东北物资调节委员会研究组编：《东北经济小丛书 林产》，中国文化服务社 1948 年版，第 38 页。

纲》。大纲规定了 16 处营林区和 125 处作业区，统一进行采伐和营林工作。[①]
为了长期掠夺东北森林资源，日本在《林业经营大纲》中明确规定了栽植
树种、收获木材期限、每年采伐标准量、保证采伐量不超过林木生产量等，
以达到使东北森林资源永不减少，持续掠夺的目的。尤其是他们意识到仅
仅依靠自然更新更难以维持森林资源储量，便开始了人工造林计划，并制
定了一些造林政策。这些造林政策可以按照以下三个时期分别阐述。

（1）第一时期：教化民众、宣传造林期（1932—1936）

这个时期由于日本扶植溥仪刚刚建立伪满洲国傀儡政权，外界对伪
满政权均不予承认，政局还未稳定，财政也出现困难，未能实施大规模
造林计划，这一时期实施的林业政策以宣传为主。

1）设立植树节

1933 年 10 月，伪满洲国政府在经济建设纲要中规定，"禁止森林之
滥伐，尽力保护增值，而以合理的经营园林力之继续保养为林业之主
张"[②]。并将每年的谷雨设为植树节，通令各省如期举行植树活动，并汇
报植树情况，植树所需树苗由林业机关负责，并由伪警察署负责运输发
放，借此向民众宣传植树造林政策。

2）开设净月潭造林场

净月潭位于长春东部，是长春的水源地，伪满洲国政府以造长春水源
涵养林和市民保健卫生风景林为名，将净月潭划为林务司直营造林场，为
将此造林场打造成为东北模范造林场，伪林野局煞费苦心在此林场开设苗
圃、试种果树、养鱼养蜂、繁殖兽类、开设林场道路，并试验烧炭。

3）组织爱林会

伪满洲国为了宣传爱林思想，在主要的"国有"林地区，命村民组
织成立爱林会，宣讲防止山火、保护森林的责任。

（2）第二时期：造林计划准备期（1936—1944）

这个时期是伪满洲国对植树造林的计划准备时期，完成了伪植树造
林计划和实施纲要的制订。为实现"国营"造林计划，购买苗圃、给予

---

① 陶炎：《东北林业发展史》，吉林省社会科学院 1987 年版，第 165—166 页。
② 《满洲国现势》，1937 年版，载《伪满时期东北林业史料译编》第 3 册，1987 年，第 236 页。

地方造林补助金；为保护森林，按规定预防山火。

1）拟订伪《造林计划纲要》和《造林实施纲要方案》

1937 年伪满洲国第一次产业开发五年计划开始实施，同年 3 月制定了《造林计划纲要》，并针对林政机构出台了《造林实施纲要方案》。该纲要包含对"国防"、治水、地利、木材供应的计划；并确定了"国营""公营""民营"及特殊经营的四种经营方式；明确了造林目标、造林机构、监管及对应的具体措施。

2）制定伪《国营造林实施要纲》《治水造林二十年计划》《地方造林实施纲要》。

1938 年计划实施"国营"造林，在"国营"造林时强调"天然更新法，胜于人工造林"①，宣传天然更新法既省时又省力，技术上的缺陷可以靠提前培训人员避免。

为了抵御连年的洪水造成的灾害，提出治水造林二十年计划，强调建造水源涵养林，主要进行防洪、保养水源、保护堤岸活动。实行伪国有林特别会计法，以保障造林经费，增加地方造林预算并增加林务职员人数。在这一系列政策下，1938 年造林 3.2 万公顷，1939 年造林 6 万公顷。②

3）设立农村准备林、农村牧业及县有林

伪开拓总局为了响应林业总局的造林计划，在开拓地内营造耕地防风林，既能防止风沙、防水又有美化的作用。计划每户造林 2 公顷。

4）设立造林公司

伪满洲国政府为了保障造林计划的完成，设立各种造林实施机构，用解散鸭绿江采木公司的所得收益，同满铁资本之东洋拓殖会社在 1941 年共同创设了造林公司伪满洲造林株式会社，会社主要负责执行各林业机构下发的造林计划。

（3）第三时期：公、私造林期（1942—1945）

这个时期由于太平洋战争的爆发，日本需要更多的资源去支援其发

---

① 东北物资调节委员会研究组编：《东北经济小丛书 林产》，中国文化服务社 1948 年版，第 130 页。

② ［日］满洲国史编纂刊行会编：《满洲国史 分论》（下），东北沦陷十四年史吉林编写组译，东北师范大学校办印刷厂印刷 1990 年版，第 184—189 页。

动侵略战争，这一时期实施的政策重点均偏向"国防"和增产方面，造林事业中与"国防"和增产无关的工作全部延后。因此造林劳动力和物资的分配也受到了限制，这也促使"国营"造林方针转向地方造林，也出现了奖励公营和私营造林的林业政策，即所谓的共荣造林。

随着日本在太平洋战争中节节败退，根本无暇顾及造林活动，无论"国营"造林、公营造林还是私人造林，只要能急速造林，就给予奖励。更于1943年颁布了伪《林业法》拟强制实行造林计划。

1）制定《全国造林事业振兴方案》

伪满洲国的造林活动开始于1935年净月潭"国营"造林，随后的造林活动却进展缓慢，收效甚微，森林资源的状态并没有发生大的改变。但由于战争对资源的需求急剧增多，在关东军的指使下，1942年伪满洲国政府颁布了伪《全国造林事业振兴方策纲要》，以此配合"兴农增产"政策，举全国之力兴造林之事，根据"以现在之需要量为标准，预定将来需要增加之面积；以每一人平均木材需要量，以估计造林之面积；以现有之森林面积与全境面积作为比率以估计造林之面积"① 的算法计算预计造林面积开展全面造林，计划用100年造林2200万公顷，而现有林中，次杂生林和疏林也要进行改造。100年计划中最初10年计划完成300万公顷造林任务，第二个10年完成400万公顷，由地方行政官署以行政力量强制执行。

2）制定《共荣造林制度》

所谓的共荣造林制度，是利用民间资本实行造林，以期待实现公私交惠的造林事业。在收益分配上，如果是地方行政官署所管辖的"国有"林或是公有林，凡是民间出资共同经营的，实行官三民七的分配方式；如果是与私有林野所有者共同经营的，实行民七官三的分配方式；如果是伪林野局、署代替地方行政官署与民间共同经营时，则实行五五分配，但是会行使森林保护责任，命令住民协助，同时提供技术人员，并将林业副产物交于民间资本出资者分配。②

---

① 东北物资调节委员会研究组编：《东北经济小丛书　林产》，中国文化服务社1948年版，第132页。
② 东北物资调节委员会研究组编：《东北经济小丛书　林产》，中国文化服务社1948年版，第132页。

3）实行《造成农地之造林紧急计划》

随着战事的吃紧，粮食供应出现不足，日本曾计划在产粮区造农田防护林，以期增加粮食产量，拟定在"第二松花江"及东辽河两地区开垦农田植树造林，规划农田 27549 公顷，造林面积 12400 公顷，预定1951 年完成。但由于日本 1945 年宣告投降，计划还未实施便已停止。①

---

① 东北物资调节委员会研究组编：《东北经济小丛书 林产》，中国文化服务社 1948 年版，第 133 页。

第三章

满铁林业调查统制机构

日俄战争后，日本侵略者加快了对东北林业资源的掠夺。为了掌控东北的林业状况，满铁展开了一系列的调查和情报活动，不仅调动了大量的人力、物力、财力，还专门设置调查机构进行"专业的""科学的"调查，并在不同的阶段，根据调查的职能和作用不停地调整其林业调查机构。满铁成立后，为了掌握中国东北的资源状况，满铁下设的调查部展开了一系列的调查和情报活动，满铁的第一任总裁后藤新平（1906年11月至1908年7月在任）鼓吹满铁应当仿效东印度公司，实行"文装武备"，使满铁本部和各分支的调查活动遍布东北各地，并且贯穿其业务始终，且随着战局的发展活动日趋强化。

满铁的调查机构并不是一成不变的，曾进行过多次的变更，随着时局的变化使用不同的名称，隶属不同的机构，并发挥不同的职能。满铁研究专家解学诗先生将满铁的调查机构划分为三种类型：一般调查机关、社业调查机关和自然科学技术研究试验机关。① 除此之外，还有情报部门、满铁公所和事务所、东京满铁东亚经济调查局。随着满铁业务的扩大，满铁本部的调查部门也不停地调整，按时间顺序，其大致脉络为：调查部—调查课—经济调查会—产业部调查部—大调查部—调查局。其中满铁在九一八事变前的调查最充分也最全面，主要进行基础调查和普遍调查。这一时期始于1908年满铁的机构重组，调查部也随之改编为调查课，截至1932年伪满洲国成立之前，在调查课存在的23年

---

① 解学诗：《评满铁调查部》，人民出版社2015年版，第8页。

间，其对东北的政治、经济、军事、文化、社情民意、民风民俗都进行了巨细无遗的调查，其中数量最多的是经济调查，而包括林业在内的资源分布状况是经济调查的重点。调查部人员构成除本社 40—80 余名常任调查员之外，还大量雇用民间人士，包括华人、日人甚至俄人展开调查。在石川铁雄任调查课长期间，满铁为彰显其调查功绩，出版了七卷本的《满蒙全书》，其中收录林业调查资源的第三卷于 1923 年出版，集中反映了满铁对东北地区林业资源的调查掌握情况。

一　满铁的调查机关

满铁是日本帝国主义侵略中国东北的特殊产物，它既是根据日本政府特定法令而设立的特殊会社，又是代表国家意旨和代行国家职能的"国策会社"，其中满铁的调查活动不是其附带业务，而是其多角度经营的重要体现。[①] 在满铁庞大的组织结构体系内，调查机构是其重要的组成部分，满铁存在的近四十年的时间里，调查情报活动始终存在于满铁的经营活动之中，尤其是在满铁后期，其与铁路、煤矿并列成为三大主业。满铁的调查分为所谓的"社业"调查和"国策"调查，本质上都是为日本帝国主义侵略与战争政策服务。满铁"国策会社"的性质及拥有的人力、财力势必使其拥有从事支援日本侵略扩张的非营利性活动的能力，其中就包括设置调查机关进行广泛的情报收集活动。这些调查机关和所进行的调查活动贯穿于满铁始终，是在"同日本的强行侵略的历史同步与紧密结合中逐渐发展的"[②]。

满铁对"调查"有着狭义与广义上的两种解释："调查一词除特定问题的研究与报告这种狭义调查外，还广泛地包括附带性或过程性的所有事项，即将资料、情报、统计的准备制作以及搜集、整理、保管、调查成果的发表和编辑业务等都视为广义的调查业务。自然科学方面的研究调查准备过程，如试验、实验、测量等，亦包括在广义的调查之内。"

---

① 解学诗：《隔世遗思——评满铁调查部》，人民出版社 2003 年版，第 1 页。
② ［日］原觉天：《现代亚洲研究成立史论》，劲草书房 1984 年版，第 328 页。

总之"把制作提供社业参考资料的一切业务都称为调查；把担当全部或一部分这样业务的机关全都看成是调查机关"①。由于满铁的规模庞大，经营层面也极其广泛，因此调查机关也呈现设置的分散性和组织的复杂性。除满铁本社的调查机构外，各主管业务部门"根据主管业务的需要，设有各种调查机关，也包括虽是实务担当机关，同时又是准调查机关的机关"②。

（一）调查部及调查课（1907—1932）

满铁调查机构在不同历史时期的组织形式、名称和调查内容都是不同的，但归根结底都是为日本帝国主义侵略与战争服务的。后藤新平作为满铁的第一任总裁，在满铁调查部的成立上发挥了重要作用。调查部成立之初，后藤新平和冈松参太郎便着手进行经济调查及民事和商业调查的旧惯调查，以此作为"满洲经营"根本对策所需要的材料。③ 调查部成立伊始便对中国东北部进行调查活动，以调查"满洲"一带的经济情况为目的，对铁道沿线各城市及吉林、磨盘山、海龙城、法库门、伊通州等地进行了实地调查，以了解"南北满"经济情况，后编成"满洲"经济调查资料第一次报告书。④ 但是这种调查是概括性的基本调查，如果是为了开发"满洲"的产业，那么必须对其现实情况进行全面、准确的调查研究，才能建立完善的对策。这其中也包括农牧林业方面的调查，因此农务课经常与调查课配合活动，为制订农牧林业改良与增产计划提供基本参考资料。⑤

满铁的调查机关前后进行过多次的变更，存在着多种组织形式，不同时期使用不同的名称，调查内容也经历了几个阶段的改变，但其调查

---

① ［日］满铁产业部：《满铁调查机关要览》，昭和十一年，第5页。

② ［日］满铁总务部资料课：《满铁调查机关要览》，昭和十年度（1935），第279页。吉林省社会科学院满铁资料馆藏资料，编号10187。

③ ［日］满铁弘报课：《满铁与调查》，1940年，第2—3页。

④ ［日］满铁：《统计年报》，明治四十年度（1907），第258页。吉林省社会科学院满铁资料馆藏资料，编号19745。

⑤ ［日］南满洲铁道株式会社庶务部调查课：《南满洲铁道株式会社第二次十年史》，1928年，第861页。吉林省社会科学院满铁资料馆藏资料，编号10232。

结果用以指导侵略行动的性质从未发生过改变。表 3-1 以成立的先后顺序介绍满铁调查部时期到调查课时期隶属关系的变化。

表 3-1 调查课隶属关系

时间	名称	隶属关系
1907 年 4 月 23 日	调查部（成立）	
1908 年 12 月 7 日	调查课（改称）	
1914 年 5 月 15 日	调查课	
1918 年 1 月 15 日	调查课	总务部事务局
1922 年 1 月 17 日	调查课	总务部
1923 年 4 月 21 日	调查课	社长室
1930 年 6 月 14 日	调查课	庶务部
1932 年 12 月	调查课（撤销）	总务部

资料来源：［日］满铁：《满铁调查机关要览》，1935 年，第 9 页。吉林省社会科学院满铁资料馆藏资料，编号 10187。

满铁成立后不久，按 1907 年 4 月 23 日第一号的《本社分课规程》，设立了五个部，包括调查部、总务部、运输部、矿业部、地方部。各部下设课，由理事统辖各部，处理部署各课业务，但是其中调查部与其他各部不同，部下没有设课，只规定一般经济调查、旧惯调查和图书保管三项业务。满铁调查部只存在了一年多的时间，1908 年 12 月 15 日的满铁机构改革，将调查部改为调查课，作为满铁调查业务中枢的调查课，从此延续 20 多年，直到九一八事变后的 1932 年 12 月，才被新的调查机构——满铁经济调查会所取代。[①]

从表 3-1 可以看到，1918 年起，调查课从之前的一级机构下降到部室下属的二级机构，归总务部管理，但其掌管的业务却未因满铁本社机构的改组而发生过变化，并且一直作为满铁调查活动的中枢机关。[②] 值得注意的是 1918 年 1 月的职制改革时，规定调查课的分管只限于各种调查

[①] 解学诗：《隔世遗思——评满铁调查部》，人民出版社 2003 年版，第 30 页。

[②] 解学诗：《隔世遗思——评满铁调查部》，人民出版社 2003 年版，第 30—31 页。

和统计事项，这也标志着调查课成为真正意义上的调查机构。1923 年 4 月调查课的调查内容进一步扩大，增加了铁路、交通和一般情报事项，同时将以"北满"为中心的调查事项移交给了新设的哈尔滨事务所调查课。①

19 世纪后期，日俄等帝国主义列强为了掠夺中国东北部的森林资源，在东北地区展开了森林资源调查。但是由于当时的沙俄控制着中国的东北部地区，日本人只能偷偷进行森林调查，为了掩人耳目，最初日本人打着科学研究的幌子，派遣日本浪人和间谍分子进行零星式的调查，但随着满铁的成立，便开始了对东北森林资源的大规模调查，并取得了一定成效。

九一八事变前，由于东北的主权掌握在中国政府手中，日本对东北森林的调查属于非法的，只能以搜集情报的形式进行。为了解吉林省森林的分布状态及其经济价值和利用问题，1914—1915 年，满铁调查部先后三次组织了以北海道帝国大学林学专家小房出吉、宫井健吉为首的调查团，以了解长白山北部林区、松花江流域、图们江流域、牡丹江流域的安图、靖宇、桦甸、额穆、延吉、和龙、抚松、敦化八县的地况和林况为由进行实地调查，调查面积达到了 3659 平方里（约合 91475 公顷）。② 其中森林总面积为 5169796 公顷，林地面积为 1963865 公顷，针阔混交林树种达三十种，写出了《南满松、豆、牡流域森林调查报告》。③ 1916 年又以探知森林资源分布状态、经济价值和利用方法为由派出调查员对抚顺、兴京、通化等县和鸭绿江流域进行调查。④ 当时满铁的经济调查，特别是有关资源和农业的调查常常是与军部一起行动的。

1930 年满铁对中国东北主要森林地区做了调查，并在《满铁产业统制》中公布了调查结果的统计数据。其中"'国有'林以东三省为最大区域，其面积达 36168 万亩，蓄积量 42.1 亿立方米，最近五年平均产量约计 118 万立方米，树木 300 余种，针叶林占四成，阔叶林占六成。针叶林最普通之种类为海松、油松、落叶松、鱼鳞松、紫杉。阔叶林最普

① ［日］南满洲铁道株式会社庶务部调查课：《南满洲铁道株式会社第二次十年史》，1928 年，第 1251 页。吉林省社会科学院满铁资料馆藏资料，编号 10232。
② 解学诗：《隔世遗思——评满铁调查部》，人民出版社 2003 年版，第 48 页。
③ 王晓峰：《"满铁"对图们江流域森林资源的"调查"》，《东北史地》2013 年第 1 期。
④ 解学诗：《隔世遗思——评满铁调查部》，人民出版社 2003 年版，第 48 页。

通之种类为水曲柳、山榆、椴树、胡桃楸、刺楸、柞木、白杨、白桦、色木等"①。当时满铁已经加宽了安奉铁路沿线，开辟了由东北到日本最短的路程，因此满铁对东北森林的调查结果一经公布，引得日本木材资本家纷至沓来，鸭绿江、图们江、松花江流域及东北北部牡丹江、拉林河、完达山、张广才岭及大小兴安岭等林区，无不涉足，使东北的森林资源在被俄国掠夺后遭受更加严酷的破坏。②（见图3-1）

图3-1 十九道沟鸭绿江支流轻便铁道运材

资料来源：〔日〕鸭绿江采木公司：《鸭绿江林业志》，1919年。吉林省社会科学院满铁资料馆藏资料，编号23254。

（二）临时经济调查委员会（1927—1929）

临时经济调查委员会，即临时经调会，它所进行调查的地区范围和所从事的调查项目，都与调查课的调查重复，但后者是常设机关，而前者是暂时性的。这一调查机构的出现虽然与当时的日本侵华政策有关，但其直接目的在于"革新社业"，也就是重点在于"满蒙"资源的开发，具体职责是："1. 关于满蒙经济情况会社各机关尚未调查

---

① 陶炎：《东北林业发展史》，吉林省社会科学院1987年版，第146页。
② 陶炎：《东北林业发展史》，吉林省社会科学院1987年版，第146—148页。

的悬置事项中的需要紧急调查者；2. 应成为经济调查基础的统计性调查"①。临经会设有四个部，各部的分工是，第一部：交通、港湾、工厂、电力调查；第二部：实业调查；第三部：资源调查；第四部：民情调查，包括劳动、社会、地方系统事务等。② 第二、第三部同为临经会的重点部门，其中关于农林的调查从临经会主要调查报告统计上看，偏于林业和林产的调查，如木材加工和木材的供应情况等。③ 临经会的调查活动，涉及"满洲"的产业开发和经济政策，取得了将实际业务与调查相结合的经验。在调查部设立初期，调查活动以矿物资源的调查、文献资料的收集等基础调查为主。但是，临经会时期的实际调查活动扩大到对"满洲"全部的产业的调查，比起以前基础的调查，成为以产业开发为目的意识的调查。这些经验也被后来的经济调查会所继承，成为其起步的基础。④

1926 年，满铁与朝鲜总督府组成调查队，以庶务部调查课职员西村浩为队长，成员包括朝鲜总督府人员 3 名和新潟高等学校教授 1 名，其余以满铁方面的职员为主，由吉林出发，途经额穆、敦化、瓮声砬子、老头沟、龙井村、局子街、百草沟、北三岔、宁古塔、海林、石头甸子、北湖头、沙拉站、塔拉站等，再从额穆返回吉林，计划调查 51 天，全部活动都是在日本外务机关安排和指示下进行，是一次多重目的的综合调查。但是很遗憾，没有找到当时的调查报告，只在《满铁调查部概要》提及此项调查时称"经调查略知东满的实况"⑤。但从当时调查人员名单中可以看出主要调查的领域包括：交通调查、农业调查、林业调查、地理及一般经济、朝鲜人状况调查、交通状况调查、人类学研究、产业调查，是一次大规模的调查活动。⑥

---

① ［日］满铁：《满铁第三次十年史》，1938 年，第 2375—2376 页。吉林省社会科学院满铁资料馆藏资料，编号 20080。

② ［日］满铁：《满铁第三次十年史》，1938 年，第 2376—2377 页。吉林省社会科学院满铁资料馆藏资料，编号 20080。

③ ［日］满铁：《满铁第三次十年史》，1938 年，第 2381 页。吉林省社会科学院满铁资料馆藏资料，编号 20080。

④ ［日］石堂清论等：《十五年战争与满铁调查部》，原书房，1986 年版，第 14—15 页。

⑤ 解学诗：《隔世遗思——评满铁调查部》，人民出版社 2003 年版，第 48 页。

⑥ ［日］1926 年 10 月 14 日满铁社长安广伴一郎致吉林总领事川越茂函。日文档案抄件，第 327—890 页。

（三）各地方事务所

满铁公所是与调查课、各业务部门调查机构相平行、派在各地的从事调查活动的部门，往往起着其他部门不可替代的作用。最早的公所几乎与满铁同时设立，后陆续在各地出现，九一八事变后，公所逐渐被事务所代替或者撤销。

1. 奉天公所

由于奉天公所地处东北三省经济政治中心奉天，活动远比其他公所多，而且具有全局性，其重要位置不言而喻。满铁成立之初，于1907年6月7日在长春设立交涉事务所，从事长春满铁附属地的收买工作，后因围绕"南满"铁路的交涉案件增多，遂建立满铁公所，长春交涉事务所改为公所的出张所，于1909年改称奉天公所。

奉天公所的组织机构在不同时期略有不同：1915年共有庶务、机务及会计三系；到了1926年则为庶务、经理及调查三系；1930年则为庶务、经理、交涉及资料四系；1931年为庶务、经理、交涉、资料及调查共五系，可见大部分时间调查与交涉是合在一起的，而且交涉与交际也难分彼此。①

奉天公所主要以奉天省为调查目标，重点放在矿业和政治情报方面，此外，在与日本军事的协同互助、对外交机关的影响，特别是对张作霖这种东北地方政权的操纵上发挥着巨大的作用。

2. 北平公所

北平原属于奉天公所的情报活动地区，1918年满铁决定设立北平公所。1924年北平公所设立"中国研究机关"研究室，研究中国的政治、经济、文化和社会等各方面情况②，"担当调查和出版事宜"③。1928年国民党完成北伐，同年迁都南京，北京公所同中国政府交涉业务，北平公所的业务和研究室的调查资料一同并入上海事务所，仅有负责情报资

---

① 解学诗：《评满铁调查部》，人民出版社2015年版，第98页。
② ［日］满铁：《满铁调查机关要览》，1936年，第224页。
③ ［日］满铁：《满铁第三次十年史》，1938年，第2553页。吉林省社会科学院满铁资料馆藏资料，编号20080。

料搜集与通报的资料系，担任一般和委托事项的调查。①

3. 吉林公所

吉林公所是从奉天公所衍生出来的。由于吉林地区土地肥沃、物产丰富，满铁自然不可能放过，奉天公所于 1910 年派所员到长春，在长春、吉林两地日本领事的帮助下，对吉林地区进行多次全方面调查。1912 年 12 月，奉天公所进一步在吉林设立派出机构。1918 年 4 月 1 日派出机构独立，成立吉林公所。

吉林公所的规模较大，设庶务、情报、调查、会计四个系和敦化派出所与农事试作场。1929 年增设产业系，并于延边龙井村设立派出所；1930 年 6 月，设立庶务、涉外、产业和经理四系；1931 年又变为庶务、涉外和经理三系。

吉林公所以全吉林省为对象，进行与满铁社相关"行业"的扩张活动。

4. 郑家屯公所

1912 年建立事务所，于 1932 年改为郑家屯公所。满铁对内蒙古进行调查、情报活动是通过郑家屯公所完成的，同时日本外务省也非常关心郑家屯公所的调查活动。

5. 洮南公所

1922 年，四郑铁路准备展筑至洮南时，先设洮南派出所②；1924 年为经常与中国官民接触并负责经常调查和情报收集，设立洮南公所。③由于洮南地处边境，满铁人员和机关都属于非法进入，成立公所是在中国人民反对和抵制下强制实施的。满铁洮南公所的一切行为，都是私下违法进行的。

6. 齐齐哈尔公所

日本借口在兴安岭设立中日俄合办扎免采木公司④，在中国的谅解

① ［日］满铁：《满铁调查机关要览》，1936 年，第 224 页。
② ［日］满铁：《满铁第三次十年史》，1938 年，第 2557 页。吉林省社会科学院满铁资料馆藏资料，编号 20080。
③ ［日］1924 年 6 月 23 日满铁社长批示。满铁档案，大正七年至十四年度，甲，总体，庶务，庶务，事务所设施，第 19 册。
④ ［日］1922 年 9 月 25 日驻齐齐哈尔领事山崎城一郎致外务大臣内田康哉函。日本外务省档案胶卷，MT628，第 1045—1046 页。

下于 1922 年在齐齐哈尔成立齐齐哈尔公所。相对来说，齐齐哈尔公所是一个规模比较小的机构，最初只有三四名职员，后来由于开通洮昂铁路，日本人越来越多，公所积极建设医院以及商品贩卖所等一些公共设施。公所主要负责交涉以及调查情报的活动，例如黑龙江省司法制度、财政收入、租税征收和商工情况等。① 九一八事变期间，公所作为谋略据点，协助关东军以及策动、怀柔马占山。②

（四）经济调查会时期（1932—1936）

九一八事变到七七事变这段时间，满铁最主要、也最有代表性的调查机构是经济调查委员会（经济调查会），它以满铁调查课为基础，成立于 1932 年年初，简称"经调会"，是关东军与满铁合作的产物，主要的职能和活动是"调查立案"，也就是一个调查研究和决策机关，作为关东军的经济参谋本部，起草伪满洲国和侵略华北的经济政策与计划，以及承担相应的调查工作。它在形式上是满铁的机构，成员也全部来自满铁调查课，但实质上却是隶属于关东军，和关东军特务部一起构成经济参谋本部。③

经济调查会的组织结构由委员会、部、干事组成。经调会的业务工作实体是部，它根据委员会决定的调查起草计划，从事调查和对策方案的起草工作。在经济调查会初期设立时下设五部，1935 年以后又增加一个，后期为 6 个，部下设班。部有三种类型。第一种为综合性的部，如第一部，它的职能和业务分别是：（1）调查"满蒙"经济现况、"满洲"同日华俄的经济关系和世界经济一般状况；（2）决定"满洲"经济根本方策；（3）综合各部所就产业、交通、财政等起草的计划或对策方案。第二种是分别负责各领域的部，如第二部至第五部，第二部主要负责农、牧、林、水产以及移民等；第三部主要负责铁路、港湾、水

---

① 吉林省社会科学院满铁资料馆藏有齐齐哈尔调查资料 19 项，其中 11 项完成于 1929—1930 年，6 项无时间记载。

② 1931 年 12 月，满铁特派山西恒郎理事到齐齐哈尔公所以配合关东军活动。1932 年 1 月太田雅夫任公所长。马占山是当时军政首脑，关东军千方百计使其降服，以取得黑龙江省。

③ 解学诗：《隔世遗思——评满铁调查部》，人民出版社 2003 年版，第 131、140 页。

运、公路、航空、通信，以及治水和城市规划等；第四部主要负责商业、贸易、金融等；第五部主要负责财政、外交、教育、文化、设施等伪满洲国的一般施政的根本方针。第三种是负责地区的部，如第六部，该部于 1935 年 2 月 26 日 "作为日本对华经济政策的专门调查和政策起草机关" 而设立，但在同年 11 月 22 日将业务移交给新设立的天津事务所后被撤销；1936 年 5 月，作为 "苏联调查研究机关" 又重新被设立。第六部可以说是第一部北方班的独立和扩大。①

经调会的组织结构中处于中枢地位的是干事室，干事室实际上是经调会业务运行的总调度，在组织各项重大调查，特别是军方直接要求的调查上起到了无可替代的作用。干事室在初期下设庶务、经理两个班，1933 年年底，新设了会务班，负责委员会事务、事业计划和起草制定政策、计划的综合工作，可以说是经调会组织结构中处于中枢的中枢。②

经调会的经济政策的起草、制定和相应的调查工作范围不仅限于伪满洲国，也包括经调会后期对华北的经济调查和政策制定。在其存在的四年多时间里，经调会调查活动主要经历了以下四个阶段。

（1）第一阶段：1932 年 1 月至 1932 年 6 月

这是经调会的创立时期，这一时期的经调会在加强和确立内部机构的同时，从调查课奉天办事处接手了各种调查、规划；并应对了九一八事变后，伪满洲国从筹备到正式出笼的各种紧急对策方案；还参与制定了伪满经济开发的根本方针。③

（2）第二阶段：1932 年 7 月至 1933 年 3 月

这一时期是拟订 "满洲" 经济开发第一期计划时期，原定用一年时间完成 "满洲" 产业建设的基本方案，但因前期已确定了伪满经济统制的根本方针，故得到飞速发展，到 1933 年 3 月末便几乎全部完成。1932 年末关东军司令部迁至长春，将驻奉天的第一部并入大连本部，另在长春开设了办事处，便于与军方联系。经调会各部综合拟制了 "伪满洲经

① 解学诗：《隔世遗思——评满铁调查部》，人民出版社 2003 年版，第 144—146 页。
② 解学诗：《隔世遗思——评满铁调查部》，人民出版社 2003 年版，第 146 页。
③ 解学诗：《隔世遗思——评满铁调查部》，人民出版社 2003 年版，第 150 页。

济建设第一期综合计划草案",为伪满洲国制定"满洲经济建设纲要"提供了蓝本。同时,基础产业部门、金融、移民等部门的政策方针的草拟工作也开始展开。

(3) 第三阶段:1933 年 4 月至 1934 年 7 月

这一时期是经调会经济业务的转折期。1933 年 8 月 3 日,伪满洲经济建设方策基本规划已经完成,伪满洲国政权也粗具规模。另外,由于 1932 年 12 月满铁会社经过机构改组,增设了计划部用以实现经调会已完成的各种产业部门规划的企业化任务,这使得经调会进入了从事"满洲经济的根本研究"、进行资源的普遍调查及拟订第二期计划的时期。过去由于各种情况,不能对吉林、热河、兴安、黑龙江等省的资源进行调查,现在由于客观形势有了变化,1923 年 3 月开始了调查活动,包括热河省"国防"资源、"国防"矿产资源、内蒙古"国防"资源、黑龙江省北部资源、吉林省北部资源、军用供水等调查。从 1934 年年初起经济调查会的任务又有新发展,开始展开对中国、主要是华北方面的调查活动。①

(4) 第四阶段:1934 年后半年到 1936 年 10 月

这一时期是日本帝国主义侵华的转折期。伪满开始实行帝制和新省制,并全面开始对抗日力量进行武装"讨伐"和政治镇压;特别是日本制造了华北事变后,满铁势力也随之大规模进入华北。在这种情况下,经调会在军部的指挥下,重新审查各项对满经济政策,并着手制订所谓长期计划,经过短短几个月时间,完成了《满洲产业开发五年计划》。这对日后满铁调查机关的调查活动影响很大,它系统而全面地对企业对策、农业对策、移民对策、产业开发和资金计划展开研究,并将调查重点移向华北,开始了对华北的紧急军事调查。

经调会期间,主要的调查活动有两种:一种是围绕政策起草所进行的调查,另一种是另外立项的所谓特殊调查。对于东北而言,最特殊的调查是以"国防资源"为首的资源、兵要和一般经济调查。这也是从伪满洲国成立开始持续到 1935 年的调查活动,这些调查大多是军铁一体

---

① [日] 满铁:《满铁第三次十年史》,1938 年,第 2388—2390 页。吉林省社会科学院满铁资料馆藏资料,编号 20080。

的，即关东军和满铁联合编队，由关东军具体指挥调查。关东军如此直接、大规模投入调查活动，可以说是前所未有的。关东军这样做的根本目的是，使其占领的"满蒙"尽快成为日本实行"总力战"的构成部分，也就是计划从经济、军事等方面把东北推上军国主义道路，这同时也是为了眼前的军事目的。满铁则把这些调查美化成经调会为了从伪满洲国基本政策和计划的制订转向"满洲经济的根本研究"而进行的资源与一般经济调查。这种说法从整体上掩饰了由这一庞大规模调查所贯穿的军事战略意图。①

满铁参与的这次为期三年的调查，是以经调会为主的各个部门。而作为这一系列调查的后续性调查，是满铁经调会第二部二星丰彦等人所进行的《满洲产业状况调查》（作战资源）。② 1935 年年初伪满洲国实业部成立了临时产业调查局，经调会便决定将与军方合作进行的"北满"和热河资源调查业务转交给该局，并将进行技术指导所必需的 48 名人员嘱托转交给伪满洲国。③ 在满铁经调会汇编整理的调查报告《满铁资源调查》中，对满铁在中国东北各区域进行的森林资源调查做了非常详细的介绍。

1933 年 8 月 15 日到 9 月 5 日，因驻扎在吉林的日本关东军第十师团计划进行军事行动所必需的兵要调查，故要求满铁随之进行该区域的资源调查，这次调查被称为"兵要地志资源调查"。调查活动于 1933 年 8 月 15 日至 9 月 5 日进行，因兵要与资源调查需分别进行，而且要以兵要调查为主，因此调查队分两条路线进行调查，满铁调查人员 22 人（包括经调会 4 人）。此次调查的重点是梨树镇、虎林方面，涉及矿山、矿产、农产、林产、水产等。调查的结果被整理成《吉林省东北部资源调查报告》。④ 1933 年 9 月至 11 月，因关东军第十四师团计划对黑龙江北部进行以军事目的为主的调查，关东军司令部要求满铁与伪满洲国方

---

① 解学诗：《隔世遗思——评满铁调查部》，人民出版社 2003 年版，第 166 页。

② ［日］经济调查会会务班：《经济调查会月报》（3 月），1935 年，第 6 页。吉林省社会科学院满铁资料馆藏资料，编号 18342。

③ ［日］满铁档案，昭和十年度，总体，监察，监察，监查报告，第 1 册之 61。

④ ［日］《吉林东北部资源调查报告》第 1 册，编为经济调查会《资源调查编纂书类》第三编第一卷。

面分别派人参加。调查内容非常广泛，其中涉及林业方面的调查有："调查区内特别是沿主要作战线路地区的森林状态（分布、树种、储量估计）以及主要资源（特别是木材）种类、数量等"①。调查结果被整理成《北部黑龙江省调查报告》。

1933 年 7 月，日本关东军计划在做给水调查的同时进行交通和资源的调查，于是满铁根据《军需给水调查要领》派出两队调查员，其中一队是进行与给水有关的调查，另一队是调查"铁路和长途汽车预定线、农产、畜产、林产、水产、一般经济状况和特殊地区的农业灌溉"②。这样这次调查就变成了给水、交通和资源调查。1934 年 3 月，关东军又决定进行为期两年的"满洲军用资源调查"，此次调查分两期四次进行，调查内容依次是一般经济、农业、林业和交通。第一期第一次调查开始于 1933 年 10 月，有 28 名满铁调查员参与驻吉林第十师团、驻黑龙江省的第十四师团、驻热河省的第六师团和骑兵集团的调查队。第一期第二次调查开始于 1934 年 1 月，有 23 名满铁调查员参与第七师团、第十师团、第十四师团调查队。其中 1934 年 5 月下旬到 6 月上旬对奇干至墨尔根的横断兴安岭林业进行调查。第二期第一次调查始于 1934 年 3 月，由 19 名满铁调查员参与第七师团、第三师团、第十六师团和骑兵集团调查队。其中 1934 年 6 月对吉林东部的林业进行调查，1934 年 7 月参加驻新站的第二独立守备队对吉林森林地区进行调查，1934 年夏至秋第十六师团对奇克县林业进行调查。第二期第二次调查始于 1934 年 9 月，由 12 名满铁调查员参与吉林第三师团、黑龙江第十四师团和热河第七师团调查队。此次资源调查共进行了两期四次，再加上特殊调查，满铁共 100 余人参加了这次调查，这次调查结果《满洲一般经济调查报告及农林畜水交通报告》共刊出 18 册，其中林业资源占了 2 册。③ 从此次调查可以看出当时满铁对中国东北部森林调查是其综合调查的一部分，森林资源作为重要的战略资源，无论是关东军还是满铁都将其作为调查的重点，这个时期的调查结果也往往以调查报告的形式展现。

---

① 解学诗：《隔世遗思——评满铁调查部》，人民出版社 2003 年版，第 173 页。
② 解学诗：《隔世遗思——评满铁调查部》，人民出版社 2003 年版，第 176 页。
③ 解学诗：《隔世遗思——评满铁调查部》，人民出版社 2003 年版，第 175—177 页。

（五）产业部时期（1936—1938）

产业部对满铁来说，起初只不过是一种为铁路运输服务的副业。满铁主管产业事项的机构始建于 1913 年，在地方课内设产业系，当时主要业务是管理农业试验场、苗圃等农林事项。1919 年在地方部内设劝业课，专管农业和工商业事务。1923 年设兴业部，下设农务和商工二课分别成为农林和工商业的统辖机构。后来兴业部撤销，又相继有殖产部和计划部的设立，农务和商工二课的隶属关系虽有变化，但作为统辖机构的角色始终在变，直到成立大产业部，满铁标榜铁路和产业是其两大事业，将产业部说成关东军和伪满洲国的经济参谋部，满铁产业扩张也达到了顶点。正当满铁准备甩开膀子大干的时候，日本政府和军部搬来了新兴军火工业财阀、满洲重工业会社的设立为满铁的产业垄断敲响丧钟，满铁不得不解散产业部。

1936 年 10 月 1 日，满铁在第 11 次机构改革时撤销了经济调查会，将原经济调查会、资料课、地方部的商工课与农务课等一般经济调查机关同计划部、地质调查所、兽疫研究所、农事试验场等自然科学及技术调查机关予以改组、撤销及合并，设立了产业部。[①] 产业部分为庶务课、商工课、农林课、矿业课、交通课、资料室、调查役、地质调查所、满洲资源馆、兽疫研究所、农事试验场、"北满"经济调查所、天津事务所调查课、上海事务所调查课、东京支社业务课、"新京"事务局业务课，是一个庞大复杂的机构，工作人员总数达 2000 余人。[②] 但其中从事基础调查的一般经济调查机关，比如"北满经济调查所、天津事务所调查课、上海事务所调查课、东京支社业务课、"新京"事务局业务课等调查机构"实质上是独立的，产业部只是名义上对其进行统辖。[③] 与产业部同时设立的还有经济调查委员会，它不是原经济调查会的延续，而

---

① ［日］满铁产业部资料课：《满铁资料汇报（第 1 卷第 5 号）》，1936 年，第 26—27 页。吉林省社会科学院满铁资料馆藏资料，编号 18553。

② ［日］满铁产业部资料课：《满铁资料汇报（第 1 卷第 5 号）》，1936 年，第 28 页。吉林省社会科学院满铁资料馆藏资料，编号 18553。

③ 黄庆福：《"九·一八"事变后满铁调查机关的组织体系（1932—1943）》，"中研院"近代史研究所集刊，1995 年 6 月第 24 期。

是为了接受关东军、华北屯军及伪满洲国的委托，进行经济调查和起草方案而设立的委员会组织。经济调查委员会与产业部的关系是前者接受委托受理有关经济调查或者规划的委托后，交产业部办理。产业部的主要任务可以概括为三项："产业部自身固有的产业方面的业务、对满铁各产业机关的统治业务和作为与产业部同时新设的经济调查委员会主要工作班子对外部机关的援助，参与满蒙及华北产业开发经济发展方策的制定和推行"[①]。

产业部时期对东北林业的经营主要由农林课负责，为实现日本长期对东北的侵略和掠夺，农林课课长在 1936 年 10 月第一次产业会议上作出以下为保障铁路和有关煤矿用材的方案："①经营林场；②将已取得的扎免公司及其他林场的经营方针统一化、合理化；③预备造林以满足抚顺煤矿对坑木的需要；④预备造林以满足满洲炭矿株式会社对坑木的需求；⑤营造铁路防护林；⑥对铁路用地实行造林；⑦奖励一般造林。"在造林方案上，1936 年产业部铁路局产业处长会议曾提出过三种植树造林方案：（1）直营造林，也就是在铁路占用的土地上自己植树造林；（2）共同造林，主要是和爱护村的农民合作，由农民提供土地，铁路提供劳力和树苗共同经营，或是由土地所有权的人提供土地，铁路方面在其土地上栽种树苗，成林之后均分利益。（3）地主造林，即对地主无偿提供树苗，对其进行指导造林。[②] 并分配给爱护村来自朝鲜的西伯利亚楸和朝鲜松等树苗共计 9 万棵，用于种植于路旁及路局住宅附近。[③] 但这些所谓的植树造林方案，不仅是为了满足在东北实行殖民侵略所需。资料显示，日本内地由于缺乏核桃木、沼泽樟木、枪木等硬质木料，因此在植树造林时选用这些树种，也是为了成材后将这些木材悉数运往日本，供其国内使用。[④] 但由于七七事变和全面侵华战争的爆发，日本把

---

① ［日］满铁：《满铁第三次十年史》，1938 年，第 2397 页。吉林省社会科学院满铁资料馆藏资料，编号 20080。

② 苏崇民：《满铁档案资料汇编第九卷——农林牧业扩张与移民》，社会科学文献出版社 2011 年版，第 11—12 页。

③ 苏崇民：《满铁档案资料汇编第九卷——农林牧业扩张与移民》，社会科学文献出版社 2011 年版，第 20 页。

④ ［日］满铁调查部：《产业介绍资料》第七编《农事施设及农事业绩》，1938 年，第 111—130 页。

伪满全部纳入战争和殖民统治轨道，产业部成了过渡性质的机构。^①

（六）大调查部时期（1938—1943）

1938 年 4 月 1 日，随着地质调查所、农事试验场等向伪满洲国移交，满铁宣布撤销产业部，设立调查部。新设的调查部继承了产业部的调查业务，由产业部的庶务课、商工课、农林课、矿业课、交通课五课及资料室、调查役，改组为庶务课、资料课和调查役，由松冈洋右出任总裁。^② 1938 年 11 月在松冈洋右的主持下，在奉天召开了满铁理事会议，并在会议上通过了满铁调查部改组、扩充案。扩大后的调查部内部机构由从前的二课一役扩充为三课（庶务课、综合课、资料课）四个调查室和一个调查役，并同时在东京、"新京"两支社增设了调查室。上海事务所的调查课通过改组扩充为调查室，并将铁道总局的资料课改组、扩充为调查局，今后将这些单位的调查活动置于调查部管理之下。将北支事务局的调查部改组为北支经济调查所与张家口经济调查所，作为其直属单位。而 1929 年脱离满铁独立出去的东亚经济调查局在此次改革中再次重归满铁，成为东京支社的直属单位。最后满铁将中央试验所合并作为调查部的直属单位。^③ 改编后的调查部规模空前，工作人员达 2000 人左右，财政预算将近 1000 万日元，成了名副其实的大调查部。^④

1939 年 4 月，铁道总局林业局调整机构，在奉天新设了铁道总局直属的林业事务所，承担关于林业的计划（造林计划除外）、管理、调查和内外联系业务等业务，并同时在海拉尔、博克图、通河、亚布洛尼、阿尔山设置了由林业事务所主管的林区事务所，用以承担伐木现场业务，并在哈尔滨设林业事务所驻在员，办理伐木现场的物资配给和支援业务。^⑤ 1929 年 11 月，在伪三江省依兰新设了作业场——依兰林业所。1940 年 5 月在齐齐哈尔设置了驻在员。1941 年 8 月，新设了海林林业

---

① 李娜：《满铁对中国东北的文化侵略》，社会科学文献出版社 2015 年版，第 52 页。
② 解学诗：《隔世遗思——评满铁调查部》，人民出版社 2003 年版，第 273 页。
③ 苏崇民：《满铁史》，中华书局 1990 年版，第 778 页。
④ 苏崇民：《满铁史》，中华书局 1990 年版，第 786 页。
⑤ ［日］满铁文书：昭和十三年，总体，文书，职制，第 2 册 32，第 12 号。

所。林业事务所是根据同伪满洲国林野局签订的协议，经营"国有"森林采伐事业，主要任务是保障铁路用材，但同伪满洲国政府所有林区和储材量相比，林业事务所林区面积仅为伪满林区面积的 3.6%，储材量只占伪满储材量的 1.9%，且事务所所采部分林区多为开采多年的老林区，满铁为扩大生产，急需扩大林区，因此实施了大量调查，如 1938年 3 月牡丹江支流大海浪河上游森林调查、1938 年 3 月及 1941 年 4 月嫩江支流北太河上游森林调查、1939 年 3 月松花江支流巴兰河上游森林调查、1940 年 5 月松花江支流大占洞河上游森林调查、1940 年 7 月绰尔河上游乌头木克铁流域森林调查、1940 年 10 月兴安岭调查（绰尔河上游）、1942 年 3 月三河地方森林调查等。经过调查不断扩大了占有林区面积，特别是 1939 年绥佳线通车后，风传汤旭河上游有庞大的森林资源，哈尔滨建设事务所指示滨绥线帽儿山工事区长石井贞彰担任该地区调查，经过航空调查确认了有超乎预料的针叶树带，同时又对森林资源蓄积量做了现地调查，确认了沿南义务云一线及白罗山脉有 2 亿立方米、伊春佛山一线的东部青黑山山系约有 1.6 亿立方米后，开始在伊春地区设置木材流送收容场、加工厂等设施，开始采伐当地森林。

但是大调查部时代没有持续很长时间，便因为与关东军的冲突及日本在战争中的溃败失去了昔日的景象。1943 年，满铁将大调查部改设为调查局。随着反法西斯战争的胜利，历经近 40 年的满铁及其调查机关土崩瓦解。

二 伪满时期的林政机构

伪满洲国在建立前，几乎没有任何掌管林政的机关，国有森林变成地方军阀的财政来源，清朝政府只能沾享余惠。到了民国时期，虽然形式上设置了国民政府的直辖机构，但权力几乎未能深入基层。伪满洲国建立后，在林业行政上加强了统治，林业行政机构也发生了多次变革。

（一）伪满林业机构的建立

伪满洲国成立以前，中国东北地区的林政基本处于有名无实的状态，从清朝末期以来就处于各方势力角逐的状态之下，政府和地方虽制定了一系列森林经营管理方面的措施，也建立了相关的林政机构，但具体执行起来却困难重重，林政机构也只是政府敛财的工具，机构人员只顾着征收木税，对森林的监管却放任不管，从而导致东北地区大面积森林被砍伐。伪满洲国成立后，日本关东军和满铁经调会联合策划了伪满林政机构的设置，其中林政机构重要部门的管理者都由日本人担任或控制。在伪满政府林政机构的设置上，最初林业事务是由伪实业部、哈尔滨木石税捐局（中东铁路东部路线森林）、蒙政部（只限兴安省）这三个行政单位联合工作。伪实业部下设农矿司、林务科具体负责林业事务工作，到1933年农矿司改为农林司，下设林务科。1934年林务科从伪满实业部农林司独立成司，改为林务司，下设林政科与林业科，负责管理林野行政和"国有"林的经营。① 到了1936年，林务司的二科制升级为五科制，即计划科、林政科、监理科、经营科和经理科，而林务司的职权除负责原有"国有"林管理事务之外，还增加了私有林经营指导工作。② 1934年1月，为了完善"国有"林执行经营结构体系，伪实业部在蛟河、敦化、延吉等地陆续设立了直辖营林机关——森林事务所，同年又设立了北安镇和五常两个森林事务所。③ 以后又在各地方增设，共设置了23个森林事务所，用作各省负责林业事务的地方林业机构。1936年森林事务所改为林务署，1937年在对伪满林政机构的改革中，将原伪实业部改为伪产业部，将原伪林务司脱离伪满产业部（原实业部），改为林野局直属局。伪林野局下设五个科，包括林政科、监理科、经理科、计划科和经营科，林政机构的管理范围和事项得以扩大。在1937年这次行政机构改革过程中，对地方林政机构又做出相应调整，1937年10月，将刚于1936年7月9日各森林事务所改称的林务署改称为营林署。在林野局的管辖下，全东

---

① ［日］满洲日日新闻社：《满洲年鉴（昭和十一年版）》，载吉林省林业局林业史志办公室《伪满时期东北林业史料译编》第二集，内部资料，1986年，第38页。
② ［日］铃木丙马：《满洲国林业概况》，载吉林省林业局林业史志办公室《伪满时期东北林业史料译编》第四集，内部资料，1987年，第9—10页。
③ ［日］满洲日日新闻社：《满洲年鉴（昭和十年版）》，载吉林省林业局林业史志办公室《伪满时期东北林业史料译编》第二集，内部资料，1986年，第36页。

北设立了 30 个营林署，营林署下又设营林分署，并对其管区也做出相应的调整。

1939 年伪满政府在牡丹江、北安和齐齐哈尔这三个地方设置营林局，作为中间机构管辖营林署，这样也就形成了林野局—营林局—营林署这种从上至下的三级林业管理机构体系。

1943 年由林野局改为林野总局。同年，伪满洲国政府在奉天设立奉天营林局，营林局的数量也增加到 4 个。1944 年，营林局被划归地方，由伪各省行政长官领导，共设 9 个营林局，分别分布在黑河、北安、通化、滨江、三江、牡丹江、"间岛"、兴安和吉林。[①] 随后又增加了"南满"营林局，营林局的数量也增加到了 10 个，共管辖 38 处营林署（见表 3-2）。

表 3-2   **伪满时期营林局和营林署分布地域**

伪满营林局	伪满营林署
黑河营林局	黑河、嫩江
兴安营林局	海拉尔、三河、扎兰屯、齐齐哈尔、阿尔山
北安营林局	北安、海伦、绥化
三江营林局	汤原、带岭、通河、依兰、佳木斯
滨江营林局	哈尔滨、五常、一面坡
牡丹江营林局	东京城、横道河子、牡丹江、穆棱、东宁、东安、古城镇

林野总局下辖总务处、林产处、造林处和林野试验室。其中总务处又分三科一室，即总务科、经理科和计划科；林产处设生产科、统制科和树脂科；造林处由"国营"造林科和地方造林科组成。[②]

随着日本侵略计划的受挫，日本前方战事吃紧，对物资的需求、尤其是对木材的需求更加迫切，为了在短时间内集中大量的木材，日本军方对伪满洲实施战时体制，1945 年伪满林野总局被撤销，林业事务划归伪满兴农部林政司管辖，林野总局改组为林政司，下级科室完全按战争

---

①   王长富：《东北近代林业经济史》，中国林业出版社 1991 年版，第 272 页。

②   熊大桐：《中国近代林业史》，中国林业出版社 1989 年版，第 155 页。

的供给需要划分，设立了六个科室：林政科、用材科、薪炭科、统制科、树脂科及造林科，这样的设立使一切林业事务均为日本军队服务。伪满林业机构的兴衰，客观上反映了伪满政权的兴衰，在其统治中国东北地区 14 年的历程中，东北地区的森林资源成为日本企业和军方争先抢夺的对象。

（二）伪满洲国时期的林业调查活动

日本帝国主义为了实现对东北的长期统治，在伪满洲国政府将全部森林收归"国有"后，计划编制《林业经营计划》。为了使《林业经营计划》符合"疆防上之要求、林野之配置、地形之关系、地方产业之状况、交通运输之情形等自然条件或经济条件"①，将进行编制前的预备工作，即对东北地区森林进行调查，调查的形式主要为航空摄影调查和现地调查。

1. 航空摄影调查

由于东北地区地形特征，森林多处于僻塞地区，交通尚不发达，伪满洲国又刚刚建立，在人手和经费上也存在一定困难，速度最快、费用最低的航空摄影调查无疑成为森林调查的首选。1932 年在奉天成立了伪满洲航空株式会社，1933 年会社设立了航空摄影班，并配备了航空摄影所需设备。② 1934 年 4 月伪满洲政府负责森林调查的伪林野局与伪满洲航空株式会社就森林调查事业签署了合作协议，由伪满洲国航空株式会社负责东北全境森林资源航空摄影调查的拍摄，按计划预计年完成一万平方千米到数万平方千米的拍摄工作，由此航空摄影调查全面展开。但由于初期航空摄影班创办的时日尚短，正处于机械器材还不够充分完备状态，在摄影以及制作各种照片的成果上还存在着一些困难，只完成了部分拍摄计划，截至 1938 年拍摄了 11 万平方千米。随着航空摄影班设备逐步完备，并制定了调查体系，航空摄影取得了极大成果，1939 年之

----

① 东北物资调节委员会研究组编：《东北经济小丛书　林产》，中国文化服务社 1948 年版，第 38 页。

② 东北物资调节委员会研究组编：《东北经济小丛书　林产》，中国文化服务社 1948 年版，第 39 页。

后，完成了小兴安岭北部及部分大兴安岭地区的航空拍摄工作，到 1945 年除大兴安岭部分森林外，共完成 30 余万平方千米的拍摄工作。[①]

2. 现地调查

通过航空摄影调查计划，得到了东北地区森林资源的概况。为了获得更准确的调查信息，现地调查无疑是首选，于是伪满洲国政府林政当局将计划科人员分成数个班，每年派往各地区，长期逗留在人烟稀少的森林地区，完成现地调查。现地调查可以按照调查事项，分为地况调查、林况调查和一般事项调查。[②]

（1）地况调查

进行地况调查的主要目的是了解森林的生产力状况。调查的主要内容有：

1）气象（其中包括气温、降水量、风、季节等）。

2）地势（其中包括位置、海拔、距海岸线的距离、山脉来去走向及坡度等情况及河流情况及岸边情况等）。

3）土壤性质（其中包括基岩及土壤类型、深浅、结合及湿度、落叶松、腐殖质、地床植物的形态）。

4）地力，一般按照森林生产力，抑或土地的好坏和各种要素共同判定，但因为评判过于复杂，通常按照林木的生长状态分为一等至五等或者上、中、下三等。

5）地利，也就是林产物的搬运情况，比如市场的远近或者运费的高低等。[③]

（2）林况调查

林况调查也就是调查森林的实际情况，以判断其现有生长力状况。其中调查的主要内容有：

1）树种（其中包括树种的混合状态及各占比率等）。

2）密度及树干密度等。

---

① 陶炎：《东北林业发展史》，吉林省社会科学院 1987 年版，第 162 页。

② 东北物资调节委员会研究组编：《东北经济小丛书 林产》，中国文化服务社 1948 年版，第 41 页。

③ 东北物资调节委员会研究组编：《东北经济小丛书 林产》，中国文化服务社 1948 年版，第 43 页。

3）树龄。

4）构成（其中包括人造林与天然林之分、实生林与萌芽林之分）。

5）蓄积量（森林的蓄积量涉及开采量，因此特别强调对蓄积量的调查，是调查的主要内容）。

6）生长量（其中包括连年生长量与平均生长量）。

7）森林等级，按照各林区现有森林状态、生长力分为三等或者五等。①

（3）一般事项调查

一般事项调查是指对与林业关系密切的各种产业及社会各方面有着密切关系的一切事项加以考量。主要的调查内容有：

1）关于林野行政及其他一般行政事项。

2）关于地方开发事项。

3）关于林业及其他产业的沿革及现况事项。

4）关于林野及其他方面所有土地的沿革及现况事项。

5）关于林产物及其他产物的需要、供给、价格及贩卖上的相关事宜。

6）关于交通及搬运事项。

7）关于劳工的需给、工资及技能事项。

8）关于役畜及事业使用的资材事项。

9）关于事业的限制事项。

10）关于治安状况及治安关系情形等事项。

11）关于事业收支事项。②

以上的各项调查结果，被编成森林资源统计表和林相图，均作为编制林业经营计划的参考资料。

---

① 东北物资调节委员会研究组编：《东北经济小丛书 林产》，中国文化服务社 1948 年版，第 43 页。

② 东北物资调节委员会研究组编：《东北经济小丛书 林产》，中国文化服务社 1948 年版，第 44 页。

第四章

满铁对中国东北主要河流流域及
铁路沿线林业资源的调查[*]

    满铁作为日本政府的国策代言人及执行者，是在中国东北地区，全方位推行日本"大陆政策"的重要国策性侵华机构。为协助日本侵占中国东北，满铁的建立就是以"经营满洲"为核心宗旨，并通过调查东北重要资源，积极配合日本侵略中国东北的政策，在中国东北利用资本渗透、经济垄断等手段，实现掠夺东北重要战略资源、彻底占领东北的野心。满铁是日寇掠夺东北经济资源的帮凶，而绝非所谓的要开发建设东北。

    日本明治维新后，建立起亚洲第一个独立的近代民族国家，随即效仿欧美列强，走上了对外实行武装殖民侵略扩张的军国主义道路。中国东北地区富产森林、煤铁等重要资源，这些重要的军需资源对日本的侵略扩张具有重要的军事意义，日寇垂涎已久，鸭绿江、松花江、图们江等东北主要河流干流流域丰富的森林资源就是其掠夺的重要目标。其中，作为日本政府代言人的满铁，自然成为日寇掠夺东北森林资源的急先锋，积极为日本军国主义侵略服务。

一　清政府对东北森林资源的早期调查与开发

    东北地域辽阔，地处温带、亚寒带地区，属于大陆性气候，每年的

---

    [*] 本章内容参考了王晓峰的论文《"满铁"对图们江流域森林资源的"调查"》的部分内容。见王晓峰《"满铁"对图们江流域森林资源的"调查"》，《东北史地》2013年第1期。

5月到9月，雨热同期，恰好是植物的生长期。优越的自然条件非常适合林木生长。到近代以来，东北已经被大片森林所覆盖。在古老的通古斯语系中，"东北"被称为"窝集"，即"森林之海"的意思。

自清军入关，东北作为"龙兴之地"，被长期封禁，除清朝皇族之外，严禁外人进入狩猎、伐木，加之交通不便，人迹罕至。清朝的封禁政策的持续，客观上保护了森林资源。直到清朝末年，由于灾荒和耕地不足等原因，关外民众开始私越柳条边进入东北，开发农田。特别是1908年以后，关外移民进入东北从事农耕工作者日众，日益增多的人口及其落后的烧耕习惯，致使部分林地或被焚火开荒，或作为薪材和日用器具等被利用，造成辽河流域的森林资源受到一定的损毁。

但总体来说，东北绝大部分地区开发较晚，并保存有大量未开发的原始森林，被满铁调查人员称为"千年不入斧"的处女林，其中大部分属于珍稀的硬质针叶林，都是优质的军事工业用材。

清政府对东北的森林开发，最早始于乾隆年间，1765年清政府制定了木税制度。为了防止民众私自滥伐林木，嘉庆年间，清政府又制定了《伐木山场》制度，对森林采伐实行管理。嘉庆十三年（1808），清政府在兴京（今辽宁新宾县）、开原、凤城、岫岩、辽阳等地设置官营采木山场达22处，规定采伐者必须持有官府颁布的伐木执照，进入执照规定的采伐区域伐木，严禁私入其他区域私伐，对采伐者的资格和伐木区域都进行了严格限制，并在各处官营林场设置关卡，收缴税款。

但是，随着关外移民大量涌入，东北地区的民间林木采伐者也越来越多，乱采滥伐的现象不断出现。为了控制滥伐林木，收缴木税，增加税收，光绪年间清政府开始对东北森林资源进行调查。光绪元年（1875），清政府下旨令左宝贵对鸭绿江流域林木采伐情况进行调查。光绪四年（1878），清政府为增加税收，开放了林木采伐限制，允许对鸭绿江上游地区的森林资源进行自由开发，并在鸭绿江口大东沟设立税务局，收缴木税。

到光绪后期，东北地区的林木生产有了一定的发展，光绪二十八年（1902），清政府在鸭绿江流域设置了第一家官营林业公司安东（今丹东）木植公司，公司由东边道道台管辖、监督，商人出资入股，代清政府征税，同时监管木商。公司实际上是官商合办的，募资共 20 万两白银。在鸭绿江流域的望江楼、苇沙河、下三道沟、五道沟、六道沟、错草沟和浑江流域的三岔子、八道江、七道江、六道江等地，设贮木场和串排、流筏、排坞。串排后，顺鸭绿江、浑江送往大东沟。随后，东北各地官员也纷纷成立官商合办的林业公司。例如"1905 年 12 月，黑龙江佐领吉祥在绰尔河设立祥裕公司，采伐布特哈西界绰尔河、索伦山一带的木材。1906年木兰县知县辛天成设立官商合办的吉江森林公司。8 月，吉林省设立林业总公司，为代征税款机构，附设木植陈列所。1907 年 9 月，吉林省林业总局正式成立于吉林市，下辖土龙山和四合川（五常、额穆县地区）两分局"[①]。当时，鸭绿江材被称为"东山材"，丹东也被称为"东亚第一木都"，可见鸭绿江流域木材市场的繁荣。（见图 4-1）

图 4-1　针叶树林

长白分局管内十九道沟鸭绿江干流东岗落叶松（黄花松）纯林

资料来源：［日］鸭绿江采木公司：《鸭绿江林业志》，1919 年。吉林省社会科学院满铁资料馆藏资料，编号 23254。

---

① ［日］日本产业调查会满洲总局编：《满洲产业经济大观》，载吉林省图书馆伪满洲国史料编委会编《伪满洲国史料》第 4 册，全国图书馆文献缩微复制中心 2002 年版，第 284 页。

但是，由于清政府的腐败，对东北地区林业的开发管理紊乱，滥伐林木的现象也越来越多。特别是清末俄、日等列强势力对东北的渗透、侵入，以及一系列不平等条约的签订，致使中国逐渐失去了中东铁路沿线及鸭绿江等流域地区的森林自主开发权。日俄战争后，完全由中国人控制的林区日益减少。

二　满铁对中国东北森林资源的早期调查

伪满以前，中国政府对东北拥有主权，是不可能同意日本在东北各地随意进行情报调查的。因此，可以说，日本最早对中国东北森林资源的调查很多情况下都是秘密的、非法的，或者是打着学术研究、旅游的幌子进行零星调查，多数都没有留下资料。

历史上最早记录日本人在中国东北进行森林调查的记载，是在1898年，日本农商务省山林局派遣调查员杉原龟三郎等人秘密潜入中国东北，对鸭绿江流域的森林资源进行调查，1899年，杉原龟三郎向日本政府提交了《清国林业及木材商况视察复命书》的调查书，调查书详细报告了鸭绿江流域的森林资源及林业经济发展状况。1902年，日本技师宫岛喜一郎深入鸭绿江地区进行调查；随后，1903年，日本岛川毅三郎到吉林地区进行森林调查；1905年，日本吉野林业学校校长今川唯市潜入长白山林区进行调查；日俄战争时，在日本军队保护下，十几名日本林业学生秘密从朝鲜元山出发，伪装潜入中国东北地区，对中国长白山地区森林资源进行情报调查。调查结束后，将调查内容整理成报告书上交日本政府。1907年，日本太田秘密潜入图们江流域敦化、蛟河等地调查测量。这些调查人员都是有日本军方或政府支持的。

日俄战争后，日本成立满铁"经营满洲"，由满铁负责调查东北森林资源。由于满铁派遣的调查人员是化装秘密潜入东北各地林区的，属于间谍行为、非法调查，因此往往伴有武装人员随行保护，带有武器和马匹，以防不测。但是，由于满铁事先都对调查地区的中国地方官员进行贿赂，因此，满铁调查人员的这种间谍行为并没有引起中国官方及民间的太多关注，甚至有时会得到某些地方官员的协助。1907年日本松本敬之出版《富之满洲》一书，书中主要描述了中国东北松花江流域的森林资源，并依据对松花江流域森林资源的测量数据，推测东北地区主要森林面积为26500平方里（合6625平方千米）。① 日本对东北森林资源的这些早期调查资料成为日本资本渗透、侵略东北的重要情报。

从1933年出版的《满洲经济年报》内容来看，伪满政权成立之前，除了大兴安岭，满铁对东北主要干流流域的主要森林资源都进行过情报调查，并且掌握了东北干流各流域主要林区的分布概况。当时调查的结果是东北主要森林分布地带有鸭绿江、松花江、图们江、牡丹江、拉林河等流域以及满铁铁道东部沿线、三姓地方、大小兴安岭等区域。大小兴安岭虽然经过日本的调查，但调查有限，其中的森林蓄积量和森林面积数据多为推定，其准确性和全面性当然不够准确。东北森林面积及林木蓄积量统计结果见表4-1。

到20世纪20年代末，满铁通过调查已掌握情况的地区有：吉林北部三姓地方、松花江上游长白山本脉及吉林哈达地区、中东铁路东部沿线、中东铁路西线地区、鸭绿江沿岸森林地区、牡丹江流域及图们江流域。

表4-1　　　　　　　　东北地区森林面积及林木蓄积量统计

地区	调查年度	森林面积（町）②	林木蓄积量（石）	1927年林木蓄积量（石）	每町步③蓄积量（石）
鸭绿江右岸及浑江流域	1919年	668254	347654102	276635102	412
松花江流域	1915年	1436839	903123170	874036000	608
图们江流域	1917年	832563	433600800	420400800	505
牡丹江流域	1915年	634966	420950900	420950900	663

① ［日］松本敬之：《富之满洲》，政治传输社1907年版，第72—73页。
② 町：日本的面积单位，1町≈1公顷。
③ 町步：日本的传统计量单位，1町步约9900平方米。

地区	调查年度	森林面积 （町）	林木蓄积量 （石）	1927年 林木蓄积量（石）	每町步蓄积量 （石）
拉林河流域	1917年	633775	301149800	300489800	474
中东铁道 东部沿线	1917年	2435202	924696550	898296550	369
三姓地方	1917年	5290992	2618601800	2615301800	495
中东铁道 西部沿线	1919、 1923年	802271	533435914	529763914	660

资料来源：［日］满洲文化协会：《满洲年鉴（昭和八年版）》，1933年，第272页。吉林省社会科学院满铁资料馆藏资料，编号19491。

按照满铁的调查统计，"东三省总面积为99929478町步，其中森林面积为36157518町步，占三分之一强的比例。东北林木蓄积量为150亿石，相当于平均每町步416石"[1]。按照树种分类，东北森林可以分为针叶林、阔叶林两大类。针叶树以杉松、油松、落叶松和红松为主，其中，杉松、红松在东北森林总量中所占的比例都是10%，而落叶松比例最大，占12%，油松所占比例最低，为2%，针叶林所占比例总量是东北森林总量的40%；阔叶树以柞树、榆树、椴树、水曲柳等树种为主，总体占60%的比例。

伪满政权建立之前，由于当时的中国处于军阀割据混战的时期，国民政府无力对东北地区做任何大规模的资源调查，只有东北各地地方上做了部分统计性质的调查，也没有对东北林业做系统调查。与满铁对东北森林的调查情报相比，不难看出日本侵略东北、掠夺资源的野心。

（一）满铁对松图牡流域森林资源的调查

日寇为了掠夺东北主要干流流域森林资源，于1914年由满铁调查部进行了第一次大规模、系统的对松花江、图们江及牡丹江流域森林资源的调查。此次调查，由满铁调查部全权负责，组成由日本北海道帝国

---

① ［日］南满洲铁道株式会社地方部农务课：《从日本的需求看满蒙农畜林产资源》，1932年，第53页。

大学教授、林学博士小房出吉、宫井健吉带队的调查团，从1914年5月至1915年12月，前后三次对吉林省长白山北部林区即"第二松花江"、图们江、牡丹江流域的安图、靖宇、桦甸、额穆、延吉、和龙、抚松、敦化八县地区进行广泛、详细的踏查，随后，1917年夏，日本驻"间岛"总领事馆协助对"间岛"东部地区森林概况进行调查，调查面积达到914.75平方千米，并将调查资料于1917年10月由满铁刊行《南满松豆牡流域森林调查报告书》一书。1916年，满铁又调查了抚顺、新宾、通化等县和鸭绿江流域的森林。1918年，日本共荣起业会社王子系下属的吉林富宁公司协助对"间岛"东部地区森林概况进行了大规模调查，具体数据如下（见表4-2—表4-5）。

表4-2　　　　　　　**松花江流域森林面积及林木蓄积量统计**

省名	县名	森林面积（町）	林木蓄积量（石）		
			针叶树	阔叶树	总计
吉林	濛江	267555	94666692	109685273	204351965
吉林	桦甸	361362	76560439	125392961	201953400
吉林	额穆	94616	24097396	40457224	64554620
奉天	安图	318830	104620419	95817956	200438375
奉天	抚松	363581	130951786	135437449	266389235
总计		1405944	430896732	506790863	937687595

资料来源：［日］南满洲铁道株式会社兴业部地方课：《南满松豆牡流域森林调查报告书》，1917年，第2页。吉林省社会科学院满铁资料馆藏资料，编号23214。

表4-3　　　　　　　**牡丹江流域森林面积及林木蓄积量统计**

省名	县名	森林面积（町）	林木蓄积量（石）		
			针叶树	阔叶树	总计
吉林	敦化	196724	74143290	75551385	149694675
吉林	额穆	147148	55829979	59153651	114983630
总计		343872	129973269	134705036	264678305

资料来源：［日］南满洲铁道株式会社兴业部地方课：《南满松豆牡流域森林调查报告书》，1917年，第2页。吉林省社会科学院满铁资料馆藏资料，编号23214。

表4-4　　　　　　　　**图们江流域森林面积及林木蓄积量统计**

省名	县名	森林面积（町）	林木蓄积量（石）		
			针叶树	阔叶树	总计
吉林	延吉	106558	22994889	32496451	55491340
吉林	和龙	75654	17895365	22258185	40153550
奉天	安图	31832	7003128	10504692	17507820
总计		214044	47893382	65259328	113152710

资料来源：［日］南满洲铁道株式会社兴业部地方课：《南满松豆牡流域森林调查报告书》，1917年，第2页。吉林省社会科学院满铁资料馆藏资料，编号23214。

表4-5　　　　　　　**松、豆、牡流域森林面积及林木蓄积量统计**

流域名称	森林面积（町）	林木蓄积量（石）		
		针叶树	阔叶树	总计
松花江	1405947	430896732	506790863	937687595
图们江	214045	47893382	65259328	113152710
牡丹江	343872	129973269	134705036	264678305
总计	1963864	608763383	706755227	1315518610

资料来源：［日］南满洲铁道株式会社兴业部地方课：《南满松豆牡流域森林调查报告书》，1917年，第2页。吉林省社会科学院满铁资料馆藏资料，编号23214。

　　《南满洲松豆牡森林调查》书中还记载，中国东北大部分地区都属于优质针叶林、阔叶林及针阔混交林。只有少数地区如图们江流域的延吉、和龙地区只有少量优质林，大部分为杂木林，是当地民众的主要燃料，即可作为炭薪材，其他地区盛产优质林木。据满铁调查，东北地区森林树种总计逾350种，其中主要的树种有针叶树8种、阔叶树21种。调查书记载，东北的针叶林树种以果松（又称红松、裸松）、杉松（又称沙柏、柏松）、黄花松（又称落叶松）、油松、鱼鳞松、臭松等为主，阔叶林树种以柞树、榆树、椴树、黄木、水曲柳、槐树、青杨树、桦树等为主。针叶林与阔叶林的比例大约是4∶6。多数珍贵的针叶树都是拥有百年以上树龄的参天巨树，如松花江流域的濛江流域的森林几乎全部为原始森林，比其他流域的原始森林的平均树龄都偏高，红松的平均树龄为 210 年，杉松、鱼鳞松的平均树龄为 200 年，黄花松的平均树龄为 130 年，而阔叶树也大多为 150 年左右的树龄，树龄最高的超过 300 年。调查书还将林木按直径级分为四级，"第一级到第三级树木径级在 0.3 尺到 1.4 尺，1.5 尺及以上为第四级，其中，在 1.5 尺以上的林木中以红松居首，其次是沙松、云杉"①。

不仅如此，满铁调查人员还对树木的形状、高矮，树皮、树叶的颜色、形状及材质等信息都进行了详尽的调查，甚至细化到树叶的脉络等具体特征，最主要的是各类树木的具体应用等（见表 4-6）。

表 4-6　　　　　　东北地区森林主要树种特征及制材用途统计

树种		主要特征	制材用途
针叶林	红松	直径三尺以上，木理通直，色泽佳良，材质介于柏松和赤松之间，韧性极强	可用于各种建筑用材、家具用材、铁道枕木等
	杉松	材质略低于红松，但价格比红松便宜	广泛用于建筑、家具用材、木箱及制纸原料等用材
	落叶松	直径三尺左右，木材呈褐色，纹理细密，材质强韧，耐久力好	适用于家具用材、建筑、桥梁、船舶、枕木、坑木、电线杆等
	赤柏松	材质优良，坚韧性极强，弹性好，不开裂，非百年以上不成材，历来有"针叶树种之王"的美称，难得的贵重木材	适用于高级器具、机箱、节杖等精巧器具及天花板、床板等精美家具

---

① 王长富：《东北近代林业科技史料研究》，东北林业大学出版社 2000 年版，第 124—126 页。

树种		主要特征	制材用途
阔叶林	柞树	落叶大乔木，占全林三成，直径超过二尺，树高六、七十尺，皮厚，暗褐色，材质坚硬，但不耐腐，易张裂	用于造船、车轴、船桨，也用于枕木、车辆用材
	椴树	直径一尺五多，高四十余尺，叶呈圆或心形，皮质强韧，呈灰褐色，材质柔软，呈白色	适用于制纸等柔软器材及各种网绳类，培植食用菌类
	桦树	直径一尺十二寸，高四十余尺，叶三角形，色青白，树皮白，横裂，生长于干燥高地	仅用于炭薪制材
	檀木	树高四十余尺，直径二尺余，皮黑褐色，材质坚硬，纹理细密，色淡红	用于斧柄、车轴、车把、船桨等用材
	榆树	直径近三尺，高五十多尺，皮暗褐色，稍平滑，叶呈菱形，材质坚硬、细密，不开裂	可用于桌椅、斧柄、建筑用材、炭薪制材，树皮可制绳，根可制纸
	水曲柳	树高五十余尺，直径二尺五寸，皮黑褐色，有白斑纹，材质坚硬，耐潮	用于机床、造船、建筑、炭薪、车体下部等器具用材，也可用于枕木用材

资料来源：［日］满洲日日新闻社：《满洲年鉴》，1935年，据相关数据统计而成。吉林省社会科学院满铁资料馆藏资料，编号19492。

表4-6中列举的都是比较主要的针叶树及阔叶树，还有很多的阔叶树没有列出，如梨树、青杨、槐树、白杨等，绝大部分都是材质极佳、日寇所急需的铁路枕木、坑木等建筑用材、重工业用材、重要军需用材。

不难看出日寇对东北各流域森林资源调查的程度之深、内容之细、种类之精，足见其掠夺东北森林资源的野心。

（二）满铁对图们江流域森林资源的调查

图们江，又称"豆满江"，源自长白山东麓，流经延边地区的延吉、和龙、图们、珲春、汪清等地及安图部分地区，最后沿朝俄边界，向东流入日本海。图们江流域主要由图们江主流及珲春河、嘎呀河、密江、布尔哈通河、海澜河、红旗河等几大支流构成，流域总面积为 2.2 万平方千米。图们江流域是东北地区优质林木的主要生长地区，尤其是珲春、汪清两地的森林生长着图们江流域最优质的原始森林。其中，大多数针叶林都是百年以上树龄的珍贵树种，如红松的平均树龄高达 200 年，鱼鳞松、杉松的平均树龄为 180 年，黄花松的平均树龄为 110 年，臭松平均树龄约为 90 年，阔叶树的平均树龄一般为 150 年，最高的树龄竟然超过 300 年。不难想象，那一望无际的原始森林、参天巨木。

为了掠夺图们江流域森林资源，满铁进行了大规模的情报调查，其以延边地区"鲜族人私砍滥伐""地方林政荒废"① 为由，1914 年对图们江流域展开了第一次森林调查。

满铁调查部对图们江流域的地形、地貌、水质、土壤、气候条件、森林面积、林木储量，以及流域区针叶林、阔叶林两大树种的生长状况及分布比例、特点以及各类树木的详细情况都进行了极为详尽的调查与统计。最后调查得出，图们江流域森林面积为 832563 町步，林木蓄积总量为 433600800 石，平均每町步林木蓄积量达到 505 石（见表 4-7、表 4-8）。

表 4-7　　　图们江流域主要县区面积及森林蓄积量统计　　（单位：町）

地区	总面积	林野面积	混交林面积	幼林面积
延吉县	814000	567320	283520	283800
珲春县	401847	320386	181902	138484
汪清县	785500	636700	406900	229800
和龙县	595880	494890	256680	238210
安图县（部分地区）	588983	511900	350662	161238
总计	3186210	2531196	1479664	1051532

资料来源：［日］朝鲜总督府铁道局营业课：《豆满江经济事情》，1927 年，第 14、15 页。吉林省社会科学院满铁资料馆藏资料，编号 12215。

① ［日］朝鲜总督府铁道局营业课：《豆满江经济事情》，1927 年，第 14 页。吉林省社会科学院满铁资料馆藏资料，编号 12215。

表4-8　　　　　　　图们江流域主要县区森林面积及林木蓄积量统计

地区	森林面积（町）	林木蓄积量（石）		
		针叶树	阔叶树	总计
延吉县	98392	25777700	35591800	61369500
和龙县	191011	24370845	43888605	68259450
珲春县	201600	29947680	72263520	102211200
汪清县	281080	58236393	100684257	158920650
安图县（部分地区）	60480	24040800	18799200	42840000
总计	832563	162373418	271227382	433600800

资料来源：[日] 满洲文化协会：《满洲年鉴（昭和八年版）》，1933年，第275页。吉林省社会科学院满铁资料馆藏资料，编号19491。

从表4-7、表4-8可以看出，满铁对图们江流域所在主要县区的地域及森林、草地（野地）、针叶林、阔叶林、针阔混交林及幼林的面积都进行了精确统计。

另外，嘎呀河是图们江最大的支流，嘎呀河流域所处的位置在图们江各流域中原始森林面积最大，生长着各种贵重的针阔叶树种及数百年的参天巨树。按照满铁的粗略计算，嘎呀河流域原始森林地带每町步面积林木蓄积量为1200—1500石。

因此，在1926年12月至1927年3月，"间岛"总领事馆受命对图们江流域进行第二次森林调查，着重调查了嘎呀河各流域沿线一带（包括绥芬河流域）330490公顷的森林情况，对苦水河、百草沟、蛤蟆塘、李树沟、汪清河、大小荒沟等嘎呀河主要支流流域的气候、地质、水文等地理状况及林木树种、生长状态、采伐情况、道路运输等森林状况进行了实地考察勘测，并在昭和二年（1927）由满铁兴业部农务课对调查资料进行重新统计，昭和四年（1929）出版刊发《嘎呀河流域编》一书，书中对作为图们江支流的嘎呀河流域的森林资源进行了极为详细的统计（见表4-9）。

表4-9　　　　　　嘎呀河各支流流域森林面积及林木蓄积量统计

流域名	森林面积（町）	林木蓄积量（石）		
		针叶树	阔叶树	总计
大苦水河	19470	7203200	4386300	11589500

流域名	森林面积（町）	林木蓄积量（石）		
		针叶树	阔叶树	总计
小苦水河	15820	6980000	3388500	10368500
小百草沟	2060	—	412000	412000
西嘎呀河（老爷河）	11280	1433100	2768900	4202000
牡丹河	7420	2633400	2092600	4726000
一雨沟	10420	—	2084000	2084000
蛤蟆塘前河	28410	10974400	7407600	18382000
蛤蟆塘后河	5990	1999300	1238700	3238000
大李树沟	5720	1091750	1441750	2533500
小李树沟	18430	2678200	6062800	8741000
大汪清河	27130	11002500	7169500	18172000
小汪清河	30390	9352500	6590500	15943000
大肚川	6690	567500	2395500	2963000
大荒沟	17360	5479750	3366750	8846500
小荒沟	10340	1963850	2943650	4907500
东嘎呀河左岸	42300	26577200	6685800	33263000
东嘎呀河右岸	15750	1950300	3268200	5218500
八人沟	52470	6791000	9369000	16160000
总计	327450	98677950	73072050	171750000

资料来源：［日］南满洲铁道株式会社兴业部农务课：《吉会铁道沿线森林调查书（一），嘎呀河流域编》，1929 年，据相关内容统计而成。吉林省社会科学院满铁资料馆藏资料，编号 13875。

从以上各统计表可以看出，满铁调查机构做了极为详细的数据统计，为日寇掠夺图们江林业资源提供了充分的情报信息。

（三）满铁对图们江林业的前期的掠夺

满铁调查部对图们江流域森林的调查，为日本资本渗透侵入东北，掠夺东北森林资源提供了详细充分的情报信息。早在满铁调查部对图们江流域进行大规模森林调查的同时，日本资本就已经迫不及待地渗入到东北地区。以吉林贸易公司、松茂洋行为首的数家日本公司的资本在满铁调查期间就打着发展东北林业的幌子，开始渗透到吉林省图们江林业。

在满铁对东北森林第一次大规模调查结束后，正值第一次世界大战爆发，欧美列强忙于战事，无暇东顾，日本借此良机，将大量日本资本迅速投入对东北林业的掠夺中，其中，日本资本在图们江流域林业内的有日本共荣起业会社为首的大仓系、王子系等日资企业，它们纷纷在中国东北图们江流域开办林业公司，成立黄川、华森、富宁、丰材等五家公司，资本投入总计1700万元；三井、三菱公司等也都成立派出机构在图们江地区投资开办林业公司，掠夺东北林业资源（见表4-10）。

表4-10　　大正年间（1912—1926）图们江流域日本资本投资一览

（单位：日元）

投资者	1918、1919年投资额	1922年投资额	1923年投资额	总计
门广谦吉（珲和洋行）	150000	—	—	150000
铃木洋行	100000	—	—	100000
豆满江林业株式会社	300000	—	—	300000
日华木材株式会社	160000	—	—	160000
柴田荣藏	50000	—	—	50000
清津木材合资公司	600000	120000	50000	770000
草野直一	—	—	30000	30000
大谷助市	12000	—	—	12000
宇野益一	10000	—	—	10000
前田藤四郎	25000	—	—	25000
冈村桝一	5000	—	—	5000
四元某	5000	—	—	5000
井川驹吉	60000	—	—	60000
平庆藏	12500	—	—	12500

续表

投资者	1918、1919年投资额	1922年投资额	1923年投资额	总计
丸山笔介	—	10000	—	10000
藤井又一	30000	—	—	30000
河野龟楠	30000	—	80000	110000
井上涌吉	40000	—	—	40000
总计	1589500	130000	160000	1879500

资料来源：［日］南满洲铁道株式会社兴业部农务课：《吉会铁道沿线森林调查书（一）嘎呀河流域编》，1929年，第283页。吉林省社会科学院满铁资料馆藏资料，编号13875。

前述满铁森林资源调查中，不仅对森林面积、储量等林业数据进行直接调查，还对图们江流域的气候、土壤、河流水文等自然地理条件进行了深入调查，旨在试图将采伐的林木运输出来，掠夺更多的木材，以为日本的殖民侵略扩张提供服务。例如海兰河、布尔哈通河水面较窄，地势陡峭，地形起伏较大，多急流转弯，采伐的木材只适合冬季用雪橇运出；而图们江、珲春河河面宽阔、水流缓慢，流经地区地形平缓，起伏不大，采伐的木材可以通过"流筏"运出，适合在夏季运输。

日本还将在东北各地流域采伐的森林木材按照地区分类，将中国东北全部的森林资源统称为"满洲材"，然后按照各流域的区别，又将"满洲材"分为"北满材"（在松花江流域采伐的木材，从哈尔滨运往长春）、"鸭绿江材"（来自鸭绿江、浑江流域的木材，在安东集结然后运出）、"吉林材"（在吉林至敦化铁道沿线地区及松花江流域部分地区采伐的木材，在吉林集结运出）和"间岛珲春材"（在图们江流域采伐的木材）。日本殖民者将图们江流域砍伐的木材通过流筏、雪橇运到会宁，然后走铁路运出或者从清津、雄基、土里等港口海运到日本等地。据统计，大正年间，在满铁的协助下，日本资本在图们江流域掠夺木材达400多万尺（见表4-11、表4-12）。

表4-11　大正年间（1912—1926）图们江流域日寇掠夺木材数量统计

（单位：尺）

流域	1921 年	1922 年	1923 年	1924 年	1925 年	1926 年	合计
嘎呀河	8360	456000	94240	74042	134375	—	767017
布尔哈通河	—	179520	33000	—	89650	—	302170
石头河	—	—	—	5000	4000	300	9300
图们江上游	1020823	863212	228332	246160	59722	34000	2452249
珲春河	26000	23333	48002	104850	103200	8000	313385
海兰河	2000	28000	22800	600	81028	50195	184623
密江河	1344	968	1210	5450	19300	26000	54272
合计	1058527	1551033	427584	436102	491275	118495	4083016

资料来源：[日]南满洲铁道株式会社兴业部农务课：《吉会铁道沿线森林调查书（一）嘎呀河流域编》，1929 年，据相关内容统计而成。吉林省社会科学院满铁资料馆藏资料，编号 13875。

表4-12　大正年间（1912—1926）图们江流域日寇掠夺木材数量统计

（单位：尺）

地区运输方式	1921 年	1922 年	1923 年	1924 年	1925 年	1926 年	合计
"间岛"珲春等四县出材统计	1058527	1551033	427584	436102	471275	182175	4126696
图们江流域陆路输出木材统计	1023823	1070732	284132	246760	210400	123195	2959042
图们江流域海路输出木材统计	35704	480301	143452	189342	260875	58980	1168654

资料来源：[日]南满洲铁道株式会社兴业部农务课：《吉会铁道沿线森林调查书（一）嘎呀河流域编》，1929 年，第 237 页。吉林省社会科学院满铁资料馆藏资料，编号 13875。

从上述表4-11、表4-12中可以看出，满铁是从不同角度统计在图们江流域掠夺的木材数据，表4-11中缺少部分数据，石头河及嘎呀河、布尔哈通河流域木材产量的部分年份缺乏统计；表4-12中是图们江流域内延吉、珲春、汪清等四县森林采伐数量的统计，由于安图县地跨两个流域，在这里没有做出统计。统计表中没有将流域内各地杂木林及炭薪材数量统计在内。虽然满铁对图们江流域木材数量的统计略有差异，但图们江流域木材采伐的年产量在400万尺以上，不会相差太多。

从图们江流域林木蓄积量统计来看，与1915年统计数字比较，已经从433600800石减少到420400800石，[①] 从1921年至1927年的七年时间，日寇在图们江流域疯狂掠夺了近千万石的木材，年采伐量340万石到510万石，平均420万石。[②]

（四）满铁对鸭绿江流域森林资源的早期调查及掠夺

鸭绿江是东北主要干流之一，干流流经吉林、辽宁两省，流经安东、宽甸、辑安、临江等地，最大的支流为浑江，鸭绿江流域总面积为3.25万平方千米。鸭绿江干流是从鸭绿江右岸的头道沟（或帽儿山）到二十四道沟，流域面积为469336町步。[③] 鸭绿江从长白至临江段，多陡坡，两岸高山连绵，河谷切割较深，河道弯曲，水流急，行船困难。临江以下两岸山势逐渐降低，河道坡降变缓，至浑江汇流处，河道坡度平缓。鸭绿江流域森林茂密，以阔叶林为主，针叶林及散生林面积小。

中国对鸭绿江流域森林的调查最早始于光绪年间，光绪元年（1875），清政府派左宝贵对鸭绿江流域进行调查。清朝末期，东北封禁政策松弛，入关民众伐木垦田成风，鸭绿江的支流浑河流域地势平坦，民众多在此烧山伐木，造成了一定程度的林木损失，但鸭绿江干流流域的森林几乎没有受到影响。

---

① ［日］满洲文化协会：《满洲年鉴（昭和八年版）》，1933年，第272页。吉林省社会科学院满铁资料馆藏资料，编号19491。

② ［日］满洲文化协会：《满洲年鉴（昭和八年版）》，1933年，第280页。吉林省社会科学院满铁资料馆藏资料，编号19491。

③ ［日］满洲文化协会：《满洲年鉴（昭和八年版）》，1933年，第274页。吉林省社会科学院满铁资料馆藏资料，编号19491。

　　清政府为增加税收，光绪四年（1878），允许民众在鸭绿江地区自由开发，并在鸭绿江口大东沟设立税务局，收缴木税。光绪二十八年（1902），清政府在鸭绿江地区投资 20 万元，开设了官商合营的林业公司安东木植公司，带动了鸭绿江流域地区林业经济的发展。当时，鸭绿江木材都集中在丹东，加之鸭绿江材材质极好，驰名中外，因此，鸭绿江木材也被称为"安东材"，丹东也被称为"东亚第一木都"。但由于清政府腐败，林政管理紊乱，随着日俄势力对东北的渗透、侵入，特别是日俄战争后，日俄势力分割占领东北，使得清政府进一步丧失了对鸭绿江流域森林开采的自主权。

　　日寇图谋中国东北森林资源的野心已久，早在甲午战争后，清末政治腐败，东北林政废弛之时，日寇就趁机染指东北林业。1903 年日本设立中日合办的日清义盛公司，与沙俄争夺中国东北地区林业资源的掠夺权，自此，日寇向吉林省鸭绿江等流域地区伸出魔爪，加剧了日俄之间的矛盾，鸭绿江林业问题成为日俄竞争的焦点，这也成为日俄战争爆发的主要导火索。1904 年 10 月，受满洲产业调查会指派，日本林务官西田又二、中牟田五郎等人对鸭绿江流域森林资源进行了为期数月的专门调查，并提交《鸭绿江流域森林作业调查复命书》的调查书，调查书详尽描述了鸭绿江流域森林资源的林相、树种、运输方式等情况，为日本掠夺鸭绿江流域森林资源提供了充分的情报信息。

　　1904 年日俄战争爆发后，日本大仓组受命筹措军用木材，在朝鲜龙严浦及中国东北安东县设置木材工场，专门供应日本陆军临时建筑班及军用铁道监部的用材需求。

　　日俄战争后，1905 年 12 月 22 日，中日在北京签订《东三省事宜正约》，日本不仅接收了俄国在中国东北南部的势力范围，而且趁机又攫取了更多利益。在《附约》第十款中规定："中国政府允许设一中日木植公司，在鸭绿江右岸（即中国境内）采伐木植。"① 日本于明治四十一年（1908）成立鸭绿江采木公司（中日合办），1913 年，成立安东县大仓组制材所，1915 年 10 月，大仓组与鸭绿江采木公司合营，成立鸭

---

　　① 褚新德、梁德主编：《中外约章汇要》，黑龙江人民出版社 1991 年版，第 380 页。

绿江制材无限公司。

为了掠夺鸭绿江流域森林资源,鸭绿江采木公司于1915年对鸭绿江流域森林进行了初步调查。根据调查,鸭绿江干流流域(从头道沟到二十四道沟)散生林的林木蓄积量为1305544石,原始森林蓄积量为202990380石,其他林木蓄积量为30785550石,总计235081680石。[①]按照鸭绿江干流流域总面积469336町步来推算,该流域森林蓄积总量为276000000万石。[②] 1917年,鸭绿江采木公司派出调查人员对鸭绿江流域展开第二次调查,主要对鸭绿江右岸及浑江流域实地勘测调查,并将调查内容写成报告书《鸭绿江林业志》(见表4-13、表4-14)。

表4-13　　　大正年间(1912—1926)满铁对大江(鸭绿江干流)
流域森林面积及林木储量统计

地区	森林面积(町)	木材储量(尺)
头道沟	14820	3011175
岭后	34656	19060800
二道沟	27987	6545950
三道沟	39193	16234218
四道沟	15732	4354230
五道沟	44603	19306936
六道沟	15888	3324376
七道沟	45983	19999561
八道沟至十一道沟	75257	28265712
十二道沟	9481	1399765
十三道沟	21882	7386601
十四道沟	8522	1276223
十五道沟	23958	11647160
十六道沟至十八道沟	9863	3465075
十九道沟	6328	12169320

① [日]满洲文化协会:《满洲年鉴(昭和八年版)》,1933年,第274页。吉林省社会科学院满铁资料馆藏资料,编号19491。

② [日]满洲文化协会:《满洲年鉴(昭和八年版)》,1933年,第275页。吉林省社会科学院满铁资料馆藏资料,编号19491。

续表

地区	森林面积（町）	木材储量（尺）
二十道沟至二十一道沟	34344	1708062
二十二道沟	14577	6719624
二十三道沟至二十四道沟	11498	4519100
总计	454572	170393888

资料来源：［日］鸭绿江采木公司：《鸭绿江林业志》，1920 年，第 12—13 页。吉林省社会科学院满铁资料馆藏资料，编号 23254。

表 4-14　　大正年间（1912—1926）满铁对浑江流域森林面积及
林木储量统计

地区	森林面积（町）	木材储量（尺）
富尔江	4665	1320000
拉吉河	12252	986301
渭沙河	6220	3080000
哈尼河	20232	7275650
大小罗圈沟	12375	3930913
红土崖	12440	6500000
东南岔	7775	4500000
正岔	5150	2569099
正南岔	10885	4500000
西北岔	7775	8800000
老龙岗	77750	54425000
其他流域	46650	23000000
总计	224169	120886963

资料来源：［日］鸭绿江采木公司：《鸭绿江林业志》，1920 年，第 14 页。吉林省社会科学院满铁资料馆藏资料，编号 23254。

　　根据报告书的记载，散生林地带林木蓄积量每町步只有 18—36 石，而针阔混交林的生长地带，每町步林木蓄积量在 96—420 石；鸭绿江流域针叶林相对较少，但生长在原始森林的最深处，原始森林的树龄从 1 年生的幼树到数百年的苍天巨木不等，平均树龄 200 年左右，最高的树木遮天蔽日，极为茂盛。原始森林生长最密处，林木蓄积量达到每町步

480—840 石的密度。① 而浑江流域由于开发较早，森林受到一定程度的损失，流域面积为 433845 町步，林木蓄积量为 1 亿 9827 万石。② 根据统计，鸭绿江流域森林的总蓄积量为 4 亿 7400 万石，按照三分之一的利用率来计算，可采伐林木总量为 1 亿 1600 万石。③

　　日寇掠夺鸭绿江流域森林资源的主要方式，就是通过鸭绿江采木公司实行对鸭绿江流域森林资源的"开发"。其实，早在日俄战争期间，鸭绿江采木公司的前身，由日本大仓组在中国境内非法设立的木材加工厂，就以"军用"的名义在鸭绿江流域肆意滥伐，并且派人随意阻截中方民族林商的木排、任意收税，引发了多次冲突。据记载，"日军第一军军政官松浦宽威，派人将两处（浪头及三道沟）之木，全行打印扣留，（袁化）屡次会同安东知县往与理论，（被）诬称俄人之木，竟派兵把守，不得装运"，计"一千三百二十二拢，共值凤平银一万八千五百零八两"④。日军将这批木材全部据为己有。

　　当时，中国外务部曾与日本驻华公使会晤商讨此事，但日方蛮横无理，强制将浑江流域划为日军采伐范围。1907 年 4 月，北洋大臣与日本驻华公使林权助在天津就日方提出的十一条合办公司大纲进行交涉。日方不仅再次提出把浑江流域划为日本的伐木区，更声称条约中的"鸭绿江右岸"就是鸭绿江以右的所有地区。中方反驳称："所谓岸是指沿江地区吗，离江再远就不能成为岸了，并提出距江 50 华里，后来又增加至 60 华里。"⑤ 6 月，日方由代理公使阿部守太郎代替林权助继续与清政府外务部交涉，直至 1908 年 3 月中日签订了《合办鸭绿江采木公司章程》十三款。

　　鸭绿江采木公司资本为 300 万北洋银圆，中日各半（实际由日本借了

---

① ［日］满洲文化协会：《满洲年鉴（昭和八年版）》，1933 年，第 274 页。吉林省社会科学院满铁资料馆藏资料，编号 19491。
② ［日］满洲文化协会：《满洲年鉴（昭和八年版）》，1933 年，第 275 页。吉林省社会科学院满铁资料馆藏资料，编号 19491。
③ ［日］满洲文化协会：《满洲年鉴（昭和八年版）》，1933 年，第 275 页。吉林省社会科学院满铁资料馆藏资料，编号 19491。
④ 《袁大化呈军机大臣、总理外务部事务和硕庆亲王函》，1904 年 5 月 17 日，日本国立公文书馆，アジア歴史資料センター，レファレンスコード：B11091488100。
⑤ 步平等编著：《东北国际约章汇释》，黑龙江人民出版社 1987 年版，第 368 页。

中国负责的那一半资金）营业期限为 25 年；公司所有进款，将 5% 的利润交给中国。采木地点确定为从鸭绿江右岸的帽儿山至二十四道沟，距鸭绿江江面干流 60 华里（30 千米）范围内。该公司名义上为中日合办，而实权却掌握在日方之手。"利权遂尽归日人掌握，其范围不仅将鸭绿江右岸由帽儿山以上至二十四道沟方圆四百里为其专采区域，有直接砍伐贩卖之权；其界外一切支河以及浑江利益与全部之森林，凡我国国人之所生产木材，该公司亦有专卖之特权。"① "我之木商，能力薄弱，沿江料栈，狃于积习。浙江（铁路）公司，徒有虚名，混江流域，未能竞争。"②

　　该公司对鸭绿江流域采伐的木材采用水陆两种运输方式，冬季严寒，大江封冻，先利用马匹牲畜拉车，然后再利用铁路运输到各地；夏季则利用编筏与流筏，即放木排，沿江而下，运到安东，再从安东运往朝鲜、日本等地。鸭绿江采木公司对鸭绿江流域木材着筏量做了统计，具体见表 4-15。

图 4-2　筏班

长白分局管内鸭绿江本流（干流）附近

　　资料来源：［日］鸭绿江采木公司：《鸭绿江采木公司十周年纪念写真帖》，1918 年。吉林省社会科学院满铁资料馆藏资料，编号 23255。

---

　　① 陈本善：《日本侵略中国东北史》，吉林大学出版社 1989 年版，第 147 页。

　　② ［日］满洲史学会编：《满洲开发四十年史》，东北沦陷十四年史辽宁编写组译，东北师范大学出版社 1988 年版，第 370 页。

表 4-15　　　　　　1914—1918 年鸭绿江流域木材着筏量统计　　　　（单位：枚）

年度	1914 年	1915 年	1916 年	1917 年	1918 年	平均
筏数	6266	3443	4739	4989	7173	5322

资料来源：［日］鸭绿江采木公司：《鸭绿江林业志》，1920 年，第 289 页。吉林省社会科学院满铁资料馆藏资料，编号 23254。

根据鸭绿江采木公司的统计，每年运输到安东的鸭绿江材从过去的 200 多万石逐年减少，九一八事变后，降到百万石以下（见表 4–16）。这些鸭绿江材主要采伐自濛江、抚松一带最优质的木材，运输量降低不是因为森林采伐产量不足，而是优质林木被采伐殆尽。

表 4-16　　　　　1924—1933 年鸭绿江材运输到安东的数量统计　　　　（单位：石）

年度	红松	杉松	其他	合计
1924 年	933028	596584	580370	2109982
1925 年	734180	761467	767908	2263555
1926 年	435903	596942	413697	1446542
1927 年	531743	82228	462923	1076894
1928 年	395161	458854	365545	1219560
1929 年	281591	340085	281608	903284
1930 年	132481	142976	209932	485389
1931 年	382752	578560	389731	1351043
1932 年	263181	411150	259392	933723
1933 年	231564	342165	289819	863548

资料来源：［日］南满洲铁道株式会社经济调查会：《满洲木材类需给关系概况调查》，1935 年，第 19 页。

从表 4-17 可知，日本在鸭绿江流域的木材采伐量年均 150 万石左右，鸭绿江采木公司在其统计年报中总结，九一八事变后鸭绿江材运输量降低到百万石以下，主要因为自夸为"安东材"的昔日良材已然不多，且品质低下，一语道破其中关键。

表 4-17　　　　　　1925—1929 年鸭绿江材平均生产量　　　　　（单位：石）

年度	1925 年	1926 年	1927 年	1928 年	1929 年	平均
鸭绿江材	1932667	1247119	1919934	1412651	948916	1492257.4

资料来源：［日］南满洲铁道株式会社地方部农务科：《从日本的需求看满蒙农畜林产资源》，1932 年，第 54 页。

鸭绿江采木公司并不是合理开发鸭绿江流域的森林资源，而是对流域内森林采取掠夺式破坏性采伐，只选取最优质林木，致使流域内的优质林木被采伐一空，很多地方成为荒山秃岭。不难看出日寇对鸭绿江流域森林资源掠夺破坏的严重程度。

该公司自 1908 年成立至伪满洲国成立，在 25 年的时间里基本上控制了鸭绿江流域的林业。可以说，鸭绿江流域是日寇掠夺最早、森林资源遭受破坏最严重的地区。

三　满铁对铁路沿线的林业调查与掠夺

19 世纪末 20 世纪初，铁路加银行的方式已经成为帝国主义列强殖民侵略中国东北的主要方式，即通过资本渗透压制摧残民族经济，进而控制中国经济命脉；同时，通过修建铁路扩张势力范围，铁路延伸到哪里，列强的势力就扩张控制到哪里，而森林、煤炭等重要的资源在哪里，列强的铁路就会修建到哪里。

19 世纪末 20 世纪初，俄日势力先后渗透到东北地区，俄国首先攫取了中东铁路的修建权，利用滨绥线、滨洲线沿线地方森林作为铁路用材。随着中东铁路的修建，俄国势力渗透到牡丹江、松花江流域，进而扩张到整个东北，利用铁路掠夺东北森林资源。俄国在中国东北地区的势力扩张，必然与早已对中国东北资源垂涎已久的日本发生激烈冲突，日本更想实现独霸东北资源的野心，不愿与俄国分享，最终两者的矛盾以日俄战争的方式爆发。

表 4-18　　　　　　中东铁路沿线地区森林面积及林木蓄积量统计

铁路沿线地区	森林面积（町）	林木蓄积量（石）		
		针叶树	阔叶树	总计
宾县	154616	8072160	40627040	48699200
同宾	450294	46153625	140089375	186243000
宁安	594117	113915700	172437650	286353350
穆棱	300698	19387240	80021310	99408550
东宁	623233	56625600	124646600	181272200
汪清	312244	29728440	92947810	122676250
合计	2435202	273882765	650769785	924652550

资料来源：[日] 满洲文化协会：《满洲年鉴（昭和八年版）》，1933年，第277页。吉林省社会科学院满铁资料馆藏资料，编号19491。

（一）满铁对铁路沿线的林业早期调查与掠夺

伪满洲国成立之前，满铁利用修建铁路掠夺沿线林业开采权。早在甲午战争时期，日本就利用清政府林政废弛之时，趁机染指东北林业。1903年日本成立中日合办的日清义盛公司，与俄国争夺鸭绿江流域的森林开采权。但是，当时俄国借助中东铁路，运输木材效率很高，而日本并没有在中国东北修建或取得任何路权。

日本在竞争中失败，直接导致了日俄战争的爆发，其间，为满足日军用材需求，日本在通化地区十九道沟临时开设了军用木材厂，通化修建了轻便森林铁路，采伐、运输军用木材。其中以红松、落叶松等针叶林木及水曲柳、柞木等阔叶林木为主，当时采伐量达55.7万立方米。

日俄战争后，日本攫取了俄国在"南满"的势力范围，取得了"南满"铁路和中东铁路支线的修建权，开始利用"南满"的中东铁路掠夺东北林业资源。《满洲开发四十年史》中强调，"其重要性远大于其他地区铁路周边的林业经营。中东铁路对森林开发的'贡献'特别大，它对森林开发所起的作用，必须给予大书特书"①。为此，日本

---

① [日] 满洲史学会编著：《满洲开发四十年史》，东北沦陷十四年史辽宁编写组译，东北师范大学出版社1988年版，第371页。

开始疯狂攫取东北路权。

　　第一次世界大战期间，国民政府为解决财政危机，允许东北地方政府开放"林权"。日本借此机会，以帮助国民政府借款修路为名，攫取了吉长铁路路权，并成立了松花江林业公司，采伐吉长铁路沿线的木材。从吉长铁路的木材运输量来看，最高峰时是1919年的1355万石，最低谷时是1925年的453万石。这主要是由于吉敦、吉会铁路的开通，分流了松花江流域木材的运输量。

　　至九一八事变前，日本共攫取了吉长、吉敦、四洮、洮昂四条铁路的路权，这四条铁路的财会及运输大权都被控制在日本人手里，成为日本扩张路权、掠夺东北林业资源的吸血管。

　　从1926年起满铁就开始对吉敦铁路、吉会铁路沿线森林资源进行积极的调查活动。这次调查活动规模很大，先后进行了三次情报调查，计划调查57天，动用满铁调查队员21名①，其中林业调查员1名。他们对铁路沿线的图们江流域和牡丹江流域的森林资源展开秘密勘察，最后将调查内容写成调查报告。实地调查后，确定吉会铁路沿线地区矿产资源都极其丰富，仅吉敦铁路段沿线就有大林场40多处。

　　随后，大仓组、王子制纸等林业大财阀开始渗透东北，仅在吉林地区，日商投资总额就达到2000万元。开办的林业公司主要有富宁、华森、丰材三大中日合办公司，此外，日本个人经营的木材公司达到30多家。

　　吉敦铁路，1926年开工，1928年竣工，铁路延伸到松花江流域。吉敦铁路全长210千米，沿线地区从张广才岭（今属黑龙江）到威虎岭东部都是未开发过的林区，其中树种大多属于珍贵的针叶林树种，如红松、落叶松等。吉敦铁路还经过牡丹江流域、拉林河上游的部分流域，都是优质林木。吉敦铁路沿线的林场，包括新开岭、南牡丹岭、黄花松甸子林场以及拉法河上游、松花江流域桦甸、安图、抚松、濛江等地的林场，几乎都被王子、大仓两系的日商垄断。日寇通过吉敦铁路掠夺的

---

　　① 解学诗：《隔世遗思——评满铁调查部》，人民出版社2003年版，第69页。具体单位为熊岳城农事试验场林产科。

吉林材，多用于满铁枕木及其他建筑用材，九一八事变前，吉林材的出材量达到 130 万—140 万石。1931 年及之前的两年吉敦铁路沿线出材量如表 4-19 所示。

表 4-19 1929—1931 年吉敦铁路沿线出材量 （单位：立方米）

年份	吉敦铁路出材量	松花江流送材	共计
1929	198200	62500	260700
1930	213200	40500	253700
1931	194700	56200	250900

资料来源：王长富：《东北近代林业经济史》，中国林业出版社 1991 年版，第 101 页。

此外，借助中东铁路及松花江之便，经由哈尔滨南下长春上市的木材被称为"北满材"，其中从中东铁路的小岭站到东方细鳞河站的铁路沿线地区的林区有 30 多处，林木蓄积量达 9 亿石。日商开办的中东海林公司在此地拥有北沟林场、大海林林场的开采权，中东制材公司则拥有山石林场的采木权。

（二）近代东北民族林业经济发展及对日本林业资本的抵制

至伪满政权建立之前，日本通过铁路攫取了中东铁路及支线铁路沿线地区的林木开采权。但是，俄国资本的存在以及东北民族林业的发展，都对日商林业资本造成了一定程度的遏制。

近代以来，随着东北经济的发展，特别是中华民国成立后，东北民族林业经济得到了一定程度的发展。虽然多以中小木材商为主，实力薄弱，不足以对抗资金雄厚的日本资本，但也在一定程度上对以日本政府为背景的日本资本构成一定竞争力。以图们江地区林场为例，据满铁 1932 年的统计数据，仅延吉、汪清两地比较有规模的林场就有 33 家。[①] 表 4-20 为珲春地区部分中国木材商人的统计情况。

---

① ［日］南满洲铁道株式会社经济调查会：《满洲林业方策》，1935 年，第 350 页。吉林省社会科学院满铁资料馆藏资料，编号 17099。

表4-20　　　　　　　　　珲春地区中国部分木材商人统计

林场名	林场主	面积	伐木许可时间	期满时间
密江林场	陶寿记	200方支里	1927年11月	1942年10月
西南岔	吕士明	200方支里	1918年10月	1938年10月
红旗河	海绍先	200方支里	1927年12月	1937年12月

资料来源：[日]满铁经济调查会：《间岛珲春方面森林调查报告》，1934年，据相关内容统计而成。吉林省社会科学院满铁资料馆藏资料，编号23246。

　　九一八事变前，日本资本侵入中国，对东北民族林业经济进行压制和排挤。东北民族林业经济虽然起步较晚，力量比较薄弱，但东北主权尚未丧失，东北地方政府在一定程度上也给予民族林商政策上的保护，如东北地方政府对日本林商在税收上征收31.5%的重税；而且，面对日本资本的大举入侵，东北民间一度出现"收回利权"运动，要求地方政府收回日资企业侵占的森林采伐权。例如在1927年，吉林省长公署发布训令禁止外国人伐采权，[①]使得日本林商的嚣张气焰受到打击。可以说，由于以上因素，九一八事变前，东北民族林业经济有了一定程度的发展，对日本资本在东北地区的森林掠夺起到了一定程度的遏制作用。九一八事变后，由于东北民族林商、林场主都持有允许伐木的正式许可或执照，不能随意收回或变更所有权，这更成为日本掠夺东北林业资源的"眼中钉、肉中刺"。伪满政权建立后，日本殖民者立即发布各种政策，强制霸占中国林商的林场权，将森林开采权完全掌握在自己手里。

　　同时，东北传统的森林采伐模式也间接地对日本林商造成了一定"威胁"。近代以来，东北传统的森林采伐模式一直延续着"把头"制度，即木材商要采伐林木，首先要与"大把头"签订契约，再按照采伐木材的数量、采伐时间等先将佣金付给"大把头"；其次，"大把头"再雇用若干"小把头""山把头"，同样先付佣金；最后，这些"小把头""山把头"具体负责聘用伐木工、进山采伐木材、运输木材等工作。

―――――――――

　　① [日]满洲文化协会：《满洲年鉴（昭和八年版）》，1933年，第271页。吉林省社会科学院满铁资料馆藏资料，编号19491。

东北各地的"把头"就是利用"把头"制度中先付佣金的规定，来反抗日本木商的剥削、压榨。在日本资本的渗透、侵略下，东北各地林场中富有民族正义感的大小"把头"不堪忍受日本殖民者的欺压，他们采取消极怠工、拖延工时、不按时运出木材、不退还佣金等方式，狠狠打击了日本木材商的嚣张气焰。最具代表性的一次发生在1922年，日本木商因此受到的损失超过200万元，加之俄国资本的竞争以及东北民族林业经济的发展对日本资本的抵制，几乎造成了"邦商全灭"① 的下场。由此，日本殖民者对东北各地"把头"痛恨不已。因而，在伪满洲国建立之初，日本殖民者就认为必须掌握东北全部森林的管理权，建立森林统制。

此外，东北各地频发的抗日活动也在遏制日本殖民者掠夺东北森林资源方面发挥了一定作用。九一八事变爆发后，东北各地抗日活动风起云涌，既威胁了刚出炉的伪满政权的统治基础，也严重影响了日本殖民者对东北各地森林资源的掠夺。伪满政权建立之初，延边人民不断掀起反抗日本侵略的斗争，1932年3月末抗联武装王德林部从敦化来到延吉，抗日团体大刀会也从安图进入延吉，与延吉地区共产党联合抗日，从事游击斗争。② 昭和八年（1933）满铁派遣京图线测量班的技术人员伊藤、中村两人到哈尔巴岭以东的明月沟为京图线测绘地图，被抗日武装王德林部击毙。抗日武装的活动严重阻碍了日本殖民者掠夺东北林业资源的调查活动。

加之，19世纪20年代末世界经济危机的爆发，也使得在东北的日本林商企业频频倒闭。如以经营"北满材"为主的日本中东海林公司在1928年以后便终止了贸易往来，以吉林材贸易为主的王子、大仓系企业中也只有华森制材公司在营运，小资本的日商企业基本处于困境。

---

① ［日］南满洲铁道株式会社经济调查会：《满洲林业资源调查报告》，1935年，第212页。吉林省社会科学院满铁资料馆藏资料，编号13097。

② ［日］铁路总局：《京图线及背后的经济事情》，1935年，第357页。吉林省社会科学院满铁资料馆藏资料，编号12185。

（三）满铁铺设森林铁路掠夺木材资源

九一八事变爆发前，俄国资本对日资企业的竞争以及东北民族林业经济早期的发展，一定程度上遏制了日本资本的扩张。日本虽然攫取了吉长、吉敦、四洮、洮昂四条铁路的路权，利用铁路掠夺东北林业资源，但却远远满足不了日本的贪欲（见图4-3）。

图4-3

由长白分局辖境十九道沟鸭绿江支流至干流森林铁路运材

资料来源：［日］鸭绿江采木公司：《鸭绿江采木公司十周年纪念写真帖》，1918年。吉林省社会科学院满铁资料馆藏资料，编号23255。

伪满建立之初，满铁在东北地区铺设的森林铁路极为有限，比如在图们江流域，满铁铺设的森林铁路只有6条，总长369千米，而且其中能够正常运作的只有3条铁路，现有的运输量远远不能满足日本的需求。

随着伪满政权的稳固，日本殖民者对木材的需求量不断加大，表4-21为1927—1937年10年间中国东北各地木材生产量。九一八事变前，据统计，东北地区的木材贸易输出量为每年 85 万石至 140 万石，木材的输入量为每年 50 万石至 80 万石，输出量超过输入量 10 万石至 90 万石；① 而伪满政权建立后，木材贸易的输出与输入的差额发生逆转。日本对木材的需求量激增，1933 年度东北的木材输入量为 230 万石，1934 年度为 260 万石，1935 年下降到 200 万石。② 而相对于同期的木材输出量来看，1933 年木材输出量为 41 万石，1934 年木材输出量为 50 万石，1935 年木材输出量为 110 万石。③ 根据满铁统计，从东北的木材消费量来看，九一八事变前五年，东北的木材消费量年均约为 340 万石；④ 而伪满建立后，木材需求量猛增。据满铁统计，1933 年伪满木材需求量为 4844 千石，1934 年需求量增加到 6222 千石，1935 年木材需求量高达 7640 千石。⑤

表 4-21　　　　　1927—1937 年东北各地木材生产量统计　　　　（单位：千石）

年度	鸭绿江地方	吉林地方	"间岛"地方	"北满"地方	总计
1927 年	1919	580	336	1048	3883
1928 年	1412	997	478	2230	5117
1929 年	948	1042	370	1484	3844
1930 年	882	1015	267	922	3086
1931 年	1458	983	320	505	3266
1932 年	1218	741	249	622	2830
1933 年	1044	889	420	643	2996
1934 年	1233	1346	300	1240	4119

---

① ［日］吉林铁道局产业课农务系：《林业事情》，1938 年，第 7 页。吉林省社会科学院满铁资料馆藏资料，编号 13878。

② ［日］吉林铁道局产业课农务系：《林业事情》，1938 年，第 7 页。吉林省社会科学院满铁资料馆藏资料，编号 13878。

③ ［日］吉林铁道局产业课农务系：《林业事情》，1938 年，第 7 页。吉林省社会科学院满铁资料馆藏资料，编号 13878。

④ ［日］吉林铁道局产业课农务系：《林业事情》，1938 年，第 7 页。吉林省社会科学院满铁资料馆藏资料，编号 13878。

⑤ ［日］吉林铁道局产业课农务系：《林业事情》，1938 年，第 8 页。吉林省社会科学院满铁资料馆藏资料，编号 13878。

年度	鸭绿江地方	吉林地方	"间岛"地方	"北满"地方	总计
1935 年	1205	1516	759	2760	6240
1936 年	1000	1210	550	1900	4660
1937 年	830	730	1360	2784	5704

资料来源：［日］吉林铁道局产业课农务系：《林业事情》，1938 年，第 9 页。吉林省社会科学院满铁资料馆藏资料，编号 13878。

为加速对东北森林资源的掠夺，1936 年满铁开始铺建森林铁路，计划修建铁路总延长线 229 千米。[1] 同年 12 月在图们江地区的天桥岭线（"间岛"省汪清县三岔口至草皮沟上游）开通，全线 45 千米；龙安线（"间岛"省和龙县龙井村至安图县五道杨岔）总长 86 千米完工；二道河子线（仙洞至钓鱼台）77 千米。[2] 1937 年天桥岭线延长 20 千米，龙安线全线开通。这三条森林铁路的木材的日运输能力为 500 立方米，年运输能力为 150000 立方米。[3] 同时，与之配套的建设设施有作业轨道 143 千米、木材仓库 220 陌、堰堤 32 处、车道 480 千米、电话线 840 千米[4]，等等。

同时，1936 年满洲林业公司成立营业，也计划修建沙河线、额穆线、新开线三条铁路的延长线 95.8 千米。[5] 此外，伪满政权还计划修建穆棱线 100 千米、第一汤旺线 80 千米、第二汤旺线 80 千米、呼玛线 100 千米、三道河子线 140 千米、农江线 80 千米、临江线 110 千米、长

---

[1]　伪满兴农部林野局：《满洲国林政年史》，1944 年，第 287 页。吉林省社会科学院满铁资料馆藏资料，编号 23237。

[2]　伪满兴农部林野局：《满洲国林政年史》，1944 年，第 288 页。吉林省社会科学院满铁资料馆藏资料，编号 23237。

[3]　伪满兴农部林野局：《满洲国林政年史》，1944 年，第 289 页。吉林省社会科学院满铁资料馆藏资料，编号 23237。

[4]　［日］满洲日日新闻社：《满洲年鉴（昭和十四年版）》，1938 年，第 187 页。吉林省社会科学院满铁资料馆藏资料，编号 19494。

[5]　伪满兴农部林野局：《满洲国林政年史》，1944 年，第 290 页。吉林省社会科学院满铁资料馆藏资料，编号 23237。

白线 210 千米、温哈线 45 千米①等总计 11 条线路。

图们江流域的图佳线、吉会线、京图线都增设新线，大大提高了满铁运输木材的能力。到 1942 年以后，满铁在东北各流域林区基本上都铺设了森林铁道，"国营"、满林总计铺设铁路 15 条、326 千米，满铁在各地铺设铁路 600 多千米。1943 年日本在东北铺设的森林铁路为 16 条、811 千米，木材的年运输能力为 150 万立方米。②直至日本战败前，共计铺设森林铁路 21 条线路，东北各地森林铁路总长 1440 千米。③

四　伪满时期满铁对中国东北森林资源的调查

伪满殖民政权建立后，日本以殖民者的身份统治东北，随即展开了对中国东北森林资源的大规模调查。从满铁调查机构的不断扩大，到利用伪满地方政府参与调查，日本在组织上不断升级，完善、扩张调查机构，还利用了当时最先进的航拍技术。从伪满政权建立，直至最后战败，日本从未间断对东北森林资源的调查，可以说，对东北森林资源的调查贯穿日本侵略中国东北的整个过程。

（一）九一八事变后满铁的调查

伪满政权建立后，日本大权在握，对位于日本亚洲政策"第一位的基本地盘，又是会社经营的中心据点"④的东北地区的各种调查不再受到拘束。九一八事变后，满铁调查部门在关东军的协助下，调查区域和调查规模不断扩大，调查内容也更加详细。为编写"'国有'林野经营

---

① 伪满兴农部林野局：《满洲国林政年史》，1944 年，第 281 页。吉林省社会科学院满铁资料馆藏资料，编号 23237。

② 伪满兴农部林野局：《满洲国林政年史》，1944 年，第 517 页。吉林省社会科学院满铁资料馆藏资料，编号 23237。

③ ［日］满洲国史编纂刊行会编：《满洲国史　分论》（下），东北沦陷十四年史吉林编写组译，东北师范大学校办印刷厂印刷 1990 年版，第 169 页。

④ 《调查部运营基本方针》，1941 年。满铁档案，总 2497，载解学诗《隔世遗思——评满铁调查部》，人民出版社 2003 年版，第 396 页。

计划"，满铁的调查内容极为详尽，包括森林树种的构成、标准高度、混交林混淆度、树龄、经济价值和森林蓄积量等，甚至对林区的土壤、成分、湿度、温度和降水量等自然地理因素都进行调查。

可以说，日本对东北林业资源的调查，从伪满建立一直持续到日本战败，主要目的就是精确统计东北各地森林资源，保持日本对东北林业资源掠夺的垄断地位，维护殖民统治。同时，为日本军方及伪满重化工业提供必要的军事用材、建筑用材。

伪满政权建立后，由于东北各地抗联活动风起云涌，严重影响了伪满政权的统治。为镇压抗联，东北部分林区遭到战火焚毁。例如珲春地区的石头河子、宗沙洞、骆驼河子等地，九一八事变前林业经济发展相当繁荣，九一八事变后，在日本侵略者扫荡东北抗联活动的战火中遭到焚毁。九一八事变前，珲春的县立中学设在大荒沟，由于处于交通枢纽，大荒沟成为密江林场木材运输的集散地、中转站，林业经济的发展使大荒沟成为珲春地区的经济中心，林业发展十分繁荣。九一八事变后，由于大荒沟成为东北抗联活动的主要地点，在日军清剿抗联的扫荡中被焚毁殆尽。由此，密江林场的林业经济一片萧条。诸如此类，在日本侵略者扫荡东北抗联的恐怖氛围中，图们江流域很多林场被战火焚毁，致使林区荒废。

伪满政权建立初期，日本殖民者在镇压各地抗联斗争、稳固殖民政权之后，开始大兴土木，建设煤炭、石油等军事工业及重化工业，推行建国五年计划，对木材的需求量激增。伪满政权为加快对东北各地森林资源的调查掠夺，收归无主或荒废及焚毁的林场、林区，以建立森林统制体系。

鉴于此，日本当局以满铁经济调查会为主联合日本关东军展开了大规模的"满洲资源调查"，内容涉及农业、林业、交通等各个方面，调查区域涵盖整个东北，其中林业调查被作为重点项目，实行特别调查。到 1935 年完成调查，并将调查结果汇集成《满洲资源调查报告》33册。其中包括林业调查 4 册，即《吉林省东北部资源调查报告》1 册、《北部黑龙江省调查报告》1 册、《林业资源报告书》2 册。

同时，满铁还展开了对东北各地包括林业在内的经济调查。由于伪满初期东北各地抗日组织活动频繁，因此每次调查时都有日本关东军随行保护安全，防止遭受袭击。此次调查，满铁共派出调查人员 101 名，总经费支出达 263604 元。① 调查过程中所有满铁调查人员都伪装编入军队。1934 年，日本调查汪清十里坪、复兴、张家店一带 138933 公顷的森林时，曾配备特调队 400 余人，并带有枪支、马匹。②

（二） 满铁航拍调查大、小兴安岭森林资源

伪满政权建立后，为了垄断、掠夺东北林业资源，满足日本军方对伪满重化工业原料的需求，开始对东北各地森林资源逐步实行统制，将东北森林全部收归"国有""官营"。为此，日本侵略者加速了对东北森林资源的进一步调查。但是传统的调查方式、落后的调查技术已经无法满足调查需求。

1934 年受"满洲造纸""东满人造纤维""东洋造纸"等机构委托调查森林区域数据，用以解决木浆生产问题。为了精准统计东北各地森林资源，满铁实业部采用了航拍调查方法。

当时，航拍技术在世界上属于最先进的技术，也比较适用于东北的地形地貌。中国东北地区虽然平原居多，但森林地带多高山峻岭、地势险峻，传统的人力调查方式，如徒步踏查、传统的马匹等水陆交通工具以及落后的测量仪器很难达到要求。日俄战争后，日本继承了俄国在东北南部的势力范围，随后对东北北部地区展开森林调查。1914 年日本本溪湖钢铁公司受命对东北大兴安岭地区的森林资源组织大规模调查。但是由于大兴安岭地区的地势等自然条件很艰苦，加之调查设备与技术落后，使得调查人员无法深入大兴安岭深山地区，最终这次调查草草了之，无功而返。而航拍技术足以克服东北客观的自然地理条件的限制，日本采用航拍技术，既标志着东北地区森林调查的技术革新，同时也显露出日本掠夺东北森林资源的勃勃野心。

1932 年伪满洲国政府专门成立了满洲航空株式会社，随后，又按照

---

① ［日］满铁：《满铁第三次十年史》，1938 年，第 2391 页，载解学诗《隔世遗思——评满铁调查部》，人民出版社 2003 年版，第 232 页。

② 汪清县地方志编纂委员会编：《汪清县志 1909~1985》，2002 年，第 62 页。

伪满实业部的指示，于 1933 年起草了航空摄影调查全区森林的计划，为日本调查东北森林资源做好充分准备。1935 年 4 月，伪满林务司正式与满洲航空株式会社订约，调查东北全境森林。[①] 1935—1938 年，根据满航航空对森林资源的摄影，制订了全满森林资源的调查计划。

1932 年 10 月，日本调查人员青山敬之助对松花江、牡丹江、图们江流域上游进行森林航空调查，根据调查得出结论：松、牡、图三江流域森林资源保存比较完好，保存着大量原始森林，破坏程度很小，其中，三江流域的针叶林资源比例就占东北森林蓄积量的一半以上。航空调查的精确性，是以前传统调查所无法达到的。

1935 年，伪满林务司正式和满洲航空株式会社签订合同，对东北全境的森林资源进行航空摄影调查，预计每年完成 1 万平方千米至数万平方千米的摄影工作。到 1938 年，满航共拍摄了涉及大约 11 万平方千米森林区域的资料照片，主要地点为鸭绿江上游、张广才岭、穆棱南面三个地区。[②] 1939 年后满航通过航拍方式调查森林已经步入正轨，主要对大、小兴安岭地区进行拍摄，[③] 计划调查范围 2 万平方千米。到 1945 年日本投降前，东北森林航空调查地域，除大兴安岭一部分森林尚未完成之外，其他地区均已完成。截至 1944 年，森林航拍面积达 32 万余平方千米。[④] 至此，基本上完成了对东北全境的主要森林资源的调查。

日本森林航空调查的主要内容是森林面积、蓄积量、林龄等状况，调查成果被编制成林相图、森林高精度地图等。为使森林调查更准确，除了采用森林航拍技术，日本和伪满洲国政府还派出人力对森林进行实地调查，以了解实地情况。实地调查内容包括森林地况（气象、地势、土壤、森林等级等）以及一般事项（林野行政、林业和其他产业沿革现

---

①　东北物资调节委员会研究组编：《东北经济小丛书　林产》，中国文化服务社 1948 年版，第 42 页。

②　［日］满洲国史编纂刊行会编：《满洲国史　分论》（下），东北沦陷十四年史吉林编写组译，东北师范大学校办印刷厂印刷 1990 年版，第 158 页。

③　［日］满洲国史编纂刊行会编：《满洲国史　分论》（下），东北沦陷十四年史吉林编写组译，东北师范大学校办印刷厂印刷 1990 年版，第 158 页。

④　陶炎：《东北林业发展史》，吉林省社会科学院 1987 年版，第 162 页。

状等）。调查后绘制相关的林相图，编制森林调查簿。从 1936 年进行有关区域森林的调查，综合航空调查数据一起，"编成呼漠、嫩西、三满、大鲁、承峰五个经营地区的经营大纲"①。森林航空调查和实地调查统一进行，既扩大了森林调查的范围，也提高了东北地区森林调查的准确性。

这一时期对大、小兴安岭等东北北部地区的森林调查，使对这片地区有了新的认识，森林调查数据统计更准确。1936 年伪满政府实业部公布"北满"森林面积约为 260 万公顷，蓄积量为 5253 万立方米②，并指出由于该地区自然地理条件比较苛刻，采伐及运输都极为困难，因此，森林资源林相相对完整，保存着生长着大量珍稀树种的原始森林。但限于当时的开发技术，有待将来进一步开发。根据 1938 年的森林调查资料统计，伪满时期东北地区森林面积为 30417000 公顷，森林储蓄量约为 36 亿立方米。③

在日本的主导下，伪满洲国政府根据所调查的区域数据资料制订了相应的"林业经营计划"，把东北地区森林划分为 16 个经营地区、125 个事业区。"林业经营计划"的实施为日本更好地掠夺中国东北地区的森林资源提供了便利。此后，为了满足日本积极扩张备战大量的木材需求，日本在中国东北的森林调查一直未停止，直到 1945 年日本战败投降、伪满洲国覆灭。日本通过森林调查取得了大量关于东北地区森林的资料，这对日本了解中国东北地区森林提供了充分的资料，并且为日本大面积掠夺东北森林资源做了充分准备。

1936 年之后，满铁的林业调查由经济调查会林业班负责，调查主要对象是森林林场权。资源调查由伪满洲国政府承担。1937 年 6 月伪满将林务司改组为林野局，利用已有的航空摄影等，派人员到各地实地调查当地林矿等。1937 年，关东军司令部要求伪满政府制定《资源调查法》，配合资源统制政策。到 1938 年，满铁调查的东北森林面积数据为

---

① 王长富：《中国林业经济史》，东北林业大学出版社 1990 年版，第 382 页。
② 伪满国务院总务厅情报处：《省政汇览·三江省篇》，满洲共同印刷株式会社 1936 年版，第 92 页。
③ 陶炎：《东北林业发展史》，吉林省社会科学院 1987 年版，第 210 页。

3600 万町步，森林蓄积量为 151 亿石。此外，伪满时期，东北各地伪政府也会协同满铁进行森林调查，例如在 1940 年伪满通化省抚松县组织了长白山山麓综合调查队对抚松、东岗、漫江、长白山顶等长白山西侧山麓的天然林做了一次调查。[①]

到伪满洲国后期，满铁所有调查都与日本军方紧密相关，对东北的林业调查完全按照日本陆海军的需要来决定。如 1943 年 11 月，日本海军要求满铁调查东北的林产资源，调查局第二满洲调查室就将其作为"极密"工作，经过突击完成任务。[②] 可以说，日本对中国森林资源的调查伴随着日本帝国主义对外侵略，贯穿伪满洲国政权始终。

(三) 伪满洲国委托满铁管理经营东北林业

日本殖民者在建立殖民政权、稳定殖民统治之后，为加快对东北森林资源的掠夺、满足军国主义战略需求，急于建立一整套森林统制体制，扫清东北民族林商的"障碍"，为此实施了一系列统制措施。

1. 设置伪满森林统制机构

伪满政权建立后，在实业部农矿司（1933 年改为农林司）下设林务科，负责伪满"国有"林管理；1934 年伪满政府改组，林务科升级为林务司，直属于实业部，下设林政、林业两科，设置牡丹江等数个管区，分管伪满各地林区，同时下设 20 个森林事务所，具体负责各地"国有"林经营管理。在图们江流域，则设置延吉、和龙、珲春森林事务所。由于日寇历年来在掠夺东北森林资源过程中获得了巨大收益，1936 年 1 月设置"国有"林事业特别会计，将林业财政独立出来，同年 7 月废止了林务司二科，改为五科制，一般地方民有林归林政科（属于伪满一般会计），"国有"林由监理、计划、经营、经理四科负责，同时，各地森林事务所改为林务署。以图们江流域为例，伪满政权将图们江流域的森林事务所改为延吉、珲春、图们林务署。

---

① ［日］万代源司编辑：《长白山综合调查报告书》，满铁吉林铁道局发行，1941 年，第 251 页。

② 解学诗：《隔世遗思——评满铁调查部》，人民出版社 2003 年版，第 673 页。

在七七事变前，即 1926—1937 年间，满铁掠夺图们江流域"间岛"地方的木材量（如表 4-22 所示）。七七事变后，日本军方及伪满重化工业对木材的需求量猛增，为满足军事用材需求、支持日本的全面侵华战争，日本加大对东北森林资源的掠夺强度。1937 年伪满林政机构再次改组，7 月将林务司升级为林野局，10 月，各地林务署改为营林署，归林野局统辖。林政机构改组后，林野局下辖 29 个营林署，同时分设 20 个营林分署，图们江流域即设立延吉、图们（1940 年改设为和龙）、珲春营林署。[①] 日寇强化森林统制体制，加快对东北森林资源的掠夺。

表 4-22　　　　1926—1937 年满铁掠夺图们江流域木材量统计　　（单位：千石）

年度	1926 年	1927 年	1928 年	1929 年	1930 年	1931 年	1932 年	1933 年	1934 年	1935 年	1936 年	1937 年	合计
"间岛"地方	218	336	478	370	267	320	249	420	300	759	550	1360	5627

资料来源：伪满吉林铁道局产业课农务系：《林业事情》，1938 年，据相关内容统计而成。吉林省社会科学院满铁资料馆藏资料，编号 13878。

由表 4-23 可知，七七事变后全面抗战开始，日本对木材的需求量直线上升，日本军方不断提出建议，要求强化木材配给统制，以满足军事木材为第一要务。

表 4-23　　　　　　1932—1937 年东北主要流域木材采伐量　　（单位：石）

年度及木材	"北满材"	珲春材	吉林材	鸭绿江材	合计
1932 年针叶	561231	224934	645523	849338	2281026
1932 年阔叶	62359	24993	96457	222542	406351
1933 年针叶	578844	378000	773992	877659	2608495
1933 年阔叶	64316	42000	115654	169953	391923

　　[①]　[日] 满洲日日新闻社：《满洲年鉴（昭和十四年版）》，1938 年，第 184 页。吉林省社会科学院满铁资料馆藏资料，编号 19494。

续表

年度及木材	"北满材"	珲春材	吉林材	鸭绿江材	合计
1934 年针叶	1116378	301186	1171159	1010313	3599036
1934 年阔叶	124042	33465	175001	100982	433490
1935 年针叶	1957410	513810	1188420	1209606	4869246
1935 年阔叶	217490	57090	177580	188581	640741
1936 年针叶	2396712	323089	1270161	987246	4977208
1936 年阔叶	162461	32090	178984	165264	538799
1937 年针叶	4085230	154134	2095962	478155	6813481
1937 年阔叶	369052	12664	238101	92369	712186

资料来源：[日] 长永义正编辑：《满洲经济统计年报（1936 年）》，大连商工会议刊行，1937 年，第 167 页。吉林省社会科学院满铁资料馆藏资料，编号 12726。

从表 4-24 可以看出，七七事变前后几年内，伪满木材的生产量以每年近百万立方米的速度递增，生产指数增长了近 3 倍，表明日本对东北木材的掠夺强度与速度都大大强化了。

表 4-24　　　　　1936—1940 年东北木材生产量及生产指数统计　（单位：立方米）

年度	生产量	生产指数
1936 年	1845309	100
1937 年	2770308	150
1938 年	3271020	177
1939 年	4070419	220
1940 年	4976442	270

资料来源：[日]"新京"支社调查室：《时局对林业经济的影响》，1941 年，第 2 页。吉林省社会科学院满铁资料馆藏资料，编号 23216。

随着侵华战争的不断扩大，日军对木材的需求量不断增长，据统计，"昭和十四年（1939）伪满一般用材需求量为 2466106 立方米，到昭和十五年（1940）增加到 3640999 立方米，特殊用材需求量为

1374930 立方米"[1]。

1939 年，伪满为强化木材统制，将林野局增设为七科，加强了对东北各地木材的掠夺，林野局下又增设营林局及营林分局。以图们江地区为例，林野局在图们营林署下，增设了 15 个营林分署[2]；又增设牡丹江营林局，管辖图们江流域森林事务。

表 4-25　　　1938—1940 年图们江流域各营林署木材生产统计 (单位：立方米)

营林署 年份	1938 年	1939 年	1940 年
珲春	41589	92936	78519
图们（1940 年时改设在汪清）	117832	225354	176789
龙井	167969	194585	132924
合计	327390	512875	388232

资料来源：伪满林野局：《木材生产统计（1939 年度）》（编号 13858），《木材生产统计（1940 年度）》（编号 23167），相关数据统计而成。吉林省社会科学院满铁资料馆藏资料。

2. 颁布《林场权整理法》，收归林权

伪满政权建立后，便迫不及待地颁布法令，收归东北民族林商的林场及采伐权，建立森林统制体制。

1934 年 6 月伪满颁布《林场权整理法》（以下简称《整理法》），成立林场权审查委员会。按照《整理法》的规定，东北各地林场被划分为一般林场与特殊林场，一般林场就是指东北民族林商拥有的合法林场；特殊林场是指九一八事变前与中国地方政府签订森林采伐条约的日本资本林场，这些日本林业会社或是有日本政府相关背景，或是满铁下属的日本公司。

《整理法》规定，一般林场必须在规定期限内，即 1934 年 9 月 10 日之前提交森林采伐许可证（即林场执照），后由审查委员会审核，确

---

[1] ［日］"新京"支社调查室：《时局对林业经济的影响》，1941 年，第 1 页。吉林省社会科学院满铁资料馆藏资料，编号 23216。
[2] 伪满兴农部林野局：《满洲国林政年史》，1944 年，第 374 页。吉林省社会科学院满铁资料馆藏资料，编号 23237。

定是否符合标准。对于不提交采伐许可证者一律将其林场收归"国有"，并取消采伐权，而与满铁相关的特殊林场却属于限制范围。可以说，《整理法》是直接针对东北民族林业经济的打击、压制。

按照《整理法》规定，提交采伐许可证的一般林场有 152 个，面积 2090 千陌。但是，伪满政权以"治安防匪"为由直接取消了 114 家一般林场的采伐权，对不服从审定的 24 家林场也取消了采伐权，对剩余的 14 家林场以各种理由不予审定或取消采伐权。① 以图们江流域为例，1934 年 2 月伪满殖民政权以当地林场主"通匪"为借口，取消了东北民族林商在"间岛"地区的森林采伐权。如汪清的大荒沟、大北沟，延吉的万堂户、火家营、大小梨树沟、黄沟岭等地，② 都被伪满政府强制收回林场，禁止采伐。10 月，又对"间岛"明月沟的所有民族林商的林场实施禁令，禁止采伐，并要求"间岛木材商组合与明月沟木材商组合必须向军方提交反省及宣誓后，酌情解禁"③。至 1935 年 4 月，伪满实业部直接下令，东北各地民族林商的林场护照全部作废，强制将东北所有林区的采伐权全部掠夺到伪满殖民政权手里。

3. 官行采伐与集团采伐

为了强化与垄断对东北森林资源的掠夺，在采伐制度上，1936 年，伪满政权规定，"国有"林的采伐方式分为伪政府直辖与地方民营两种，即官行采伐与集团采伐制度。所谓官行采伐，实质就是由日本林商垄断的、直接为日本军方提供以枕木、坑木等特殊用材、军用木材为主的对东北各地针叶林的采伐。以图们江流域为例，官行采伐的区域，主要位于延吉林务署下辖的草皮沟、古洞河、天桥岭、大庙沟以及汪清、珲春的密江地区等盛产优质针叶林的林区。

所谓集团采伐，是日本侵略者为镇压东北抗联活动而采取的重要措施。九一八事变前，由于日本林场的采伐区域比较分散，即使有日本森

---

① ［日］满洲日日新闻社：《满洲年鉴（昭和十四年版）》，1938 年，第 185 页。吉林省社会科学院满铁资料馆藏资料，编号 19494。

② ［日］满铁资料课：吉林事务所报铁路总局文书课第 531 号《关于间岛地方森林采伐的限制》，1935 年 3 月 4 日。吉林省社会科学院满铁资料馆藏资料，编号 23244。

③ ［日］满铁资料课：铁路总局总务处文书第 187 号《禁止间岛明月沟森林采伐之近况》，1934 年 10 月 12 日。吉林省社会科学院满铁资料馆藏资料，编号 23245。

林警备队的武装保护，日本林商的林场也经常受到抗联的袭击。另外，当地民众或把头暗地里经常支持抗联的斗争，向抗联提供日本林商的信息、日本警备队的活动及部署，为抗联提供物资支援等。因此，伪满政权为保护日本林商的利益及隔断东北民众对抗联的支持，在经常遭受抗联袭击的日本林商的林区，或者是得到当地民众支持的抗联活动"猖獗"的林区实施集团采伐的措施。

自 1935 年开始，伪满政权为断绝抗联与当地把头、民众的联络、压制抗联活动范围，实行了集团采伐法，即划定集团采伐区域，配备日本警备队，规定对所有进入集团采伐区域的采伐者验证身份，采伐者必须随身携带由伪满机关发放的允许采伐的"证明书"。以图们江流域为例，伪满政权在延吉、珲春森林事务所辖区内下设集团采伐区域，"汪清的鸡冠褶子、桦皮甸子、天桥岭一带，和龙的蜂蜜沟、延吉的二道沟子一带、荒岁地区、珲春的王八脖子"[1] 等抗联活动活跃的林区都被划为集团采伐的范围。

为强化东北各地林区的"防匪"治安工作，彻底根绝抗联活动，1937 年，日本关东军专门成立"中央治安维持会"，由维持会委员长负责各地林区治安工作，并在各地下设地方治安维持会。维持会规定各地治安会委员长可根据本地林区抗联活动具体情况，与日本警备队指挥官协商，由伪满警备力量协助，确定对当地抗联组织活动的清剿。并规定："如有必要，日本防卫司令官可以指挥日本军队驻防采伐林区附近。并且，在'治安防匪'中，日军指挥官可以全权指挥伪满洲国军队及森林警察队。"[2] 图们江流域在延吉的梨树沟、珲春的杨桥子林区附近，由满铁警备团负责安全警备。[3]

另外，成立地方林业协会等采伐组织是伪满政权采取的"治安维

---

① ［日］满洲日日新闻社：《满洲年鉴（昭和十一年版）》，1935 年，第 309 页。吉林省社会科学院满铁资料馆藏资料，编号 19492。

② ［日］满洲日日新闻社：《满洲年鉴（昭和十二年版）》，1936 年，第 252 页。吉林省社会科学院满铁资料馆藏资料，编号 19493。

③ 伪满兴农部林野局：《满洲国林政年史》，1944 年，第 176 页。吉林省社会科学院满铁资料馆藏资料，编号 23237。

稳"的另一措施，即将东北各地民族林商全部纳入伪满森林统制体系中。以图们江地区为例，1934 年 10 月，在日本关东军的监督、授意下，伪满政权在延吉成立延珲林业协会，参加协会的东北民族林商有 70 多名。协会规定，会员必须履行调查"共匪"活动的职责，对林区内有"通匪"嫌疑的林场把头、林商等，必须及时上报关东军特务机关在东北各地的特务支部；本会会员进入林场采伐时，必须随身携带证明身份的"证明书"，且"证明书"必须附有本人照片；对于违反以上规定或者一年以上住所不明的会员予以除名，没收林场，取消采伐权。可以说，协会所有成员的活动完全处于关东军吉林特务机关延吉支部的监控之下。

至此，在满铁的助力之下，伪满政权依靠军事镇压与政治压榨，完成了对东北地区（包括图们江流域在内）林业资源的殖民统制与整合，建立起一整套掠夺东北林业资源的统制体系，开始疯狂地掠夺林业资源，甚至推算出图们江流域未来 60—180 年年平均采伐量（见表 4-26)，为日本侵略战争服务。

表 4-26　　图们江流域未来 60—180 年年平均采伐量推算　　（单位：石）

	可采伐林木蓄积量	180 年内年采伐量	60 年内年采伐量	年平均出材量
图们江流域	555115631	43083975	6938945	1500000—3500000

资料来源：[日] 南满洲铁道株式会社经济调查会：《满洲林业方策》，1935 年，第 88 页。吉林省社会科学院满铁资料馆藏资料，编号 17099。

五　满铁对中国东北林业资源调查的特点

中国东北地区的地理位置、清朝统治者的封禁政策以及东北社会的经济结构，造成近代中国东北地区十分丰富的森林资源，并自近代以来被日俄列强所窥伺。日本强迫中国政府签订不平等条约、非法攫取铁路修建权，谋夺了东北地区主要流域及铁路沿线地区的森林开采权。

从调查时间来看，自 1898 年以来，日本农商务省山林局派遣调查员杉原龟三郎等人秘密潜入中国东北，对鸭绿江流域的森林资源进行调查开始。到 1945 年日本战败，历时半个多世纪，日本殖民者组织了大量的人力物力，对中国东北森林资源进行了有组织、有系统、大规模、长时期的调查，对中国东北地区的森林资源进行了全面详细的了解。满铁调查的规模空前庞大。尽管日本对东北森林资源的调查客观上弥补了近代东北地区大规模资源普查的不足，但日本对中国东北的资源调查是为日军对华侵略战争服务的，严重损害了中国的主权。

森林调查的技术手段，基本可以分为前后两个阶段，即九一八事变以前及伪满时期两个阶段。

自甲午战争后至九一八事变前，这一阶段以传统方式为主。传统调查方式即人力调查方式，如采用徒步踏查、以马匹等为主的水陆交通工具以及落后的测量仪器。对于地势险要、人迹罕至的原始森林及调查条件十分危险的森林地带，传统调查方式很难达到完整、准确的数据统计，有的地区甚至无法完成数据统计。例如 1914 年日本本溪湖钢铁公司对中国东北大小兴安岭地区森林的资源调查，就由于调查条件十分苛刻，加之传统调查设备、技术的落后，调查人员无法深入大兴安岭深山地区，最终不了了之。与此相对，在地势平缓、调查条件良好的森林地带，采用传统的方式基本能够达到数据准确的标准，例如东北地区的鸭绿江及其支流浑江流域，调查条件良好，因此，这里成为日本最早调查的地区，也是遭到日本毁灭性采伐最严重的地区，截至 1945 年日本战败，鸭绿江流域森林资源中的珍稀林木被劫掠一空，荒山秃岭随处可见。

在森林调查的第二阶段伪满时期，为了完成对人迹罕至的深山老林及地势条件十分危险的原始森林的调查，并使森林调查的范围、数据更加精确、完整，日本采用了近代最先进的航拍技术，与传统踏查方式结合，力求得出最精确的数据。从 1932 年日本对松花江、牡丹江、图们江流域上游进行森林航空调查开始，至日本战败前，日本通过航拍技术对 32 万平方千米的森林面积进行了拍摄，取得了比较详细的森林数据，客观上为了解东北丰富的森林资源及生态环境提供了重要信息。日本采用的航空拍摄方式，突破了东北地区广袤、地形复杂的限制，在当时，如此大规模航拍属于世界首次。

但也正是由于日本对东北森林资源的持续调查，从另一角度也反映出日本对东北森林资源的掠夺与破坏的程度。在日本侵略者破坏性开采下，东北森林资源遭到严重破坏，"1929 年东北地区森林面积约为 3646 万公顷，蓄积量约为 42 亿立方米，但是到 1942 年，东北地区森林面积大约为 3047 万公顷，蓄积量约为 37.36 亿立方米"①。森林面积锐减 600 万公顷，林木蓄积量减少近 5 亿立方米。客观上证明了日本殖民者对东北森林资源掠夺破坏的程度以及日本侵略东北的野心。

从调查机构来看，日本把对东北森林资源的调查作为重点项目，始终有固定的调查部门及调查人员专门从事对东北地区森林资源的调查。虽然伪满政权建立后，日本重视东北地区的资源调查及经济调查，但林业调查一直是满铁调查的重点。为满足日本侵华战争及伪满重化工业的需要，东北林业调查更成为重中之重。不仅如此，伪满政府的林野局、林业会社、帝国森林会也都参与过对东北林业资源的部分调查活动。

从满铁调查东北林业资源的性质来看，其目的始终是为日本侵略战争服务，因此，其与生俱来的侵略性本身决定了满铁的林业调查必然招致东北民众的排斥与反抗。

伪满政权建立后，为满足日本军方对东北森林资源的掠夺需求，满铁与日本军方组成联合调查机构，为日本发动对华全面战争提供战略储备。1933 年满铁与驻扎吉林的日本关东军第十师团联合对吉林省东北地区进行资源、经济调查；同年，满铁又与驻扎黑龙江的日本第十四师团联合调查黑龙江北部资源；1934 年，满铁与日本关东军联合组成调查团，人数近 400 人，对图们江流域森林资源进行实地踏查，调查后向满铁经济调查会提交了报告书《满铁资源调查》；1935 年，满铁与日本关东军的第十、第十四、第七师团等联合进行了对包括东北森林资源在内的经济调查。

满铁的调查活动均有日本关东军随行，以防止抗日组织的袭击。因

---

① 辽宁省林学会：《东北的林业》，中国林业出版社 1982 年版，第 128 页。

此，这种情况下的林业调查无法保证数据测量的准确性。

日本为了垄断东北林业资源，建立伪满林业统制，使东北民族林业经济遭到了巨大损失，陷于崩溃状态。在日本殖民侵略东北、破坏性掠夺东北森林资源的过程中，不仅造成了东北近 5 亿立方米的木材损失，致使鸭绿江、浑江流域及中东铁路沿线地区森林资源被采伐一空，到处是荒山秃岭；长白山、大小兴安岭等林区成为林木采伐过度地带。日本殖民者的毁灭性开采方式，直接导致了东北地区自然生态平衡的破坏，大面积的原始森林被开采破坏；特别是日本在东北的木材加工、造纸、纸浆等工场都沿江而建，大量污水、废料排入江中，给之后的环境治理造成了巨大隐患。

第五章

满铁对林产品的生产加工

东北境内的林业开发始于清同治年间，首先是许可鸭绿江沿岸的森林自由开垦，之后随着山东、河北进入东北垦荒的人增多，再加上俄国势力日益东进，东北这块曾经的龙兴之地遂告开放，而大片号称"林海"的森林也随之被采伐。日俄战争后，"东北森林事业半入日人之手"[①]，日本加快了对东北森林的开发和利用。日人的开发主要分为三个地段：一是自长白山至松花江及东部国境之山岳地带，以延吉地区为主，这一区域开发最早，林业也最兴盛，但被滥砍盗伐破坏严重；二是自小兴安岭至松花江、黑龙江之山岳地带，以黑龙江、吉林一带为主，这一区域虽开发最晚，但开发最为迅速，至日本投降前木材产量约为东北全部产量的五分之二；三是大兴安岭之山岳地带，这一区域森林面积最大，木材蓄积量最多，但由于人迹罕至，所以开发稍迟，仅有一小部分被开发。

吉林一带的森林自古为清朝的围场及贡山，一向被封禁，数十年来只有吉林附近松花江岸被有限制地开垦，以供给吉林的建设用材。后因下游各地对木材的需求增加，上流的森林也被渐次开发。清末民初，吉林地方的林业也倾向于资本主义式的开发，吉长路开通后，因为松花江流域木材的材质可与鸭绿江流域木材相媲美，而被运向"南满"各地。第一次世界大战后，日本利用各国列强无暇东顾之机，个人资本如雨后春笋般开始活跃于东北林业开发和掠夺上，仅大仓组、王子制纸会社、三井物产会社、三菱会社等的开发额即达 2000 万元之多。但很快就遭

---

① 于润泽：《日伪统制下之东北森林事业》，《中国经济月刊》1937 年第 5 卷第 7 期。

遇了第一次世界大战后经济波动的影响，再加上清政府为保护利权而加以种种限制，日本各公司活动受挫遂相继退出，只有大仓组和王子制纸会社另组吉林共荣企业会社，资本为 1000 万元，但亦难以为继，从事木材采伐业的日本人也转为木材商人。至九一八事变前，吉林地区所产木材均以松花江排运为主，而以吉林为交易市场。九一八事变后，因吉敦线开通，松花江上游及各支流森林陆续被开发和交易。伪满洲国建立后，各地大兴土木，所需木材均委托给九一八事变前与国人把头有联系之日商来办理，吉林地方的日本木材商人遂大肆活跃起来，其势力遍及东北各地。

对鸭绿江沿岸一带的森林资源，日本觊觎已久。日俄战争前，为掠夺鸭绿江东岸的木材，在汉城（今首尔）创立了日清义盛公司。日俄战争后，"日人之在该处者，垂涎林矿，极力经营，开设公司采办矿产、木植，占我地利，窃我主权"[1]，原属俄国的鸭绿江沿岸的森林遂被日军控制，由安东军政署监督木材业，翌年成立军用木材厂。日俄和约签订后，俄国势力后退，鸭绿江一带的木材业遂完全被日军所掌握。其后日本借与清政府订立中日条约，"今南满之优越权已经攫夺到手，遂拟乘此机会，大攫森林之利权"[2]，撤销原来日本商人所办的木材厂，于 1908 年设立中日合办的鸭绿江采木公司。该公司握有鸭绿江流域自头道沟溯至上游二十四道沟之间江岸 10 里以内的木材专采权、漂流木的处理权及给各采伐把头的贷款权。该公司虽名为中日合办，但大权多半操纵在日本人手里，直至伪满洲国建立后的 1940 年方被收为伪满洲"国有"，特权实握在日本人手中，甚至露骨地声称："日本对于吉林森林，亦有指导之责，况有可以强求之权利，则更属当然矣。"[3] 这一地带的交通较发达，山岳之中铁路纵横，仅森林铁路就有 23 条之多，总长达 1163.7 千米，占全东北森林铁路的 73%。为搬运木材而修建的站台达 60 处，其他的如搬运木材所需人力、畜力、物力之供给亦较其他地区充足。[4]

---

① 《日人觊觎林农矿产》，《申报》1905 年 12 月 26 日，第 3 版。

② 《长白之森林休矣》，《益世报》1915 年 11 月 16 日，第 6 版。

③ 南满铁路调查课编：《吉林省之林业》，汤尔和译，商务印书馆 1930 年版，第 286 页。

④ 东北物资调节委员会研究组编：《东北经济小丛书　资源及产业》（上），中国文化服务社 1947 年版，第 62 页。

　　日俄在中东铁路沿线的森林资源掠夺主要起自阿尔山北部附近，尤以滨洲线以北为最多，可分为黑龙江沿岸、滨洲线、阿尔山地区三个部分。该区域大部分地处原始森林，采伐条件和运输条件不完备，开发缓慢，只有黑龙江沿岸开发最多，所产木材多利用黑龙江排运至黑河再运往各地，其流送距离约达 1200 千米，木材产量约为 33 万立方米，占全东北产量的 40%，主要用于铺设铁路和建筑方面。[①] 日本对中东铁路沿线森林资源的侵占始于 1918 年与 1919 年陆续成立的中东海林实业公司、三井物产会社、鸭绿江采木公司、中东制材公司等，虽活跃一时，但终因营业不振相继退出；而满铁所属的扎免采木公司、海林采木公司及其他林场仍活跃至 1938 年被伪满洲国收为"国有"而宣告解体。

图 5-1　制材

　　在安东县六道沟满铁附属地内日本公司合办鸭绿江制材无限公司第一工场内情景

　　资料来源：[日] 鸭绿江采木公司：《鸭绿江采木公司十周年纪念写真帖》，1918 年。吉林省社会科学院满铁资料馆藏资料，编号 23255。

―――――――――

　　① 东北物资调节委员会研究组编：《东北经济小丛书　资源及产业》（上），中国文化服务社 1947 年版，第 63 页。

延吉地方的森林采伐因受鸭绿江木材业的刺激，图们江沿岸的木材曾以"珲春木材"之名，与"鸭绿江木材"在天津、上海市场销量难分伯仲。延吉木材产于图们江沿岸及龙井之海兰河明月沟一带，延吉之布尔哈通河流域，图佳线之汪清、三岔口之嘎呀河流域，老松树岭中，以上各地所产木材，均名为"珲春木材"。日俄战争后，日本势力入侵，以珲春及雄基为中心的木材遭到大肆砍伐，以1921年前后为盛；后吉林方面的林业采伐受国民政府官宪限制，九一八事变前未有发展。此区域因与朝鲜接壤，延边一带地方多有朝鲜人越境私垦，因此森林荒废严重。

小兴安岭为东北森林资源开采最晚的地区，故能保持其天然状态。其中以朝鲜松为最多，且有针枞、朝鲜枞、鱼鳞松、杉松等常绿针叶树木，均为上等建筑材料。西北部有原始的落叶松林，东部林木尤为茂密，每公顷的平均蓄积量可达300—500立方米。交通方面，因为开发较晚，铁路通运不久，森林铁路仅铺设6条，总长355千米，仅占东北森林铁路的19%，产量较多但运输能力不足，所以大部分木材多依赖河流运送，运送量较采伐量相差甚多。①伪满洲国建立后，首先对呼兰河及诺敏河等地进行集团采伐，七七事变后更对滨北路沿线的森林施行大规模的官营采伐，并在东南部松花江沿岸、巴兰河、大古洞河、小古洞河等流域进行采伐。至1940年横断此地的绥佳线（绥化至佳木斯）开通，1943年又铺设汤林线（汤原至林口），至此，封闭且被保护最好的东北森林宝库遭到大规模采伐，木材产量也逐年增加，成为日本掠夺东北林产物的大本营。

一　满铁辖下的林业会社

随着日本对东北侵略的日益扩张，各种产业及铁路、都市等建设所需木材为数甚巨，因此开发森林以供需要迫在眉睫。日本侵略者更规定对"具有'国防'或公共、公益性质的重要事业，以公营或特殊会社经

① 东北物资调节委员会研究组编：《东北经济小丛书　资源及产业》（上），中国文化服务社1947年版，第63页。

营为原则"①。满铁对东北林业的渗入和掠夺是广泛而深入的，满铁拥有的铁路和煤矿是枕木、电柱和坑木的消耗大户，以供应满铁所需枕木和坑木为业的满鲜坑木会社，更是将安奉铁路沿线和鸭绿江流域的森林采伐殆尽。九一八事变后，日本更向东北北部大肆扩张采伐。

满铁在东北开发森林始于 1918 年收买滨洲线（即哈尔滨至满洲里）沿线的伊列克得林场。其后设立扎兔公司，同时为供给抚顺煤矿坑木，成立"满鲜坑木会社"。九一八事变后，不仅扎兔公司营业好转，满铁更接收了中东路原有的广林区，满铁的林业所成为首屈一指的林业大户，森林铁路的延伸更使对东北森林的砍伐达到了前所未有的程度。满铁为获得新的林区，进行了大量的森林调查，特别是开辟了对伊春林区的掠夺性开采。1934 年满铁制订铁道枕木自给计划，收买图佳线的嘎呀河林场，着手采伐。1935 年在伪满洲国收买中东铁路的同时，接手了与中东铁路有关的东部林区（亮子岭作业场）、博克图林区（绰尔作业场）、通北林区及海林采木公司、海拉尔林区等。1935 年 11 月，受伪满政府实业部的委托，满铁开始经营曾由加尔斯基与近藤林业公司共同经营的"亚布洛尼"林区，进一步取得了小白、南兴安岭以及其他各地的采伐权。由此，满铁对东北林业的开发和掠夺更加猖狂，并在铁路总局设立林业事务所，下设哈尔滨林业所和铁道建设事务所，共同对木材采伐与利用进行管理。直至 1941 年，伪满强制取消全东北的林场经营权时，仍特别许可满铁的海拉尔、牙克石、绰尔、小汪清等处林场拥有森林采伐权和经营权。太平洋战争爆发后，满铁于 1942 年开始建设牙克石线、汤林线、抚松线等森林铁路，协助伪满采伐小兴安岭、长白山麓大密林及三河地方的新林场，而满铁的林业机构也随之变更，于施设局下新设林务课，并于 1945 年升格为林业部；更增加了 7 条标准轨道森林铁路（总长 539 千米），2条窄轨森林铁路（总长 120 千米）。②

---

① ［日］满铁调查部：《满洲经济提要》，极秘，1938 年，第 12 页。吉林省社会科学院满铁资料馆藏资料，编号 22046。
② 东北物资调节委员会研究组编：《东北经济小丛书 林产》，中国文化服务社 1948 年版，第 150 页。

满铁还参与了满洲林业株式会社的设立。满铁受托经营"国有铁路",为保证铁路获得廉价木材,在关东军的支持下,策划将一部分"国有"森林的经营作为铁路的附属事业,制订了成立大同林业公司的计划。这项计划由于日本内部的权力之争而未能实现,后来新成立了满洲林业股份公司,主导权则由满铁转入伪满政权手中,这个林业公司后来发展为木材的统一配给机关。

(一) 满鲜坑木株式会社对安奉路沿线林木的掠夺

满铁开业之时,铁路沿线几乎无可观的树林。为了保护铁路路基,防止水土流失,必须在铁路沿线植树,因此,自1908年开始,满铁为培养树苗和技术人员而设置苗圃,进行植树先期的准备工作,设置农林设施。至1912年,范围扩展至大连、瓦房店、熊岳城、奉天、铁岭、长春、安东及本溪湖等满铁附属地。以后,苗圃设立越来越多,不仅又在沙河口、大石桥、公主岭、开原、鞍山、四平街、营口等地开设了苗圃,而且在抚顺为供应大量坑木的需求,也从1914年开设了苗圃,并进行植树造林,至1919年2月,榆树、白杨等共计992030株,造林面积为129町步。[1] 1931年,满铁直接经营的苗圃共有18处,总面积为1477552平方米,[2] 植树造林成为满铁的附属业务。为了大规模造林,满铁还利用中国人以抚东造林社的名义盗买了约1131町步土地,但在1929年秋,这一非法获得的土地被没收。此外,在新宾县管内,抚顺煤矿也以中国人兴林公司名义租得林地约1400町步,按密约将土地权让给满铁,但地上的林木权经过长期的争执被判入官有林。[3]

抚顺煤矿是当时东北最大的木材消费机构。起初它主要是从抚顺、安东以及安奉线一带的商人手里分别购买,运费极高且质量不能保证,而且利用窄轨运输,根本供不应求。安奉线扩轨之后虽一时有所好转,

---

① 董晓峰:《满铁对中国东北森林资源的掠夺》,《大连近代史研究》2014年第4期。

② [日] 满铁:《第六十回帝国议会说明资料》,1931年,第267—268页。吉林省社会科学院满铁资料馆藏资料,编号20118。

③ [日] 满铁:《第六十回帝国议会说明资料(别册)》,1931年,第8—9页。吉林省社会科学院满铁资料馆藏资料,编号20119。

但随着这一带林木的乱砍滥伐，水土流失严重，坑木的供应日益紧张。煤矿使用的坑木，在长度方面，从 4 尺到 12 尺分为许多种，在粗细（末端）方面，在 1 寸之内也分为许多种类，而在各种尺寸以外又有所需数量的限制。因此，在这种种限制下，从森林中选制坑木绝不是随便为之，对树木的要求非常高。而当时抚顺煤矿坑木所要求的尺寸为长 7—8 尺，直径在 6 寸以上，只能以吉林圆木作为补充，但又面临吉长铁路高昂的运费。为了保证自身的需求，抚顺煤矿只能从朝鲜输入油松和劣质的杉松，同时利用第一次世界大战列强无暇东顾之机使用少量的鸭绿江材，以缓解用材的严重欠缺。因此，寻求既便宜又交通便利的坑木就成为当务之急。满铁不仅要在抚顺附近及安沈路沿线陆续实行造林，而且于 1919 年纠合了一伙日本商人，在保证满铁控股并掌握经营实权的条件下，于 12 月 21 日在安东设立了满鲜坑木株式会社，总资本为 300 万日元，实缴 120 万日元，总 6 万股，满铁占股 3 万股。其主要任务是使满铁能够廉价取得它所需要的大量坑木、电杆、枕木和一般木材，以供抚顺煤矿使用。[1] 会社设置经理和专务董事各一名，均由满铁推荐，监事中的一名由满铁选任。股东分红每年都在 5—8 厘。满铁在《满鲜坑木株式会社设立理由书》中即表示："坑木和铁路枕木与造纸原料同称为现今世界木材的 3 大消费者，关于造纸原料，姑置不论，兹仅就我国需要的坑木来看，抚顺煤矿现在每年的需要就有 6000 万才，[2] 居第一位，若将本溪湖煤矿、朝鲜平壤矿业所、平安道三菱煤矿和同安州明治煤矿等满洲和朝鲜的官营和私营全部矿山的需要量合算在一起，就超过 1 亿才。而且将来随着运输和各种工业的发展，还要逐渐扩大，这是必然的趋势。因而，坑木的需要将会增加，这也是自然之理。"[3]

满鲜坑木株式会社成立伊始就接办了发起人已有的山林，新辟了林地，同时为了应对资金的困难和奉票的暴跌，与抚顺煤矿于 1922 年 9 月

---

① ［日］满铁文书：甲，大正八—九年，总体，考查，关监，满鲜坑木会社，第 31 册第 2 号、第 3 号。

② 才：日本木材单位，方 1 日寸、长 6 日寸。

③ ［日］满铁档案：甲种，大正八—九年，总体，考查，关监，满鲜坑木，第 31 册，第 2 号。

签订了在 5 年内包销该矿所需坑木的合同，它主要是以安奉铁路沿线朝鲜侧为采伐坑木的区域，后逐步扩大到吉林及"北满"东支沿线。按照煤矿的需要，平均每年提供了大约 2500 万才（3000—3600 车）坑木，其余供应平壤矿业所和关东厅。1927 年 9 月包销合同期满，抚顺煤矿从吉林和"北满"方面也已获得了充分的坑木供应，不愿继续与该社签订包销合同，该社便将事业缩小、资本减半，即将私人手中的股份全部收买而返还了缴纳的股款，于是该社就成为满铁全额投资的木材公司，总资本为 150 万日元，实缴 60 万日元。但是，坑木的主要产地安奉铁路沿线的资源已经枯竭，鸭绿江、浑河及太子河等流域由于作业困难不能大量生产，因此，满鲜坑木株式会社开始向吉敦沿线寻找新的地盘。恰在此时，满铁获得了吉林韩家梧松砬子的林场采伐权，并指令满铁坑木株式会社在该地采伐枕木。但是不久，即因吉林官银号同韩家之间的林场纠纷，以及中国政府禁止、土匪猖獗、工人动摇离散等原因，仅在 1928 年采伐枕木 20 万根，1929 年采伐 4 万根，又因遭到扣押等，以致损失约 10 万日元，整个经营处于勉强维持的状态。[1] 尽管如此，"满鲜坑木会社在创立后的 10 年中，已充分地发挥其性能，按照煤矿需要，平均每年提供了大约 2500 万才（3000—3600 车）的坑木；而且很好地抑制了价格的上涨和调节了供求关系"[2]。

表 5-1　　　　满鲜坑木株式会社收支一览（1922—1925）　　（单位：日元）

年份	收入	支出	损益	配率
1922	975070. 212	924079. 717	50990. 495	5
1923	1384216. 526	1296742. 795	87473. 731	5
1924	2657785. 347	2497026. 738	160758. 609	8
1925	2242387. 320	2080012. 993	162374. 327	8

资料来源：［日］满铁：《南满洲铁道株式会社第二次十年史》，1928 年，第 994 页。吉林省社会科学院满铁资料馆藏资料，编号 10232。

---

　① ［日］满铁文书：甲，大正十四年—昭和六年，总体，监查，关监，一般，第 150 册 14，第 6 号。
　② ［日］满铁档案：甲种，昭和三—四年，总体，考查，关监，满鲜坑木，第 31 册之 3，第 42 号。

从 1936 年起，满鲜坑木扩大了营业规模，收购了满铁的苏家屯防腐工厂，修建了哈达湾防腐工厂，这两个工厂每年能加工枕木 100 万根、电杆 5 万根。又投资设立哈尔滨木材株式会社，并分别于 1936 年 6 月在哈尔滨、1937 年 2 月在吉林收买了原有的木材加工厂，产品主要供应各铁道局、抚顺煤矿和满铁用度部。1939 年，它贷款给大裕木材公司，参与到南兴安岭林场的采伐事业，同年 8 月，满鲜坑木等与大裕合资设立了资本为 100 万元的兴安林业株式会社，接替了原大裕公司的采伐事业，除投资外，还给该社百余万元的伐木资金贷款。满鲜坑木还与灌铁林业所及扎兔公司建立了密切联系，后者生产的原木也出售给满鲜坑木加工。满鲜坑木成为满铁林业系统的推销机构，又是满铁消费木材的供应机构。除满铁外，满鲜坑木还是"满洲"炭矿会社所属各煤矿的主要坑木供应者。

1940 年，满鲜坑木将实缴资本由 60 万日元增加为 150 万日元，并向满铁借款 30 万日元，这一年，它销售了坑木 8501 万才、枕木 21 万根、轻便枕木 20 万根、电杆 1192 万才，总计营业额为 1363 万日元，销售利润 67 万日元。① 从 1932 年到 1943 年上半年，满鲜坑木经销坑木最多的年份是 1940 年度的 8501 万才，最少年份是 1932 年度的 1344 万才；经销枕木最多的是 1934 年度的 86 万根，最少的是 1942 年度的 9 万根；经销电杆及圆木最多的是 1942 年度的 824 万才，最少的是 1934 年度的 182 万才；经销原木最多的是 1939 年度的 1164 万才，最少的是 1942 年度的不到 2 万才；盈利最多的是 1940 年度的 356534 元，最少的是 1935 年度的 130213 元。1943 年 3 月 31 日满鲜坑木会社欠满铁借款 715320 元，欠银行应付票据 267 万元，向哈尔滨木材、兴安林业、"北满"林业三会社和安东木材配给组合、吉林木材配给组合的投资为 799300 元。②

① ［日］满铁文书：甲，昭和十六年，总体，监查，关监，满鲜坑木，第 31 册 16，第 3 号。满鲜坑木会社《事业概况》。

② 抚顺矿务局，日伪档案，8—10，第 343 卷，经理一般，第 11 号。

（二）满铁独揽扎免采木公司侵入大兴安岭林区

满铁插手大兴安岭林区是在满鲜坑木株式会社设立的一年半之后。大兴安岭林区位于内蒙古呼伦贝尔地区，从 1900 年起就一直由俄国商人谢夫谦克兄弟二人揽伐，并在林区擅自修筑了两条专用铁路，分别以霍尔果站和伊列克得站为起点，总长 25 俄里，南北伸向中东铁路两侧。采伐的木材主要是卖给中东铁路的薪材、原木和枕木，每年约 170 万石，可得纯利润 200 万元。① 1914 年谢夫谦克兄弟攫取了从"大兴安岭山脉分水岭起，迄于札敦河、查欧河、乌纳河流域及本河川水源及支河一带免渡河站西方信号柱地区"的林木采伐权。②

1920 年，日本正式出兵"北满"和西伯利亚，干涉俄国革命，屯兵中东铁路沿线。谢夫谦克为最大限度维护自己的特权而寻求日本的保护，乃向满铁的哈尔滨公所所长庄司钟五郎提出了订立合办"西部兴安岭采木股份公司"的计划。正在策划吞并中东铁路南段（哈尔滨至长春）、向"北满"扩张的满铁首脑认为"如将该森林权利的一半拿到我们日本人手里，不仅对满铁的前途有利，而且在国策上有着重大意义"③。遂于 1919 年 12 月 2 日至 1920 年 1 月 9 日派人对大兴安岭林区进行了实地调查，调查的结果认为谢夫谦克很不可靠而且要价太高，"决定暂时停下来，等待时机"④。但随着中国政府最后通牒收回大兴安岭林权，谢夫谦克接受了庄司钟五郎的劝告，同意将林区权利定价为 300 万日元。满铁通过调查觉得有利可图，再加上英国商人有合作意向，外务省也对此北进计划表示赞赏，于是谢夫谦克在满铁的威逼利诱下于 1921 年 7 月签订了《关于大兴安岭西部森林日俄共同出资契约书》，以极少的代价取得了该林区的权利和财产共有权，开始了它侵入大兴安岭林区的历史。

---

① ［日］满铁文书：丙，大正八—十年，兴业，农务，林务，社外出资，第 79 册 7。大正八年十一月一日满铁文机第 8 号之 1，《别册西部兴安岭采木株式会社创立案》。

② 苏崇民：《满铁史》，中华书局 1990 年版，第 324 页。

③ ［日］满铁文书：丙，大正三—十年，兴业，农务，林务，社外出资，第 79 册 7。

④ ［日］满铁文书：丙，大正三—十年，兴业，农务，林务，社外出资，第 79 册 7。大正九年四月十三日地方部劝业课便笺。

　　与此同时，黑龙江省督军吴俊升和东三省巡阅使张作霖也正式提出中日合办该林区的建议，日本也知道，中国方面对林业权利势在必得，遂提出中日俄三国合办的方法，并于 1922 年 5 月 5 日由中日俄三方起草了《扎免采木公司合同》，6 月 25 日在齐齐哈尔正式签字，扎免采木公司宣告成立；9 月中旬又签署了《扎免公司定款》，11 月 14 日正式开业，"在黑龙江省呼伦县札敦河免渡河城内采伐树木及经营关于木材上之附属事业"①，虽然公司理事长是中方人员，但"林地采伐商场经营，大权均操于日人"②。从此，满铁就取得了参与经营大兴安岭森林的完全合法地位，为它最终攫取林区权利奠定了基础。

　　扎免采木公司成立后，满铁就蓄意独揽经营大权，满铁所派理事单方面任命经理，随意借款和开支，使谢夫谦克不能继续从中牟利。虽然谢夫谦克以拒签一切文件相抵制，但满铁乘谢夫谦克的商会为清偿债务急需现款之机，逼他签署了将俄方经营权限委托满铁的秘密合同，至1924 年年末满铁控股已超公司总资本的半数以上，满铁认为这可以任意左右扎免公司的经营了。由于扎免公司机构臃肿，开支庞大，经营不善，又赶上经济衰退，再加上谢夫谦克商会制造的障碍，不到两年即亏损 37 万—38 万日元。③ 1925 年 3 月上旬，满铁发表紧缩扎免公司事业的方案，"停发了理监事的报酬和津贴，迁移了总局和林区事务所，裁减了工作人员，缩小了作业区域并解雇了 1500 余名中国工人"④。此后，就只经营地方性的小额营业。

　　对于满铁包办一切，黑龙江省方面早有意见，在其极力催促下，中日俄三方代表于 1925 年 5 月末在哈尔滨举行了股东会议，满铁因拒付公司创办时规定投资的 200 万日元而致使会议破裂。7 月，中方股东宣布收回原定作为股本的札敦、免渡两河流域之林场，俄方股东也收回建筑

① 郑宇：《近代东北森林资源产业化研究（1878—1931 年）》，上海社会科学院出版社 2020 年版，第 118 页。
② 傅焕光：《中日合办之东三省森林（续）》，《一农半月刊》1924 年第 4 期，"林业"，第 9 页。
③ ［日］伊藤武雄等编：《现代史资料32 满铁2》，三铃书房 1966 年版，第 73—75 页。
④ ［日］满铁文书：甲，昭和二、三、四年，总体，考查，关监，札免公司，第 112 册，第 2 号，关于大兴安岭森林事业经营经过概要。

物及铁道等，分别退出扎兔公司。^① 于是，中日俄合办扎兔采木公司实际上已不复存在。随后，黑龙江方面设立了黑龙江扎兔林业筹办处，并公告"中外无论任何人不得缔结有关该林场之契约"^②。但满铁仍然采取了强硬的对抗措施，为了保持既得权益多方奔走，特别是对张作霖进行疏通，最终使黑龙江省方面转向妥协。1925 年 10 月，黑龙江省与满铁签订了《扎兔林区善后办法》，决定抛开俄方，与满铁共同组一经营林业机关，经营伐木事业。^③ 但直至 1929 年，双方因资本问题始终僵持不下，未及达成协议就发生了九一八事变。实际上，从 1929 年 7 月起，扎兔公司即已停止林区一切采伐运出的作业。扎兔公司从开业到 1930 年 9 月末，经营损失超过 147 万日元。^④ 尽管如此，扎兔公司并未就此放弃扩张，仍然强撑，"其所有企图，均为将来计"^⑤。

表 5-2　　　　　　**扎兔木材公司收支一览**（1922—1926）　　　（单位：元）

年份	收入	支出	损益
1922. 6—1923. 9	454241	473044	-18803
1923. 10—1924. 9	389868	666810	-276942
1924. 10—1925. 9	240856	437708	-196852
1925. 10—1926. 9	91292	232159	-140867

资料来源：[日]满铁：《南满洲铁道株式会社第二次十年史》，1928 年，第 994 页。吉林省社会科学院满铁资料馆藏资料，编号 10232。

　　1933 年以后，扎兔公司的事、政治意义大为削弱，但经济层面却开始有了生机，开始采取积极经营方针，扩大木材运出和销售网，进行采伐和销售。从 1937 年 10 月 1 日至 1938 年 9 月 30 日，生产普通枕木

① [日]满铁：《大正十五年十二月议会说明材料别册》，极秘，第 54—55 页。
② 黑龙江省档案馆存档，东省特别区行政长官公署总务科卷宗，外交总字第 128 号，新第 17 号，中华民国十四年七月二十七日《东省特别区行政长官公署布告第 3 号》。
③ [日]满铁文书：甲，昭和二、五、六年，总体，考查，关系会社，扎兔公司，第 112 册，第 2 号。
④ [日]满铁文书：甲，昭和二、五、六年，总体，考查，关系会社，扎兔公司，第 112 册，第 2 号。
⑤ [俄]苏林：《东省林业》，中东铁路印刷所（哈尔滨），1931 年，第 83 页。

288406 根，电杆及原木 50707 根、细原木 217437 根、坑木 316972 根，此外还有干草、木炭、树脂等。成本为 488113 元，当年获利 139614 元。1939 年 4 月 1 日起，满铁根据与伪满产业部的协定，决定解散札兔公司，将其一切业务移交铁道总局林业事务所。[①]

满铁利用谢夫谦克危急之机，杀价收买了比旅大租借地（日本称之为关东州）几乎大一倍的广大林区的共有权，除了采伐大兴安岭的木材以获取巨利满足自身发展，更是基于日本侵略者的北进政策，在"北满"建立扩张的经济据点，"日人实欲乘我之弱，及中国之不察，而欲遂其吞并之野心"[②]。

（三）满铁通过对桦甸韩家贷款控制兴吉林业公司

桦甸韩家是吉林的大土豪，在清末曾有"韩边外"之称，传至民国时期，韩家拥有巨额财产，仅林场就有 11 处，森林面积 36 万町步，蓄材 12 亿石。韩家以兴吉林业公司名义经营林场，并聘有日本顾问田中友次郎，还曾向日本朝鲜银行、三井洋行等日本商社借款。

1922 年 8 月，韩家欲通过顾问田中友次郎的引荐向满铁贷款 35 万日元，并以韩家所有的森林采伐权作为抵押。满铁当时考虑林业不易经营而予以拒绝。1923 年 10 月，满铁社长安广伴一郎视察吉林，认为韩家的确家底雄厚具有偿还能力，"对韩家资源的森林、耕地和矿区有必要采取全面而积极地加以利用的方针"，满铁认为，韩家历来的亲日态度和私人拥有的巨大资源，与韩家"合作"的成败可以说是日本在东北搞的中日合办事业的"试金石"[③]。于是，同年 11 月 27 日，满铁同韩家签订了韩家财政借款契约，贷给韩家 50 万日元，利息为年息 1 分；而韩家则向满铁提供森林采伐权并将 11 张林照交满铁保管。同时规定韩家经营采木业的兴吉公司的收益，首先充作这项借款本利的偿还，由满铁

---

① ［日］满铁文书：甲，昭和十四年，总体，监理，关监，扎兔公司，第 112 册 3，第 2 号及第 5 号。

② 《关于中东路林业之秘密报告 第一四九号》（1929 年 4 月），辽宁省档案馆藏民国奉天省长公署档案，档案号 JC10—1—23340。

③ 《韩家问题方策》，载苏崇民主编《满铁档案资料汇编第九卷——农林牧业扩张与移民》，社会科学文献出版社 2011 年版，第 651 页。

向兴吉公司派出监督。在另行签订的枕木供纪念品契约中，还"计划在该公司桦树林子一带林场，采伐枕木，作为贷金的偿还"①，为此，韩家从 1924 年起每年连续供给满铁 30 万根以上的一级品枕木。枕木的规格、交货地点及期限，甚至枕木的价格都由满铁决定，② 并"对韩家资源的森林、耕地和矿区有必要采取全面而积极地加以利用的方针"③。截至 1928 年，满铁又向韩家追加贷款四次，共计 91 万余日元，而满铁则取得了韩家的房屋、土地、股票和新的林场权，并获得了如下担保：（1）森林采伐权（韩家所有全部森林，12 个林场）；（2）房屋（吉林、桦甸两县有 23 间）；（3）土地（吉林、桦甸房宅地）；（4）股票（韩家经营的兴吉公司的股份 5000 股，每股票面价格为现大洋 50 元）。④

1928 年 11 月 2 日，满铁经理部长竹中政一同兴吉林业公司董事长韩文卿，就满铁在吉林省敦化县韩家第一林场经营枕木制材问题签订了备忘录。商定满铁使令满鲜坑木株式会社从 1928 年 10 月至 1929 年 12 月，在韩家第一林场（梧松砬子林场）采伐枕木 20 万根。为此满铁使满鲜坑木株式会社向兴吉林业公司支付 3 万元。还商定当林场权和境界问题发生纠纷时，由兴吉林业公司负责处理，不准牵连满铁，而且其他公司想要采伐韩家所有的木材时，须事先取得满铁同意，满鲜坑木株式会社所实施的采伐，对外使用兴吉公司的名义等。⑤ 就这样，吉林省木材采伐业在当时看来"几全为日人势力"⑥，满铁通过贷款关系完全控制了韩家所有林场的采伐权，并使令满鲜坑木株式会社直接开采。

截至 1934 年 7 月底，韩家所欠满铁债务，除本金 924466.45 日元外，单是利息就高达 1112658.57 日元。1934 年 9 月，以原满铁理事长

① 《〈桦甸县志〉载兴吉公司》，载李澍田主编《韩边外》，吉林文史出版社 1987 年版，第 129 页。
② ［日］满铁：昭和二年十二月《议会说明材料别册》，第十六节。
③ ［日］满铁文书：甲，大正十一—十三年，总体，文书，文书，秘密书类，第 24 册 6，第 2 号，《社长事务交接报告书》。
④ ［日］满铁：《第六十回帝国议会说明资料（别册）》，1931 年，第 141—143 页。吉林省社会科学院满铁资料馆藏资料，编号 20119。
⑤ ［日］满铁文书：甲，昭和五年（1930），总体，监查，关监，满鲜坑木，第 31 册 4，第 2 号《备忘录》。
⑥ 马鹤天：《东北考察记》，正中书局 1934 年版，第 162 页。

国泽新兵卫为董事长的大同殖产株式会社成立，由该会社向满铁承担韩家所负债务，并立即偿还本金的一部分，数目为 50 万元，同时，满铁放弃了对韩家的一切权利。其余偿还本息，则由大同殖产会社以其分红逐步偿还。[①]

　　与此同时，满铁在经营木材公司之外还开办了众多林场，形成了满铁系统林场，如扎免公司林场、海林公司林场、谢米诺夫林场、延吉县嘎呀河林场、宁安县中东海林之在道沟林场、汪清县大小汪清沟林场以及通河县西北河西部林场等，均称为"满铁系统林场"。因为满铁在东北负有与英国东印度公司相同的使命，背后又有关东军的武力支持，因此民国政府虽对此屡次进行磋商，但始终对它束手无策。伪满政权建立后，满铁与伪政府之间以互让条件商定，满铁将全部无条件放弃林场权，而伪政府必须首先满足满铁对木材的需求，至此，满铁系统林场全部收归伪满洲国"国有"。而满铁在此过程中丝毫没有放松对东北的林木进行疯狂掠夺，不仅为发展社业、开采煤矿及日本殖民者在东北实施的众多殖民建设提供优质木材，而且将大批优质木材通过铁路港口的水陆联运运往侵略触角的所到之处甚至日本国内，是日本掠夺中国东北林业资源的急先锋。表 5-3 即为伪满洲国 1933 年和 1934 年各地区主要材类上市情况。

表 5-3　　伪满洲国 1933、1934 年度各地区主要材类上市情况

地区或 流域名	线路或 地名	1933 年度（石）			
		木材	枕木	坑木	总计
松花江上游	吉林	—	—	—	150000
京图（除吉林、长春）	吉长	632812	188756	20568	842136
	吉敦				
	敦图				
	拉滨	12028	—	6832	18860
	总计	644840	188756	27400	860996

---

　　① ［日］满铁文书课：《涉外关系主要法令契约定款集》（B），极秘，第七辑。吉林省社会科学院满铁资料馆藏资料，编号 21419。

续表

地区或流域名	线路或地名	1934 年度（石）			
		木材	枕木	坑木	总计
朝开	龙井	19300	—	—	19300
嘎呀河（图宁线）		—	—	—	50000（推）
图们江上游	会宁	20413	—	—	20413
密江及珲春河	珲春县	10000	—	—	10000
鸭绿江	安东	—	—	—	863548
宽轨线	滨绥	229404	92128	—	321532
	滨洲	86976	69940	—	156916
	京滨	12848	—	—	12848
	局用品	52644	76148	—	128972
	总计	381872	238216	—	620088
松花江下游	哈尔滨	183904	—	—	128904
嫩江	齐齐哈尔	50000	—	—	50000
黑龙江	黑河	70000	—	—	70000
滨北北黑	滨北	5356	—	—	5356
	北黑				
	总计	5356	—	—	5356
安奉		61454	9073	173052	243579
奉吉		55788	—	—	55788
京温		2824	—	—	2824
（伪满国产）计					3205796
输入		1459927	689589	—	2149516
总上市量					5355312
输出		442173	5003	—	447176
					4908136
松花江上游	吉林	—	—	—	200000（推）
京图（除吉林、长春）	吉长	972737	329006	21736	1323479
	吉敦				
	敦图				
	拉滨	257568	9773	560	267901
	总计	50420	349795	567	400782
朝开	龙井	1280725	688574	22863	1992162

地区或流域名	线路或地名	1934 年度（石）			
		木材	枕木	坑木	总计
嘎呀河（图宁线）		13929	1254	—	15183
图们江上游	会宁	10000	160000	—	170000
密江及珲春河	珲春县	21512	—	—	21512
鸭绿江	安东	10000	16000	—	10000
松花江下游	哈尔滨	552240	447680	—	997920
嫩江	齐齐哈尔	185000	—	—	185000
黑龙江	黑河	70000	—	—	70000
滨北北黑	滨北	98955	—	—	98955
	北黑	12552	36644	7420	56616
	总计	3452	2448	380	6280
安奉		16004	39092	7800	62896
奉吉		81048	4950	175992	261990
京温		39372	19960	2072	61404
（伪满国产）计		2396	1444	1212	5052
输入		—	—	—	5145943
总上市量		1473031	846988	—	2320001
输出		654244	224	—	654468
					1811477

资料来源：［日］满铁经济调查会：《满洲木材类需给关系概况调查》（经济资料第 120 编），1936 年 8 月 15 日，第 141—143 页。注：1934 年度嫩江的数据是根据款额同 1933 年度对照换算的估计数。

（四）满铁操控满洲林业株式会社

伪满洲国成立后，实行森林的"国有"化，满铁受托经营"国有"铁路之后，为了保证铁路获得廉价木材，在关东军的支持下，策划将一部分"国有"森林的经营作为铁路的附属事业。但是，将"国有"森林作为附属事业，使之附属于某一公司来经营，在名义上又说不通，因此，关东军于 1933 年 5 月通过了《满洲林业经营机关设立纲要》，决定另设经营机关，力求在实际上符合铁路当局的期望。① 《纲要》规定："为了在政府监督之下，对所指定的'国有'林进行合理的经营，同时也为了促进整理在吉会路沿线地区'国有'林设定的林场权，决定设立满洲国法人日满合办的特殊林业公司"，定名为大同林业公司，资本定为500万满元。② 大同林业公司的事业地域在刚成立时暂定为敦化、额穆、桦甸三县及宁安县南半部的"国有"林，同时要求政府不得委托大同林业公司以外的人经营"国有"林，并规定公司对"国有"铁路应确保铁路用材的供应。可见，大同林业公司的主体就是满铁的铁路总局，而且大同林业公司是作为未来"国有"林区的唯一经营者而筹划的。③

但是，由于大藏省未批准，以及日本资本家的资本竞争问题，致使公司迟迟未能成立。直至1935年10月，关东军司令部又重拟了《满洲林业股份有限公司设立纲要》，将公司名称改为满洲林业股份有限公司，公司的主导权由满铁转入伪满洲国手中，并与纸浆公司平分"用材供应"。该公司于1936年2月宣告成立，并接手了大同林业事务所的伐木事业，1937年改称满洲林业株式会社。1938年9月，伪满政府实施政府直营采伐方针加强木材统制，决定将满洲林业株式会社逐步发展为木材的统一配给机关，加以扩大和整顿，同年10月，将该社的业务目标由采伐政府发放的林木及销售所伐木材，改为木材的买卖、进出口和制材以及对木材采伐业者融通资金。通过此项变革，满洲林业株式会社成为伪满政府控股、满铁占股16.7%的第二号大股东的公司。

满洲林业株式会社因为满铁的经营和资金支持，至1938年10月末，修筑森林铁路4条，即新开线、沙河线、额穆线、官屯子线，总长113千米，正在施工的还有38.8千米；该社还有木材工场3个，即大石头工场、蛟河工场、黄泥河工场。1938年度末采伐木材1107729根，

---

① [日]满铁经济调查会：《满洲林业方策》（立案调查书类第11编第1卷第1号），1935年，第402—405页。吉林省社会科学院满铁资料馆藏资料，编号17099。

② 满元，伪满洲国国币，1935年起与日元等值。

③ [日]满铁经济调查会：《满洲林业方策》（立案调查书类第11编第1卷第1号），1935年，第333—336页。吉林省社会科学院满铁资料馆藏资料，编号17099。

1266872 石。① 该社除了长春本社，还在吉林设有支社，下辖蛟河、敦化两派出所，在敦化有直营事务所，下辖北大枕、威虎河、沙河掌、寒葱沟四个作业所和黄泥河、黄松甸、大石头、敦化四个贮木场。该社从 1936 年起 3 年的收益率分别为 15.7%、24.0%、7.5%。②

二　木材直接采伐与利用

满铁对林木的采伐手段是野蛮而不计后果的，主要采用"拔大毛"式和"剃光头"式。所谓的"拔大毛"，就是挑选原始森林中优质的珍贵树种，两个劳工来回拉一把大肚子锯，将一棵树锯到只留下齐胸高的树根，然后把锯下的树木制成原木运出山外；"剃光头"是指在作业条件好、便于运输的地区，将森林中的树木无选择地全部伐倒再将原木运走。满铁在作业条件好的森林采取"拔大毛"的手段，因为是有选择性的，所以所剩树木多为低质低等树木，严重损坏了原始森林的生态平衡，林相残破不堪，想要恢复到顶极生态群落至少需要 200 年；"剃光头"的最严重后果就是使所砍伐地区寸草不生，有的偏远山区甚至放火烧山，后开垦成"大烟地"用来种植罂粟；而未被烧光的山地最后所长出来的也是以杨树、桦树等为主的低质低等的次生林，利用价值极低。采伐全是掠夺式、破坏性的。全采鲜树，无任何规程约束，哪里生长的落叶松多，生长得好，林质又好，就到哪里采伐，夹挂不倒放弃再伐，材质稍差放弃不要；梢头不利用，伐树站着拉锯，当时使用的工具只是快码子锯和一少部分弯把子锯，几乎每棵树伐根都过高，有的甚至齐胸高。采伐后的山场不清林，倒木横躺竖卧不予堆积，严重影响了幼林生长。经过日本侵略者的"拔大毛"和"剃光头"后，中国东北的原始森林遭到了灾难性的破坏，直

---

① ［日］满铁：《关系会社统计年报（昭和十三年）》，1940 年，第 1161—1167 页。吉林省社会科学院满铁资料馆藏资料，编号 19808。

② ［日］满铁总裁室监理课：《满铁关系会社调书》，1940 年，第 620—621 页。吉林省社会科学院满铁资料馆藏资料，编号 10087。

至现在，一些地区还能看到被乱砍盗伐的痕迹，高大耐腐的红松伐根就是对日本侵略者的控诉，一切对自然界进行毁灭性破坏的行为都应该被历史唾弃。

东北森林物产丰富，植物种类达2000余种，其中树木有400多种，至于有用木材，阔叶树20余种，针叶树约8种。①满铁对伐倒的木材，按其品质、直径、用途等锯成4米、6米、8米长数种，其中以4米长的居多，主要是圆木材，方材甚少，若有特殊要求需提前在山内稍行加工，直径20厘米以下的圆木截成70厘米长用作薪材。在距搬运地点较远的木场，将30厘米以下的树木末梢全部抛弃，因砍伐掠夺野蛮，浪费十分严重。枕木、电杆、坑木等特殊用材，则需在优质木材中选出以备应用。满铁对东北森林资源的树种、材质、用途进行分析，区别采伐和利用，如表5-4所示。

表5-4　　　　　　　　　东北主要树种材质用途一览

树种	材质	用途
朝鲜松	材质良好，木纹美丽，呈微红色，多脂，易加工	建筑材料、家具材料、取暖用、果可食
油松	材质坚硬，多树脂，耐久存	坑木、枕木、桥梁用材、船舶材料、采取油脂
落叶松	材质硬重，心材呈微红色，边材白色，耐久存	枕木、电杆、建筑材料、船舶材料、土工采用
鱼鳞松	材质良好，黄赤色，割裂伸缩反张力大，有光泽	纸浆、建筑材料、制箱、其他加工
臭松	材质软，树皮灰白色，平滑，材白色，弹力强，通直	纸浆、建筑材料、制箱、其他加工
沙松	材质软，树皮灰白色，平滑，材白色，弹力强，通直	纸浆、建筑材料、制箱、其他加工
水曲柳	材质坚重，白色微黄，黏着力大，耐水	枕木、家具、船舶、车辆、农具

---

① 东北物资调节委员会研究组编：《东北经济小丛书　林产》，中国文化服务社1948年版，第13页。

树种	材质	用途
榆树	材质坚硬致密，树皮灰褐色，材红暗褐色	造车、柄、棒、枕木、家具
柞树	材质坚硬，抗压力及抗腐力均强	家具、枕木、车船
椴树	材白色，材质柔软，美丽，加工容易，富纤维	火柴杆、造纸、家具用
色树	材质坚韧，木理致密，材呈淡红褐色	家具、枪把、农具
黄波罗	材质坚硬，木理致密，材淡黄色，树皮为软木质	枪把、枕木、家具、染料、软木
白杨	材质轻软，白色，易朽	火柴杆、牙签、软浆
青杨	材质轻软，白色，易朽	火柴杆、牙签、软浆
桦树	树皮雪白色，有横斑，材质坚硬致密	薪炭、器具、细工、制油
胡桃树	木质颇强韧，材淡褐色，美丽，欠反张变曲力	枪把、飞机、家具、果可食

资料来源：［日］满铁社长室调查课：《满蒙全书》第三卷，满蒙文化协会，1923年，第468—473页。吉林省社会科学院满铁资料馆藏资料，编号21000。

　　根据上述调查和对树种的分析可见，满铁对大规模采掠东北的森林资源做好了充分的准备，随后开始了疯狂的砍伐和利用。而众多的木材应用中，满铁对枕木、坑木及电杆的应用占日本在东北全部用材的20%强，[1] 而枕木和坑木制材和使用对原始树木的要求极高，满铁为了满足自身对这些特殊木材的需求，对东北的森林进行劫掠性砍伐，然后再制成枕木和坑木运送到各地使用。

（一）对枕木和坑木的需求

　　东北森林的损毁是因修铁路造成的，说铁路是森林遭受毁灭性采伐的发端一点也不为过，可以说铁路延伸到哪里，哪里的树木就以毁灭性的速度倒下。在中国东北，东清铁路、满铁及其支线的铺设与无限延展，在与掠夺相伴的近代化过程中，东北原始森林也不可抗拒地彻底沦

---

　　① ［日］林野局：《木材生产统计》，1940年，第1页。吉林省社会科学院满铁资料馆藏资料，编号23167。

为日俄唾手可得的侵略资源。在此过程中，日本侵略者利用满铁及其支线的延伸开采树木，设立专门的加工场，然后将制材利用铁路运送到各地。而枕木是侵略者掠夺森林资源的必要制材，也是为能更多、更有效地掠夺各类资源铺设更长、更畅通铁路的战略性物资。从枕木取材加工开始，东北的木材被恣意蔓伸的铁路砍伐利用，"铁路沿线林场的经营往往也由铁路部门负责，铁路建成后又负责运输周边木材"①。九一八事变前满铁是东北木材的最大消费者。② 满铁每年用于枕木、电杆、坑木等的木材数量极大，从铁路沿线木材集散地来看，以奉天为中心，奉天以北四平、公主岭、铁岭、开原等地由"北满"、吉林材来供应；奉天以南地区从安东运送的鸭绿江材占八成左右，安奉线木材占两成左右。除此之外，东北的木材也源源不断地运往朝鲜，从安东发往朝鲜的木材占发送总量的七成还多。③

满铁通过原有的子公司满鲜坑木株式会社和扎免采木公司为其供应大量的枕木和坑木。坑木是采煤用的主要材料，满铁为了开采东北的煤矿，对坑木的需求毫无节制，仅抚顺煤矿所需就甚巨。如表5-5所示。

表5-5　　　　　抚顺煤矿所需坑木及消费量表（1936—1940）

年度	出煤量（千吨）	坑木需求量（立方米）	坑木消费量（立方米）
1936	10294	—	33456
1937	10340	—	33605
1938	10023	34444	32575
1939	10386	223819	221221（预想）
1940	—	302700	—

资料来源：[日]满铁：《满洲国森材统制与铁道用材的关系》，铅印，第58页。表中，坑木需求量为伪满洲国林野局监理科调查资料，坑木消费量为林野局监理科计划室资料，出煤量为日满商事煤炭调查资料。

---

① [日]满洲史学会编著：《满洲开发四十年史》，东北沦陷十四年史辽宁编写组译，东北师范大学出版社1988年版，第371页。
② 陈本善主编：《日本侵略中国东北史》，吉林大学出版社1989年版，第201页。
③ [日]满铁社长室调查课：《满蒙全书》第三卷，1933年，满蒙文化协会，第505页。吉林省社会科学院满铁资料馆藏资料，编号21000。

从表 5-5 中可以看出，抚顺煤矿在 1939 年对坑木的需求骤然增加，这意味着抚顺煤矿频出煤炭，虽然从当年的出炭量来看没有显著增加，但从对坑木的需求量和预想的消费量来判断，抚顺煤矿在本年度开始强行增产，从 1939 年到 1941 年，抚顺煤矿每年的准备工程掘进的完成率都不到 60%，而采煤完成率却接近 80%，完全破坏了二者的均衡。[1] 因为要完成第二次五年计划的目标，抚顺煤矿推进了掠夺式的开采，而与此相对应的，开采煤矿所需的坑木量成倍增长，这就直接导致了满铁对东北的森林开始进行掠夺式的采伐和运输，抚顺煤矿出煤量与对坑木的需求量是成正比的。

满鲜坑木株式会社以经营坑木为主，同时也兼营枕木、电杆和制材等事业，这些材料主要购自东北各林区和铁路沿线，有时也从朝鲜和日本买进。对枕木的需求骤增，首先要求满鲜坑木会社供应修建敦图路和图宁路所需全部枕木和木材，接着又要求供应修建齐克线所需要的枕木30 万根。为了筹集齐克线所需枕木，满鲜坑木会社将它的营业范围又从吉敦路扩大到中东铁路的西部线（哈尔滨至满洲里）。为了供应满铁急需的枕木、抚顺煤矿需要的坑木和电业会社所需的电杆，同时也为了将中东路原俄人经营的林场（伏伦佐夫的牙克石海敏公司、东方建筑公司即博克图永利公司）纳入满铁控制之下，满铁同俄国人签订了包销合同，1934 年及 1935 年两年，满鲜坑木由西部线林区向满铁提供了 67 万根枕木、500 万才（约 800 车）坑木。[2]

伪满洲国成立后，1932 年，满铁着手修建军事铁路网，按满铁修筑本线及支线的计划目标 2500 千米计算，则需要枕木 400 万根，这些木材的需求均来源于对中国东北森林的采伐。虽然为了支持伪满洲国林政的统一，满铁无偿地放弃了所有林场的经营权，但"约定原有林区照旧实行自由采伐，在新林区则经营官方采伐的转包"[3]。为此，满铁对东北的

---

① 苏崇民：《满铁史》，中华书局 1990 年版，第 612 页。

② ［日］满铁文书：甲，昭和八—十年，总体，关监，满鲜坑木，第 31 册 9—1，第 12 号。

③ 董晓峰：《满铁对中国东北森林资源的掠夺》，《大连近代史研究》2014 年第 4 期。

森林进行大肆砍伐，每年役使林业工人 2976000 人次，牲畜 1062000 头次，仅 1939 年木材的采伐量就达到 956000 立方米，为伪满洲国木材采伐总量的 29%，而当年伪满的总产量为 3338000 立方米，可见满铁在伪满林业界的地位非同一般。

（二）对电杆的需求

东北地区使用电力最早可上溯至北洋水师在旅顺的工厂，沙俄统治大连期间，作为中东铁路的附属事业，于 1902 年开始经营发电所，主要供应船渠工厂的动力用电。1907 年满铁成立后，接收了大连发电所和电灯设备，从当年 10 月起开始在大连市内供应一般电灯及电力用电。从此，电力工业就成为日本政府指令满铁经营的一项重要的附属事业。1908 年 12 月满铁开设电气作业所，下设大连电灯营业所和大连发电所，1909 年 9 月开始经营大连市内电车，又开设电车营业所。与此同时，满铁还制订了扩大大连发电所及在沿线主要附属地经营电业的计划，此外，满铁抚顺煤矿也修建了发电厂，除煤矿自身需用外也向外界供应电灯和动力用电。第一次世界大战带来了亚洲经济的繁荣，大连及满铁沿线各地市都有了明显的发展，对电力的需求急剧增加。满铁除直接经营旅大地区和沈阳、长春、安东等大城市附属地的电业外，对于铁路沿线中等城镇附属地也输送电力。随着满铁对电力的扩大和发展，必须在电力所及范围架设输电线，这就直接导致了对电杆的需求不断增加，满铁对电杆木材的需求仅次于枕木（占 8.0%），占全部木材需求的 2%。[1]

从表 5-6、表 5-7 中可以看出，满铁 1937 年以前购入的木材中，"满洲材"仅占一小部分，因为满铁完全可以利用自己的林场及子公司来提供用材。1937 年后，随着满铁林场收归"国有"，伪满洲国实施木材统制政策，满铁从中国东北购入的木材从 1936 年仅有象征性的 100 立方米骤增至近 4 万立方米。电杆的用材亦相同，1937 年从伪满洲国购入的木材明显增加，外地输入的木材骤降。而且从购入的总数量来看，满铁为了实现第二个五年计划，对用材的购入及电杆的使用量都呈递增趋

---

① ［日］林野局：《木材生产统计》，1940 年，第 1 页。吉林省社会科学院满铁资料馆藏资料，编号 23167。

势。而从铁路及煤矿对电杆的需求量来看，1939 年也是个需求高峰，这就表明了从本年度开始，满铁及关东军对中国东北森林已经进入掠夺式的采伐和使用，为其后的全面战争做军事、经济上的准备。

表 5-6　　吉林省满铁用材及电杆的购入量年别表（1935—1940）

（单位：立方米）

类别\年份	用材			电杆			总计
	"满洲材"	外地材	总计	"满洲材"	外地材	总计	
1935	300	19571	19871	10600	6800	17400	37271
1936	100	10709	10809	13600	12680	26280	37089
1937	39633	13000	52633	35400	2280	37680	90313
1938							
1939			503000			17212	520212
1940			494000	28000		28000	522000

资料来源：[日] 满铁：《满洲国森材统制与铁道用材的关系》，铅印，第 56 页。注：平均一根电杆的材积为 0.4 立方米。

表 5-7　吉林省铁路和煤矿的用材及电杆的需求量（1939 年和 1940 年）

（单位：立方米）

需材别\年份	1939		1940		备注
	用材	电杆	用材	电杆	
铁路	350700	21920	347900	16800	电杆一根为 0.4 立方米
煤矿	75000	5760	46200	5320	
总计	425700	27680	394100	22120	

资料来源：[日] 满铁：《满洲国森材统制与铁道用材的关系》，铅印，第 57 页。

为延长木材使用寿命，经过研究，满铁决定利用抚顺煤矿和鞍山制铁所的副产品森黑油作为防腐剂，在苏家屯开办木材防腐工厂。该工厂于 1918 年 7 月开业，占地面积 16 万平方米，平均每日作业能力为枕木 1900 根，每年作业日数约 300 天，3 月至 11 月每天工作 10 小时，12 月至翌年 2 月每天工作 9 小时。主要设备是横放钢制圆桶注药罐，一个罐子一次性能放置铁道枕木 72 根至 120 根不等，平均每天产量为 1214 根（160 立方米），当时开设有 9 米 1 座、11 米 1 座，1924 年增加了 13 米 1 座，1927 年又增加 13 米 1 座。该厂实际作业量在 1924 年以前每年不到 20 万根，1925 年超过 26 万根，1926 年为普通枕木 26 万根、特种枕木 14000 根、电杆 6000 根，[1] 至 1927 年达 367200 根（35134 立方米）。[2]

　　1941 年 12 月，太平洋战争爆发，日本对木材的需求量剧增，再加上为加快海上运输大造木船，对木材的砍伐和掠夺更是肆无忌惮，不分季节，日夜搜刮，运输更是日夜不停。但一切产业均被绑上战车，以致劳力、资材、食粮、饲料等均告急，尤其是深山老林等远距离林场更甚，运输困难，特别是依赖河流运送的地区，受水量大小的限制比较大，均不能运送。因此木材严重缺乏，重工业及交通等重要部门难以为继。因此，日本侵略者为求迅速、准确地掠夺林产物，开始实行有侧重点地合理配给，林产物的统制配给制度随之开始。满铁所产木材除自身留用以外，全部由伪满政府购买，购买价格也由伪政府来定，凡木材之生产、配给、加工等，皆由"伪满洲林业株式会社""森林采伐协会""制材统制组合"合并的林产公社（1944 年 9 月设立）统一生产及配给，表 5-8 即显示了 1932—1945 年伪满洲国各种木材的产量。但该公社设立不及一年，即随着日本投降而宣告解散。

表 5-8　　　　　　　　**伪满洲国 1932—1945 年木材产量**　　　　（单位：千立方米）

年度	生产计划	普通木材	特殊木材				合计	与计划之百分比（%）
			枕木	坑木	其他	合计		
1932							897	
1933							1001	
1934							1346	

　　① ［日］满铁：《满铁第三次十年史》，1938 年，第 264—267 页。吉林省社会科学院满铁资料馆藏资料，编号 20080。
　　② ［日］满铁：《南满洲铁道株式会社第二次十年史》，1928 年，第 231 页。吉林省社会科学院满铁资料馆藏资料，编号 10232。

续表

年度	生产计划	普通木材	特殊木材				合计	与计划之百分比（%）
			枕木	坑木	其他	合计		
1935							1839	
1936							1845	
1937		1873	426	210	261	897	2770	
1938		2221	514	212	324	1050	3271	
1939	7214	2774	687	358	251	1296	4070	56.4
1940	9358	4328	537	508	222	1267	5595	59.8
1941	5576	3659	501	613	239	1353	5012	90.0
1942	6245	2723	563	666	231	1460	4183	66.9
1943	6528	3380	522	732	422	1676	5056	77.5
1944	7231	3571	478	728	155	1361	4932	68.2
1945	6710	4270	1070	1180	190	2440	6710	

资料来源：东北物资调节委员会研究组编：《东北经济小丛书　资源及产业》（上），中国文化服务社1947年版，第70页。

三　满铁的木材加工业对林产的掠夺

（一）薪材及木炭

满铁把烧制木炭的树种分为三大类，第一类如柞树、胡桃楸、水曲柳、黄波罗、色树等，为烧制木炭的上等树种；第二类如杨木、椴木等，烧制的炭质稍差；第三类如白桦树及其他类树种，烧制的木炭最低劣，只能用于冶金煅铁，不能做军用或生活用。[①] 在东北被称为"满洲小丸"的白炭是最优质的森炭，产量低，价格也最高，只产于松花江上游。炭窑因地而异，东北当地的土窑所制炭质粗劣，经满铁技术指导过的日本移民烧制的炭质相对较好。随着各种林业产业的兴起、日本移民的增加，且薪材及木炭除用作普通燃料外，也用作汽油、煤炭的代用燃

---

① ［日］满铁经济调查会：《满洲林业方策》，1935年，第349页。吉林省社会科学院满铁资料馆藏资料，编号17099。

料，还可用于化学方面，所以日本对二者的需求量逐年增加。至太平洋战争爆发前后，薪材的产量约为 360 万立方米，木炭产量约为 10 万吨，但是因为受运输条件限制，实际应用并未达到预期效果。

从表 5-9 数据来看，1942 年对薪材的需求达到了峰值，无论是官采还是地方林的采伐量都在几年中最多。从中可以看出，日本为了扩大侵略战争，开辟太平洋战场，对木材的需求量成倍增加，这就导致日本侵略者对东北森林的开发又进入一个更加疯狂的掠夺性采伐，原始的生态系统遭到毁灭性破坏。

表 5-9　　　　　　　　**薪材 1939—1944 年生产量**①　　　（单位：立方米）

年度	官采	普通采伐	地方林	合计
1939				1462428
1940				2374907
1941	165500	1347923	不详	1513423
1942	297206	2215178	1354004	3866388
1943	532655	1183092	1194554	2910301
1944				1525000

资料来源：东北物资调节委员会研究组编：《东北经济小丛书　资源及产业》（上），中国文化服务社 1947 年版，第 71 页。

1941—1942 年，关东军进行特别大演习，在"东满"和"北满"的边境地带驻扎兵力，需要大量的室内取暖燃料和炊事用燃料，但烧柴会冒浓烟，容易暴露驻兵的所在地，只有木炭不会冒出大量烟雾，最适合作为驻军的燃料，因此，关东军要求每年供应 50 万吨木炭。本来东北地区不大使用木炭，沦为日本殖民地后木炭的生产量虽有所增加，但即使在 1940 年木炭产量也不过只有 7.8383 吨而已。对于关东军狮子大张口的要求，虽然进行过烧炭技术人员的讲习以及满式炭窑、日式炭窑的改造工作，但仍满足不了关东军的需求。经再三磋商交涉，将生产量

---

① 本表 1939 年、1940 年度的数字，系根据 1940 年度木材生产量统计所得；1941 年、1942 年度数字，系根据林政年史所得；1944 年数字，系根据伪满林政司交接书中数字所得。

降至 40 万吨，作为 1941 年、1942 年两年的生产计划而付诸实施，同时要求有关省、县、伪满兴农部、开拓总局、开拓团等各方面极力配合，剥削采伐工人夜以继日地进山作业，军方也自行烧制，至 1943 年 5 月，终于生产出接近指标数量的 38 万吨的木炭。

为了加紧生产出关东军所要求的木炭量，日本侵略者又向各林野局摊派任务，其中牡丹江营林局 15 万吨，北安营林局 15 万吨，齐齐哈尔营林局 5 万吨，林野局直辖营林局 5 万吨。烧炭地点的选定也很重要，必须在距离演习的边境地带较近的地区、距离采伐林场较近的地区、有较为丰富的阔叶树林的地区、方便向铁路干线运送的地区。这些限制条件无论在物资供应还是森林警察巡逻方面都极为有利，同时还能共同使用物资储藏库以储备物资，个别地方还单独设置了"制炭事业所"。在人力方面，因为烧炭是技术要求很高的作业，从东北当地招募的农民对采伐和烧制工作完全没有经验，只能专门从日本聘请技术人员，但并不能获得所期望的更多的技术人员。于是在东北的普通日本人或开拓团里招募有经验的烧炭人员，考试合格者则作为临时制炭指导员分配到各营林署，同时也对东北农民进行紧急培训，分配至各烧炭场。在运输方面，如何从生产工地将烧制成的木炭运送到铁路干线车站是最大的问题，因为好多地方没有铺设森林铁路，必须将木炭装麻袋或草袋，用马车或雪橇进行远距离运输，但在物资短缺的情况下，运送工作一度陷入停顿状态，因此，38 万吨木炭只有 36 万吨交到关东军手中，剩余 2 万吨仍在车站空场或工地上任其搁置。后来日本想把这批剩余木炭输出到日本去，但因战局已进入太平洋战争阶段而终未实现，至于向内销更没有出路，仅有锦州、大连等地木炭合作社购买一些，剩余的一直堆积到日本战败，造成大量林产品的浪费。

从表 5-10 中可以看出，日本在投降前对木材的需求量极大，通过伪满政府分派到各省的数量也是相当惊人，但是直到战败，各省均未达成目标，总计完成量尚不足摊派的一半。即便如此，由于运输力不足，薪柴和木炭的堆积和未到达目的地的现象普遍存在。

表 5-10   1945 年前各伪省薪材、木炭生产量

省份	薪柴（垛积：立方米）		木炭（吨）	
	分担数量	向伪政府供出	分担数量	向伪政府供出
牡丹江	349800	238000	18970	12470
东安	95000		8160	4660
三江	400000	160000	10500	6500
北安	373800	198500	15160	12160
黑河	15000		3180	1180
兴安	359000	79000	12000	8000
滨江	470000	178000	9500	3000
吉林	365000	185000	21600	6600
通化	320000	102000	39060	21510
"间岛"	610000	375200	21700	15150
奉天	50000		1470	
安东	70000		1200	
四平	53000		250	
合计	3530600	1515700	162750	91230

资料来源：东北物资调节委员会研究组编：《东北经济小丛书 林产》，中国文化服务社 1948 年版，第 89 页。

　　满铁烧制木炭不仅供自身和关东军使用，也对外输出，主要的输出国是朝鲜、日本、苏联，输出的港口以大连港为最多，安东次之，营口相对较少。从输入国来看，大连占据最优的地理位置，运往青岛的木炭也由大连港输出；安东港主要运往朝鲜和天津。无论是陆路运输还是海路运输，当时都由满铁把持，满铁在木炭的掠夺方面除伐木烧制之外，几乎包揽了所有的运输，大量的木炭被运往各地及朝鲜、日本、苏联，致使东北的木材源源不断地流失。从表 5-11 伪满 1923—1931 年木炭输出、输入的情况来看，伪满洲国输入日本朝鲜的木炭从 1925 年开始就一直是出超，1930 年达到一个峰值，而日本和朝鲜输出到伪满洲国的木炭只有 1923 年和 1924 年两年是出超。在当时，日本完全掌控木炭的生产销售，出超越大意味着木材的消耗越大，即对东北的森林资源掠夺得

更多，九一八事变之后东北完全沦陷，日本输出东北的木炭更是肆无忌惮，于是东北的林业资源遭到了摧残性的打击。

表 5-11　　　　**伪满木炭输出、输入情况**（1923—1931）　　　（单位：担）

年次	输入				输出				输出入差
	日本	朝鲜	苏联	总计	日本	朝鲜	苏联	总计	
1923	3650	7828	513	11991	39939	3390	—	43329	(31338)
1924	2051	11126	517	13694	8450	13825	118	22393	(8699)
1925	2846	8896	722	12464	5681	2744	—	8425	4039
1926	2729	22826	374	25929	3266	534	—	3800	22129
1927	2419	24770	343	27532	24	1026	—	1050	26482
1928	2378	27020	67	29465	61	181	—	242	29223
1929	3081	29499		32580	58	109	—	167	32413
1930	3132	31952	166	35250	—	115	—	115	35135
1931	1851	20491	65	22407	6	793	—	799	21608

资料来源：［日］满铁经济调查会：《满洲林业方策》，1935年，第346—347页。吉林省社会科学院满铁资料馆藏资料，编号17099。

（二）东北木材供给日本造纸

"人类智慧达到近代文明日新月异程度的标志之一就是以植物纤维为原料而勃兴的科学工业，造纸业即为其中之一。"[1] 当时全世界每年消费纸张约900万吨，其中750万吨由木材制成，约占消费总量的80%。[2] 而东北木材中适合做造纸原料的种类为柏松、臭松、杉松等，满铁综合各方面调查推测，鸭绿江材的蓄积量为3500万石，吉林材1亿万石，"北满材"1500万石，三姓材13000万石，即便除掉误差，仅鸭绿江材和吉林材适合用作纸浆的木材的半数亦可达7000万石，因此，造纸业将在东北大有作为，首先原料木材的利用年限丝毫不用担心，

---

[1]　伪满洲国兴农部林野总局：《满洲国林政年史》，1944年，第98页。吉林省社会科学院满铁资料馆藏资料，编号23237。

[2]　唐凌阁：《东三省应设木材造纸厂之意见及其计划书》，《中国建设》1930年第2卷第1期。

木材以外的原料如苇、蒿、麻屑、高粱、大豆秸秆等也唾手可得。①
"造纸原料在东北当然为木材，取之不尽，用之不竭"②，更有人认为
"取用此等资源，不仅足供我国全国造纸之需，即供给全东亚各国之
需求，亦无不足之感"③。

　　早在清末，清政府就已谋划运用东北木材发展造纸工业，并派人
赴日考察，准备开工造纸印刷，与外国纸张争夺市场。但因战乱和列
强对东北三省的分割，中国近代民族造纸计划最终均宣告流产，只限
于"纸上谈兵"而未付诸实施，"中国当局，在九一八事变以前，曾
经屡次计划造纸，可是，都不曾成为事实"④，鸭绿江造纸株式会社经
理中岛三代彦曾如是说。"民国十五年以前之国产纸，仅为旧式之手
工造纸而已，年产约五十万元左右；十五年以后鸭绿江制纸，满洲制
纸，及其营口分厂等每年可生产机器造纸一五○万元至一八○万元左
右"⑤，从中可以看出，1927 年之后的机器造纸工业基本都是日资企
业，因此收益中的大部分归日本所有，中国只得到其中极微弱的一小
部分。

　　伪满洲国成立前，东北的造纸工业仅有位于安东的鸭绿江造纸厂，
对于日本的造纸资本而言，等于是未开垦的处女地。而日本侵占东北
后，凭借资金和技术的优势，成为操控东北造纸业的主导，尤其是在日
本内地人造丝工业急剧发展，人造丝溶解浆需要量激增的背景下，日本
企业发生激烈的投资竞争，当时有 20 多家会社竞相提出向中国东北投
放资本的申请。1917 年 12 月，王子造纸株式会社在具有浓厚军事性质
的川西财团的支持下于吉林设立"富宁股份有限公司"，资本额 200 万
元，成为打入中国东北的第一家日资造纸企业，其来势汹汹，意图垄断

　　① ［日］满铁：《满洲造纸及纸浆工业》，1933 年，第 1 页。吉林省社会科学院满铁资
料馆藏资料，编号 23966。
　　② 蔡镇瀛：《东北造纸事业之商榷》，《东北新建设》第 3 卷第 4—5 期合刊，1931 年。
　　③ 《东北造纸原料及其供求状况》，《物调旬刊》1947 年第 30 期。
　　④ ［日］中岛三代彦：《东三省造纸及木浆》，载日本工业化学会满洲支部编《东三省
物产资源与化学工业》（上），沈学源译，商务印书馆 1936 年版，第 279 页。
　　⑤ 国民政府主席东北行辕经济委员会经济调查研究处编：《东北造纸业概况》，经济调
查研究处，1947 年，第 18 页。

东北的造纸业，但因关东军的强烈反对，二者的合作意图并未实现，不久该公司便宣告倒闭。但王子造纸引领了日本资本投入中国东北的造纸业，随后 1918 年至 1921 年，日本资本先后在大连（1918 年建松浦制纸会社、满洲制纸会社）、营口（1921 年建营口制纸会社，后被满洲制纸会社合并，作为其中一个分场而存在）纷纷投资建厂，产品除供应当地市场外，还通过满铁销往沿线附属地，但是由于资金的不景气等原因，不久即宣布破产。① 其间尤其引人注目的是 1919 年 5 月于安东成立的"鸭绿江制纸株式会社"，属大仓系，投资 500 万日元，"意在垄断鸭绿江流域木业全权，造成世界纸料策源地，使中外国人再无插足余地"②，"东北全境能大规模制纸者，只此一所"③。该会社 1921 年开始制造纸浆，原料为鸭绿江流域产的杉松及输入库页岛木材混用。但会社"生不逢时"，时逢第一次世界大战结束大量欧美纸浆销往东亚市场，日本国内纸浆积压严重，日本政府强令其停产，后于 1926 年复工再建，产品质量上乘，主要出产用于印刷、染色、书籍、包装的有光纸、彩色有光纸、宣纸、毛边纸、烧纸、包装纸等，"品质介于欧洲、日本之有光纸与我国原有之手滤纸之间"④，主要销往天津、山东等地，利润大幅增加，1928 年产值 170 万日元，比 1927 年增加 70 万日元。⑤

随着战局的发展，日本对木材纸浆的需求不断增加，1936 年的需求量达到 1920 年的 9.16 倍，供需严重失衡，一度达到每输入 40 万吨纸浆需要 1 亿日元。据业内人士推测，未来 10 年需求量将达到 200 万吨，因此耗资巨大，"以此等趋势，应对日满一体的满洲国纸浆资源持有重大关心"⑥，因此，日本纸浆投资者以满洲纸浆股份有限公司请愿申请开办

---

① ［日］满铁调查股：《满蒙全书第四卷之满蒙林业讲座》，满蒙学校出版部 1934 年版，第 95 页。

② 浩然：《中日两国人在鸭绿江下游制纸事业之概况》，《中东半月刊》1930 年第 1 卷第 7 期。

③ 《东北造纸业日厂扩充营业》，《大公报》1931 年 2 月 28 日，第 5 版。

④ 东北物资调节委员会研究组编：《东北经济小丛书　纸及纸浆》，中国文化服务社 1947 年版，第 3 页。

⑤ 任君实：《安东商工述略》，《中东经济月刊》1931 年第 7 卷第 6 期。

⑥ 伪满洲国兴农部林野总局：《满洲国林政年史》，1944 年，第 98—99 页。吉林省社会科学院满铁资料馆藏资料，编号 23237。

企业为契机，东满人造丝软浆会社、满洲造纸工业、日满造纸会社相继出现，由此，1932 年 3 月，关东军特务部决定：在林力许可范围内，允许兴办造纸业。所谓的"林力许可范围"实际上是指必须在关东军的控制下，首先满足关东军对木材的需求，营业年限为 25 年，原材料供给须直接或间接置于伪满洲国业务司的统制下，实际上是置于关东军的统制下，而此时关东军将伪满洲国的林业委托满铁管理，因此背后的实际统制规划均置于满铁的统一管理之下。发给内部许可证的条件是：应在一年之内完成对指定区域内的木材资源调查，并做出建场计划。1936 年 3 月，四个会社与伪满洲国签订合同，发放内部许可证，合同规定："一、满洲国的纸浆工业属自由企业范畴，其原料和木材的供给需纳入木材统制；二、森林以国营为原则，作为纸浆原料的木材，需由直营'国有'林及经'国有'林代理机关供给，经'国有'林许可的特定纸浆工业者，需在'国有'林当局指定的原料木材供给限度内营业；三、满洲国纸浆工业原料材的采伐量大约为京图沿线 40 万石，北铁东部沿线 20 万石，三姓地方 40 万石，共 100 万石；四、原料木材供给采取一元制统制，纸浆工业者希望在满洲广大森林域内确保当事者交通治安相对较好的地区划定纸浆企业原料供给范围；五、允许一元制统制下数社并立的同时，允许组织合同企业的经营；六、合同企业体的组织依靠企业自愿者的自治协议的同时，接受满洲国实业部的指导援助；七、合同企业体的资本金额、出资方法、工场位置、规模、设立时期、制品种类、贩卖方法等计划需详细向满洲国实业部申请设立许可。"[1] 根据合同，各造纸会社采伐木材的范围如表 5-12 所示。

表 5-12　　　　　　　1932 年造纸木材供给区域及年采伐量

地区	原料供应预定区域	年采伐量（万石）
"间岛"	"间岛"、北铁东部沿线的一半、图宁线	20
吉林	安图线、抚松线、濛江方面	20

[1] 伪满洲国兴农部林野总局：《满洲国林政年史》，秘，1944 年，第 99—102 页。吉林省社会科学院满铁资料馆藏资料，编号 23237。

地区	原料供应预定区域	年采伐量（万石）
敦河	大同林业的区域及拉滨线沿线	20
三姓	依兰道方面及北铁东部沿线的一半	40
安东	鸭绿江右岸区域	30

资料来源：伪满洲国兴农部林野总局：《满洲国林政年史》，秘，1944 年，第 101 页。吉林省社会科学院满铁资料馆藏资料，编号 23237。

在有了关东军的营业许可和采伐木材的划定区域之后，以上四个会社相继建立，开始了日本造纸业对东北的木材疯狂掠夺的局势，新工场均于 1938 年开工，而且都是溶解纸浆的生产中心，产品均向日本输出。与此同时，日本政府设置造纸委员会，随时审核造纸计划，并于 1938 年内阁会议上，将委员会审核增产计划的结果综合为日满造纸增产五年计划，预计 1942 年完成，完成计划最终年份的日本总供应量之中，从中国东北输入部分估计为 30 万吨，占总供给量的 18%，其中人造纤维有 15 万吨，而日本国内的人造纤维纸浆增产部分仅为 19 万吨，[①] 可见中国东北的人造纤维浆的生产成为日本的重要输入地。

另外，1937 年 4 月开始的"满洲产业开发五年计划"中，造纸原料生产目标 1942 年定为 2 万吨，但到 1938 年 4 月一举上调为 40 万吨，其中木材纸浆即为 30 万吨，于是 1938 年 9 月为了增产造纸木材生产具体化，遂决定："（甲）由于大、小兴安岭的开发，1942 年度要生产造纸木材约 8 万立方米；（乙）政府将用 3000 万元经费充调输送设施；（丙）在佳木斯、黑河、牙克石设立三工场，以年产 23 万吨各种造纸材料，作为生产目标；（丁）为经营管理造纸工场，用 2 亿元资金开设特殊会社（满洲政府与需要纸浆厂家各出一半资金）。"[②] 但是从 1938 年起，由于上述增产情况，原木的消费量一举增多，而新建的工场由于无季节工的生产效益，至 1937 年仅生产约 6 万立方米的木材，可是不久，由于雇

———————
① ［日］满洲国史编纂刊行会编：《满洲国史 分论》（下），东北沦陷十四年史吉林编写组译，东北师范大学校办印刷厂印刷 1990 年版，第 172 页。
② ［日］满洲国史编纂刊行会编：《满洲国史 分论》（下），东北沦陷十四年史吉林编写组译，东北师范大学校办印刷厂印刷 1990 年版，第 172 页。

用季节工人，生产量迅速有所提高，1938 年生产 18 万立方米，1939 年达 23 万立方米。[①] 但是好景不长，1939 年 9 月第二次世界大战全面爆发，德国机器输入上述各地，佳木斯、黑河、牙克石三场旋即计划流产。此外，在佳木斯设立"满洲造纸株式会社"，在辽阳设立"满洲林产化学工业株式会社"，直至日本战败投降仍均在建设中。当时部分日资投建的纸浆工场的生产和建设进度见表 5-13。

表 5-13　　　　　　　　东北日资纸浆工场一览

工厂名	厂址	建筑年度	年终生产能力（吨）		
			亚硫酸软浆	碎木软浆	合计
鸭绿江制纸株式会社	安东	1921	15000	3000	18000
日满纸浆制造株式会社	敦化	1938	15000		15000
东满人造丝软浆株式会社	间岛省开山屯	1937	15000	2000	17000
东洋纸浆株式会社	"间岛"省石岘	1938	15000	2000	17000
满洲纸浆株式会社	牡丹江	1938	15000	2000	17000
满洲造纸株式会社	佳木斯	建设未了	（4000）	（14000）	18000
满洲林产化学工业株式会社	辽阳	建设未了	（15000）		（15000）
合计			75000（19000）	9000（14000）	84000（33000）

资料来源：东北物资调节委员会研究组编：《东北经济小丛书　林产》，中国文化服务社 1948 年版，第 112 页。

（三）火柴业对东北木材的掠夺使用

火柴常常被比喻为"微物"和"廉价物"的代表，"但亦为日用必需品"[②]。"在日本，使用火柴杆的数量据说每人每天需 5 根，按此计算，

---

① ［日］满洲国史编纂刊行会编：《满洲国史　分论》（下），东北沦陷十四年史吉林编写组译，东北师范大学校办印刷厂印刷 1990 年版，第 173 页。

② 《长春火柴业近况》，《工商半月刊》1929 年第 1 卷第 22 期合刊。

日本9000万人每天4亿5000万根；满蒙号称有3000万人，同理每天需使用火柴杆1亿5000万根，日满两国每天就使用6亿根，可谓天文数字。据此可以推算，满蒙每天火柴的消费额达35万箱才能达到自给自足。"① 这是满铁经过调查得出的结论，至关重要的是，"因为东北森林资源中，适合做火柴杆的各种树种的蓄积量丰富，所以作为原木我国也大量输入"②，因此，日本人发现火柴"虽属微物"也大有利可图，遂决定插手东北的火柴业。

最初，安东被称为火柴杆原料生产重地，后因为鸭绿江材作为火柴杆的制材缺货，因此渐渐开始使用吉林材作为火柴杆的制材，而且吉林材的蓄积量极其丰富，前景可观，因此"可以成为将来满洲燐寸工业的强有力的基础"③，成为火柴杆所用木材的重要生产地。如果按年生产额40万箱所需要的火柴杆为1200万才（一箱相当于30才）来计算，吉林材年供给量可达4125万才，其中濛江17270608石，桦甸23905388石，敦化8819447石，额穆20293997石，安图24291517石，抚松37029261石，共计达131610218石，④ 因此日资的投资目标首选吉林材方便运输的吉林周边各地。

东北的火柴业始自清末天津，"三省的火柴事业主要之中心，为吉林、长春、沈阳、营口，其专制火柴棍者，则在安东及吉林"⑤，日本资本进入东北则在日俄战争后，东北第一家火柴工厂成立于1906年，是日人佐藤精一与东北当地5位实业家于长春设立的，名为"广仁津火柴公司"，后转手"经日本广岛一富有者赞助，吸收30万元股金"，由日

① ［日］满铁调查股：《满蒙全书第四卷之满蒙林业讲座》，满蒙学校出版部1934年版，第90页。
② ［日］满铁调查股：《满蒙全书第四卷之满蒙林业讲座》，满蒙学校出版部1934年版，第91页。
③ ［日］满铁经济调查会：《满洲火药类统制及燐寸工业方案策》，载《立案调查书类第六编第一三卷》，极秘，1935年，燐寸工业方案策，第45页。吉林省社会科学院满铁资料馆藏资料，编号17086。
④ ［日］满铁经济调查会：《满洲火药类统制及燐寸工业方案策》，载《立案调查书类第六编第一三卷》，极秘，1935年，燐寸工业方案策，第45—46页。吉林省社会科学院满铁资料馆藏资料，编号17086。
⑤ 莘庵：《东三省制造木材事业（续）》，《中东经济月刊》1930年第6卷第9期，"论著"，第83页。

人高部翁助接手重组为"日清燐寸株式会社"①，以吉林、哈尔滨市场所售椴木为原料，具有相当规模，工人曾一度达 350 人，日产量为 130 箱至 150 箱，② 主要供应长春周边使用，同时也销往"北满"一带。其后，在吉林、营口等地陆续出现日资火柴公司，其中包括：1913 年营口有了关东火柴公司、三明火柴厂之设，1914 年佐藤精一卷土重来，联合日人内垣实卫、池田清次在吉林设立吉林燐寸株式会社。东北木材丰富，工资低廉，因环境优越，火柴业逐渐发展，第一次世界大战前后，日资兴办火柴实业出现了一次飞跃，"实有一日千里之势"③，在所有木材关系诸工业中，火柴工业具有压倒其他工业之势。各日资火柴公司不断扩大势力占据市场，"长春县境及德惠、伊通等县所需火柴，一律经日人供给"，仅日清燐寸会社"于东省境内设立工厂不下十余所，年产火柴约 50 万箱"④。吉林燐寸株式会社也在辽宁、吉林两省广设分厂拓展势力，中国东北当地的民族火柴业渐渐支撑不住，纷纷被并购或廉价收买：1915 年，在长春设分厂，1917 年，并购华商经营的双城堡火柴厂，1918 年，收买奉天火柴厂改为奉天分厂，1919 年，再度收购双城堡华兴火柴厂的设备在吉林设分厂。⑤该厂大量利用东北的木材，"除生产成品黄磷火柴外，还大量生产火柴杆供应分厂，并销往日本、上海、香港、澳门等地"⑥，该厂拥有 70 马力的蒸汽发动机，专门用来制造黄磷火柴的火柴杆，火柴杆所用木材的原料是产于长白山附近的白杨树，包装箱则使用松树作为原料，后随着向东支沿线的扩张，火柴杆的取材由原来以吉林材为主逐步扩大了范围，因此月制造额达火柴 4000 箱（一箱 200 打入）、火柴杆 20 万把。⑦ 盛极时该厂工人

---

① 于祺元编著：《长春文史资料》第 75 辑《往事存真》，长春市政协文史资料委员会 2007 年版，第 67 页。

② 中国银行总管理处：《东三省经济调录录》（全一册），载沈云龙主编《近代中国史料丛刊三编》（第二十八辑），文海出版社 1987 年版，第 218 页。

③ 东北物资调节委员会研究组编：《东北经济小丛书 林产》，中国文化服务社 1948 年版，第 118 页。

④ 《长春火柴业近况》，《工商半月刊》1929 年第 1 卷第 22 期。

⑤ 郑宇：《近代东北森林资源产业化研究》，博士学位论文，吉林大学，2017 年，第 174 页。

⑥ 丁树林：《吉林市火柴厂沿革》，载政协吉林市昌邑区文史资料工作委员会编《昌邑区文史资料》第 2 辑，1990 年，第 3—4 页。

⑦ ［日］满铁社长室调查课：《满蒙全书》第三卷，满蒙文化协会发行，1924 年，第 583 页。吉林省社会科学院满铁资料馆藏资料，编号 21000。

达1000余人，大多是东北当地人，只有少数作为监工的日本人，年生产能力100700箱，成为当时东北地区规模最大的火柴公司，时人认为东北火柴市场"遂为日人独占"①。

火柴虽小，却引起了一场商业大战。1920年代末期，在日本席卷火柴工业、号称"世界火柴之王"的瑞典火柴同盟大同燐寸会社强势杀入东北，购买了大部份日资火柴公司的股份，以谋垄断东北的火柴工业。在东北，"从来就是日本制火柴的独占市场的，顾自瑞典火柴托拉斯侵入日本内地之后，日本在东北四省的火柴市场，亦便轻轻地转至瑞典火柴托拉斯之下了"②，中日瑞资本的火柴工厂激烈竞争，导致东北火柴市场呈混乱状态。为了抑制瑞典资本，东北政府曾课以重税，但收效甚微，因此，日本联合东北的同业者成立了"东三省火柴联合会"，号称"维持同业公共利益，矫正营业之弊害，及协力抵制外货之侵入"③，因为涉及华商的利益，因此也得到了民国政府的回应与支持，但"这种协助，仍不能阻止资本雄大的瑞典火柴公司的压迫"④。因此，在20世纪20年代，东北上演了一出中日瑞三国争夺火柴市场的大战，至1930年，东北火柴工厂有17家，其中日系4家，瑞系2家，其他均为东北本土民族产业。⑤从工场的数量来看，东北的火柴工业占多数，但日系和瑞典系也来势凶猛，因此东北的民族火柴工业在艰难中与日系和瑞典系的火柴业抗争，展开激烈斗争。随着华资工厂与日资工厂的抗争，不但自身企业不断壮大，而且还收购了部分日资工厂，"打破了日商对火柴业的垄断"⑥，据1929年的统计，东三省华资火柴工厂达11家。⑦

----

① 《东省火柴业之危机》，《河北省国货陈列馆月刊》1929年第4期。

② 郭世珍译：《东北火柴工业与瑞典火柴托拉斯》，《新北方月刊》1931年第2卷第1期。

③ 《东三省火柴同业联合会章程》（1927年10月），载辽宁省档案馆编《奉系军阀档案史料汇编》（6），江苏古籍出版社1990年版，第604页。

④ 郑学稼：《东北的工业》，东方书店1946年版，第145页。

⑤ ［日］满铁调查股：《满蒙全书第四卷之满蒙林业讲座》，满蒙学校出版部1934年版，第91页。

⑥ 魏福祥：《解放前辽宁工商业发展概述》，载中国人民政治协商会议辽宁省委员会文史资料委员会编《辽宁文史资料》第26辑《工商专辑》，辽宁人民出版社1989年版，第15页。

⑦ 阮静如：《中国火柴业之过去现在及将来》，《商业月报》1929年第9卷第11期。

中、日、瑞三国的不良竞争，导致整个东北的火柴制造业市场供严重过于求，1922 年前后，"生产已有过剩之嫌，因竞争销路之结果，多数工厂，均左右支绌，颓唐已极"①，东北地方政府为了控制同行业不同国家的恶性竞争，协调产销，严控火柴业的生产、销售和准入，遂着手在奉天、吉林、黑龙江、热河四省施行火柴专卖制度。1931 年 8 月，东北政务委员会颁布《东北火柴专卖条例》38 条，设置专卖总局，各省设立分局，达到了日本侵略者表面"维持中日火柴业共同利益，以抵御瑞典火柴势力之侵入"② 的宗旨，实质欲独霸东北火柴业的野心。不久九一八事变爆发，1932 年 1 月东北全境沦陷，东北各省纷纷自治，火柴专卖制度无法推行，因此，日本图谋设置作为贩卖机关的东北火柴公卖总处及各公卖处，从而确立火柴公卖制度。1931 年 10 月，成立东北火柴联合维持会，会长由日人佐藤精一担任，并派池田武范、富冈正太郎进行监督。1932 年伪满洲国成立后，日本成功取得统辖伪满洲国的火柴公卖权，之后不久又将公卖处以股份形式经营，日方占股 70%，中方只占 30%，并在《组织火柴公卖处方略》中规定"公卖总处之权由出资者指挥之"③，这样日本通过投资份额和法令完全控制了东北火柴制造业的产业链。直至 1937 年，伪满洲国成立"满洲火柴工业组合"，统制原料，实行配给，更划分市场，实行火柴专卖制度，课以重税，以谋增加伪满洲国国库之收入。1937 年至 1941 年 5 年间，各日资火柴厂的生产实绩如表 5-14 所示。

表 5-14　　　　　　　　东北各日资火柴公司产量一览　　　　　　（单位：箱）

公司	所在地	生产实绩				
		1937 年	1938 年	1939 年	1940 年	1941 年
吉林燐寸株式会社	吉林	27966	27331	31988	21175	21082
日清燐寸株式会社	长春	25045	27760	26150	22797	16343
关东火柴制造株式会社	营口	23531	27320	20930	27668	37344

① 任封都：《去年来东北火柴界之新事件》，《中东半月刊》1931 年第 2 卷第 21—22 期合刊。

② 《东北火柴专卖》，《益世报》1931 年 5 月 7 日，第 4 版。

③ 夏春红、吴雪娟：《试述东北沦陷前后黑龙江的火柴业》，《北方文物》2002 年第 3 期。

公司	所在地	生产实绩				
		1937 年	1938 年	1939 年	1940 年	1941 年
三明火柴厂	营口	59896	63266	56466	55466	70306
长春洋火工厂	长春	42746	51592	48950	36043	29077
宝山燐寸工场	长春	56393	56934	49444	43798	35753

资料来源：东北物资调节委员会研究组编：《东北经济小丛书　林产》，中国文化服务社1948 年版，第 120—121 页。

表 5-14 中吉林燐寸株式会社的投资七成为瑞典、三成为日本，日清燐寸株式会社的投资六成为瑞典、四成为日本。[1] 统计数据只到 1942年，之后几年因为资料的缺失无从统计，若以火柴用木材的配给数量来看，1943 年的生产实绩应该是 383300 箱，因为当年配给的原木数量为23000 立方米，1944 年为 366700 箱，当年原木的配给数量为 22000 立方米。

如上所述，东北的木材加工业是由日资所支配，但在火柴棍加工业上华资企业反而占优势。到 1934 年日本企业的生产能力为 225000 箱，实际生产量为 112000 箱。对此，华资企业的生产能力则为 495000 箱，远远超过日资企业的生产能力。1933 年开始的满洲火柴托拉斯（经营生产和销售）的参加者，1936 年时是 16 家，而日系参加者只不过 4 家而已。[2] 尽管如此，因为日本牢牢掌控火柴的销售，专卖时期对火柴征收重税，使华资火柴业举步维艰；实行公卖后，东北火柴公卖总处实行低进高卖，控制火柴业的日本坐收渔利，从中牟取暴利。而日本政府则以强划"商租地"的手段占据了东北的林业资源，东北的木材在轰隆的机械轰鸣声中被加工成一根根"洋火"销往世界各地。

---

① ［日］满铁经济调查会：《满洲火药类统制及燐寸工业方案策》，《立案调查书类第六编第一三卷》，极秘，1935 年，燐寸工业方案策，第 36 页。吉林省社会科学院满铁资料馆藏资料，编号 17086。
② ［日］满洲国史编纂刊行会编：《满洲国史　分论》（下），东北沦陷十四年史吉林编写组译，东北师范大学校办印刷厂印刷 1990 年版，第 174 页。

四　对副产物的采集与掠夺

满铁不仅对森林中的木材进行采伐和掠夺，对副产物也一并掠走。东北原始森林中因为经过几百年的进化，生态系统健全，物产丰富，刚开始日本掠夺的副产物只局限于森林中原始生产的菌蕈、毛皮、鹿茸等经济上、医药上的重要物资。随着满铁科研能力的加强，化学技术的进步，松脂、松香油、白桦油等油脂类，酒石酸、树皮纤维等新副产品层出不穷，这无疑加剧了日本对森林无节制的开发和利用。

（一）对皮毛的猎取

东北的兽类皮毛品质优良，其中鹿和虎作为药材来说都非常珍贵。毛皮兽类的毛皮价值很高，不但产值大，且为日本人所喜爱。尤其在"北满"，毛皮是防寒御寒不可缺少的必需品。毛皮兽类主要分布在吉林省、小兴安岭的山岳地带和蒙古草原地带，至于黄鼠狼类，则广泛地分布于东北各地。作为毛皮市场来说，以哈尔滨、奉天的毛皮市场为最大，吉林、三姓、齐齐哈尔、黑河、海拉尔次之。生产量大而使用价值也高的毛皮兽类有：黄鼠狼、黑貂、野兔、獾子、西伯利亚长毛鼬鼠、狐狸、板鼠等。此外，稀有而价高的毛皮兽则有：虎豹、大山猫、水獭等，甚至在世界市场都颇享盛名。其中，东宁地方平均每年需缴纳黄皮1000 坪、狐皮 30 坪、狸皮 100 坪、貂 30 坪，其中一坪为 6 平方寸。①

据满铁经济调查会调查报告称，吉林省东宁、老黑山一带主要的森林动物有鹿类、豹、栗鼠、狸、山猫、熊、狼、虎等，尤以鹿类和栗鼠居多，另外，猎捕虎、熊的陷阱随处可见。日本人驱使狩猎民深入森林深处放火驱赶猎物，并亲自配枪猎杀，引发山林大火时有发生。

以兴隆及围场为中心的热河林业副产品以毛皮交易为主，因为以清

---

① ［日］满铁经济调查会第二部林业班：《满洲林业资源调查报告》，资源调查书类第四编第三卷（续），吉林省东宁方面林业调查报告，1935 年，第 13 页。吉林省社会科学院满铁资料馆藏资料，编号 13097。

朝时候的木兰围场为基础，围城森林地区有专业的狩猎者，毛皮的质量
和数量明显高于兴隆地区，兴隆地区由乱猎造成的直接后果就是动物及
毛皮产量的减少。热河产的毛皮主要是经张家口、多伦运到关内，第一
次世界大战时也随着蒙古东部所产毛皮经围场、赤峰、洮南运往欧洲，
1919 年、1920 年达到鼎盛时期，热河地区各地市场所现毛皮数量如表
5-15 所示。

表 5-15　　　　　　　　**1920 年热河地区各地市场所现毛皮数量**　　　（单位：张）

种类＼地区	张家口	多伦	赤峰
猞猁皮	150000		
狐狸皮	300000	2000	10000
獭子皮	300000		
獾皮		100	
灰鼠皮	500000		15000
狼皮	100000	500	2000
狗皮	50000	6000	20000
山猫皮		8000	10000
貉皮		1000	

资料来源：［日］满铁经济调查会第二部林业班：《满洲林业资源调查报告》，资源调查书
类第四编第三卷，以兴隆、围场县为中心的热河林业报告书，1935 年，第 218—220 页。吉林
省社会科学院满铁资料馆藏资料，编号 13097。

表 5-15 是根据蒙古地志记载的数量，并没有对蒙古产的毛皮和热
河产的毛皮的数量进行区分，但从中也可以看出，张家口成为毛皮的重
要集散地，其次是赤峰。从满铁经济调查会调查的结果来看，东北森林
所产的毛皮被大量贩卖到关内和欧洲，东北森林的生物链遭到掠夺性的
破坏。以茂密森林为主要活动生存范围的野生动物逐年减少，珍稀动物
如东北虎、梅花鹿面临灭绝危机，黑熊、野猪、狍子等很难见其出没。
一个原始森林如果经历相当长的一段时间没有遭到非自然的显著干扰，
就能表现出独特的生态特征，并可能被归类为顶极群落。原生特性包括

多样化的森林结构，并且能提供多样化的野生动物栖息地，从而增加了森林生态系统的生物多样性。东北的大片原始森林即为这种顶极群落，但日本侵略者完全打破了这种生态平衡，对森林进行了毁灭性的掠夺和破坏，对野生动物进行了灭绝性的捕猎，造成了原始林业资源的大幅度削减，进而对生态系统造成了严重的破坏。这是反人类的行为，是对人类生存环境的犯罪。

（二）对菌蕈和药材的采集和培植

东北所产菌蕈除有营养价值外，尚有药理之功效，相当珍贵，但因受运输和保存条件所限，木耳、榛蘑、元蘑、白蘑等成为日本主要掠夺品。这些菌蕈多为野生，只有黑河地区有少量人工栽培，成为当地农民最主要的副业。每年五六月份，在青沟岭伐倒的天然柞树地区选取避免阳光直射、阴暗潮湿的林地，经过三四年的人工培养而成为木耳的培育基地。木耳采摘后，在林地内搭建房屋，利用简单的干燥装置焚火进行干燥，产量较少的地方也利用日光进行干燥，进行包装后经梨树镇运用铁路依次运往哈尔滨、长春、奉天、安东等地的市场进行贸易。据伪满黑河营林署统计，该地区人工培育的产量为 1936 年 360360 斤，1937 年 854127 斤，1938 年 69628 斤。[①] 后因日本移民不断增加，需求量渐增，伪牡丹江营林局曾试行栽培木耳及其他有营养价值的食用菌，所生产的菌蕈大部分被日本侵略者尽数掠走。吉林省老黑山一带人工栽培元蘑，特别是"黑菜营"作为蘑菇产地而远近闻名，当时黑河地区每年向外运输 10 万斤左右，与之相比，老黑山的"黑菜营"、罗子沟地区刚刚开通，而且以黄蘑和木耳为主，对外运输的数量相对较少，黄蘑每年 2 万斤，木耳 1 万斤。[②] 另外，在小兴安岭的吉里尔哈山脉也可见人工培育，首先将 70—80 年生的壮龄柞树 100

---

① 东北物资调节委员会研究组编：《东北经济小丛书 林产》，中国文化服务社 1948 年版，第 90 页。

② ［日］满铁经济调查会：《满洲林业资源调查报告》，资源调查书类第四编第三卷（续），吉林省东宁、汪清方面森林调查报告，1935 年，第 68 页。吉林省社会科学院满铁资料馆藏资料，编号 13098。

棵砍倒放置，经过 2—3 年后即可长出木耳，栽培方式极其粗放，根本没有任何技术可言。① 在日本侵略者的驱使下，受经济利益的诱惑，当地无栽培技术的农民也进行滥伐，导致大量无法利用的树木荒废，使森林的生态系统遭到了极大的破坏。

东北森林中药用价值最高的当数人参。东北地区山参的采取始于唐代，因为采掘已久，所以到近代山参所剩寥寥无几，日本人控制山参的销售后，上等的山参几乎都要经过日本人之手，黑河地区年产额的 20 斤尽数归日本人所有。② 因此人工栽培成为人参的主要生产方式，其主要做法是将优良的朝鲜松林采伐后，在该地经营参园，尤以长白山麓及抚松、安图两县所产之园参最为著名，后因物价上涨生产费用日高，再加上日本人将高丽参引入东北，东北的人参栽培已不似刚开始时兴盛了。

(三) 人工提取木材副产品

东北的树皮除供作燃料外，向来不作其他使用，因移民越来越多，对各种纤维需求量增加，满铁研究树皮纤维越来越被重视。树皮用途最大者首推椴树，可制纲索以代替尼龙绳成为船舶用绳的主要来源，因需求量颇大，生产规模日渐扩大，树龄 14—15 年所剥的椴树皮最为理想，一人一日的采取量约为 50—60 千克，日本投降前夕的年产量达 8000 吨。③ 黄波罗树皮自古即可入中药，或用作黄色染料，此为人所共知，至于外部之软木尚未被开发，日本侵入东北后，黄波罗软木即被开发为软木瓶塞，除此之外，软木还可以作为保温、隔音的材料被满铁开发销往世界各地。意气松、鱼鳞松、柞树等树皮中含有 7%—18% 的单宁，作为单宁

---

① ［日］满铁经济调查会：《满洲林业资源调查报告》，资源调查书类第四编第三卷，中部小兴安岭吉里尔哈山脉森林及地方农村调查报告，1935 年，第 97 页。吉林省社会科学院满铁资料馆藏资料，编号 13097。

② ［日］满铁经济调查会：《满洲林业资源调查报告》，资源调查书类第四编第三卷（续），吉林省东宁方面林业调查报告，1935 年，第 13 页。吉林省社会科学院满铁资料馆藏资料，编号 13098。

③ 东北物资调节委员会研究组编：《东北经济小丛书　林产》，中国文化服务社 1948 年版，第 91 页。

的原料，每年仅含有单宁的树皮产量约 6 万吨。蒙古桑等树种因为生产速度快，可作为纤维的大量原料而被伪满栽植。满铁还将榆、杏、柞、松等树皮加以干燥制成木粉，用作线香的原料以供民需，或作火药以供军需及矿山之用，辽宁省本溪县所产之木粉，占全东北生产总量的70%。制造木粉所用原动力是以力回转，水车磨碎木片而成粉，1945 年日本投降时，本溪共有水车 165 处。另外，只限于朝鲜松特有的松脂也被提取，松脂可用作溶剂、封蜡等，常用的松脂生产方法是将生长的树木切口，使其渗出液体凝固而成。一人一天自树干切口可采取 9—12 千克，自根部切口可采取 4 千克，东北地区朝鲜松生长于原始森林，树木高大无法在树干上提取，因此只在树根或从伐倒的树木切口处提取，年产量有限，仅为 50 吨左右。

第六章

满铁对木材从业者的雇用与奴役

东北木材生产区域过大，而且采伐的地区多为原始森林，因为树木高大笨重，搬运距离也远，因此入山伐木颇耗时力，需要大量的人力及畜力。林业与其他产业不同，林业必须以确保劳力为生产的绝对条件，而其他的产业可以用机械来弥补人力的不足。如果雇用技术不熟练的工人作业或者减少工人数量，则木材的产量将不能得到充分的保证；且将大树砍倒锯成一定尺寸的木材，再搬出林外等工作看似简单，但非熟练工人不能为之。事实上，无论伐木、制材、集材、搬运等，都需要具有相当技术的工人，势单力薄、资本匮乏将无法完成采伐作业。

一 对东北伐木工的雇用和剥削

满铁为了保证木材的产量，使用了大量的东北伐木工人，一般按每采伐10万立方米使用3万人的标准来招募。① 伐木工人因此根据木材的不同生产阶段所从事的劳动也各有不同，主要有：从事造林事业的造林工人，从事采伐和搬运木材的伐木工人，在靠河流运送地域有作为熟练工人的流送工人。其中，从事伐木运材的工人，多半都由承包的把头率领。

---

① [日]满铁：《林材生产量、森林劳动者、木炭增产计划》，第1页。吉林省社会科学院满铁资料馆藏资料，编号24374。

（一）把头制——伐木工人的劳务组织

封建把头制度是中国历史上遗留下来的封建半封建的管工制度。在这种制度下，把头利用各种封建关系，如地域、宗法关系、帮会控制以及债务等关系将工人牢牢控制在自己手中，而工人则是失去人身自由的半奴隶式劳动者，依靠把头获得工作机会以维持生活，在把头和工人之间是一种人身隶属关系。日本侵略者正是看中了这种束缚工人人身自由的封建关系，将推行把头制度作为其劳动管理上的一项重要措施，使这一反动腐朽的劳动组织形式长期延续并普遍推行，为了招募、指挥和监督中国工人，由把头站在日本人和工人之间传达命令和担任作业的指挥监督。封建把头制度使日本人轻而易举地解决了招募、指挥和监督工人的困难，日伪企业的资本主义剥削、日伪政权的法西斯统治与中国的固有封建把头制度相结合，形成了最野蛮、最残酷、最灭绝人性的劳动管理制度。

东北伐木工的劳务组织，多为把头制度。营林分署将每年采伐木材的数量分别承包给几个专业从事采伐的把头，包括采伐、造林、集材、运材、归楞等全部作业，把头在车站楞场交货。营林分署先支付部分预交金，楞场验收后结算付清，也以合同为相互约束。合同签字时各把头宴请分署全体人员，分署不管伤亡事故。虽然名义上叫组织生产，管理山场，实际上合同定完就算组织生产，山场从无人进入，但差费都不少领。楞场交完货就算完事。每到砍伐林木作业期，熟练工人都集中于把头之下，在把头处领一部分资金，用来购置采伐所需衣物器具及安置家属，然后集中进山作业。把头有街把头和山把头之分，也有大小之分。街把头常住市街筹措资金，购置食粮、衣物、器具等进山必需品，从事会计财务工作，以及对外联络等事宜，有时也进山监督工作。由于街把头所办事务及对外联系广泛，所以除头脑、手腕灵活以外，还须有一定的社会信用和威信，否则无法完成各项工作。山把头则是直接进山，与工人同吃同住，对工作的采伐作业进行指挥和监督。山把头之下有工头，根据不同的工种可细分为材工头（山头）、放树工头（伐木头）、砍方子工头（制材头）、道工头（修道头）、爬犁工头等，每个工头之下配备一定数量的工人。工人数量根据从事的作业大小轻重而多寡，多者达四五百人，少则仅十数人；首先以东北人为主，占从业人数的81%，其次是朝鲜人占15%，再次是日本人占3%，最后是白俄人占1%。[①]

封建把头制度的组织形式是以大把头为核心，大把头雇用二把头，二把头雇用小把头，小把头雇用"拉杆的"，还有带班的、催班的、遛掌子的等名目繁多的小工头。"拉杆的"是最小的工头，他们手中拿的是五尺杆子，它既是分配活计的度量工具，也是毒打工人的凶器。随着日伪推行加紧掠夺东北资源开发计划及侵略战争的长期化，日伪对劳动力的需求大增。劳动力供不应求，工人流动率上升，出工率下降，熟练程度大为降低，日伪企业越来越依靠强制手段，迫使工人增加劳动强度来维持生产。为了招骗更多的工人，以及更严密地监视工人，野蛮的把头制度受到日本人的青睐。1940年后，利用封建把头制度，成为日伪实现其掠夺计划、加强劳动管理的一项重要政策。封建大把头成为日本侵略者压迫剥削工人的得力帮凶。他们用尽各种骗术招骗工人，使用小恩小惠笼络工人，雇用腿子、打手监视工人，用最残暴的手段强迫工人出工等，来保证日伪企业所需劳动力。日伪企业依靠把头招骗统治工人，把头则借助侵略者的权势榨取工人的血汗，二者互相勾结形成最野蛮的管工制度，在这种制度下工人被榨尽了最后一滴血汗。

把头对工人的剥削压榨十分残酷，名目繁多。大小把头通过做假账、"吃空头"剥削工人的工资。把头从招工起就对工人进行剥削，如果招工费是由企业负担，从工人的工资中扣除，把头就从路费、饭费、住宿费中进行克扣，使工人在旅途中遭罪；如果招工费是把头自己负担，就加重从工人工资中扣还。他们巧立名目，除扣铺底费外，还有什么手续费、电灯费、预收费、报国捐、大柜筹款、炕长费、共济金、水袜子费、柳条帽费等，甚至把修老君庙的费用也扣去。日伪企业和把头联合剥削，使得工人走投无路，一个单身壮年工人连自己都养活不起。对工人到手的少得可怜的几个钱，把头们也不肯放过，非要榨干工人最后一点积蓄不可。为了从工人手中将这些钱弄到手，把头们丧尽天良，

---

① 东北物资调节委员会研究组编：《东北经济小丛书　林产》，中国文化服务社1948年版，第75页。

在工人住区附近开设赌场、妓院、大烟馆、当铺，放利贷，引诱工人赌博、嫖娼、吸鸦片。一旦工人沾上这种恶习，再也不能自拔，被压榨得身无分文，只好听凭把头剥削，最后还免不了抛尸荒野。

进山之前，满铁及后来伪满洲国的营林局署人员利用上一年的积雪期进入渺无人迹的森林中搭盖帐篷，长期居住，每日四出，调查采伐地的面积、木材蓄积量、出材预估量、运输方法，以及所需物资器材等，以做好事先的充足准备，甚至能达到对林木个个出材量及预估采伐总量做出判断。然后，根据这些事先做好的调查制订翌年生产计划，再按计划与有关机关沟通，以便获得所需劳力、牲畜、物资及器材等，与把头们签订伐木契约；更与警务机关交涉，派遣森林警察队予以看管和镇压。采伐承包者依照事先所定计划募集劳工，购买牲畜、搜集所需各项物资。9 月中旬，开始入山。入山后，在警备机关的指示下，在指定地点建筑警备兵舍、办公处、工人宿舍、物资仓库等房屋，围以土墙及铁丝网，形成一小部落，作业房舍完成后，大概 11 月中旬，劳工即开始入山。如果作业期较长，则在中心地点设立永久性的作业本部，每年在采伐地点立作业所二所至五所，从事指导工作。使用的工具为斧和锯，刚开始使用的是第一次世界大战前俄国制造的，后来使用美国制造的。另外，还要更新铁道或补修道路，架设电话线等进行全盘准备。伪满政府加强分配统制后，劳工之募集和所需物资的采购陷入困境，致使承办采伐者终年都在忙于准备工作，叫苦不迭。而劳工进入圈起来的林场就不许离开半步，完全失去了人身自由，如同堕入魔窟，在把头和日伪森林警察的严密监控下苦苦劳作，如果逃跑被抓回面临的也是一场毒打，而为了震慑还将其他劳工赶到现场去看。林业劳工就在这种暗无天日的环境下遭到日本侵略者的残酷剥削。

（二）伐木工人的"招募"

日本军国主义、资本家为了掠夺林业资源，在军事侵略了中国东北的基础上，充分施展了它凶残奴役中国劳动人民的种种本能，他们为了集结劳力采取了如下几种方式：

第一种，打着雇用的旗号，利用汉奸、华人资本家、亲日的工商业家等名义，进行诱骗性招募。他们管这种被"招募"来的劳动者叫作"苦力"。其做法是在当时人口最密集的沦陷区河北、山东等地进行"招工"，当时华北有一个叫作"义和祥"的商号，曾给"满洲土木株式会社"所属的"吉川组""吉冈组"骗招过大量苦力。这种招募实际上是一种贩卖劳动力的罪恶行径。他们对陷扎在苦难深渊中的灾民大肆施行欺骗的伎俩，说尽"关东城，钱没腰，腰一弯，装满包"等欺骗性言辞，将骗招的人交给日伪资本家运来东北，他们就可以得到每名苦力若干元钱招募费的肮脏赏赐。在受骗的苦力中流传着这样一首顺口溜："遭灾瘪肚肠，外奔抛爹舍娘；空受千难万苦，挣不着一点钱粮。谁承想受骗上当，遇上了坑人的义和祥。"① 资本家为了所谓的履行诺言，愚弄和麻痹被骗招来东北林矿区为他们卖命的苦力，他们不定期发放一些微薄的工钱，叫作"开支"或"借支"，这要算作有稍许代价的劳动，所以这些人称自己是"卖老薄待的"或"老薄待"。日伪资本家利用他们的"山把头"和"拉杆的"等爪牙和狗腿子，对苦力进行非人的管制、随意打骂、凌辱，可以说是达到了极点。

第二种，是日伪资本家与地方统治机关相勾结，强派和强抓的劳工。松花江北邻近林帮矿区的一些县，是它们强行征集劳工的地方，如汤原县，因拥有整个汤旺河流域的广阔森林，更是首当其冲。地方的县公署、村公所（相当于现在的农村的区、乡政府）为了支援"友邦"对"满洲国"的"开发和建设"，每年两次按户籍向农民分派劳工任务，并宣称："国民出劳工，不挣钱也得去。和纳税当兵一样，这是国民应尽的义务。"② 这还不算，他们还在"造成东亚新秩序"的宗旨下，随意把"不良分子""违法分子""扰乱社会治安分子""浮浪（失业的人）"等罪名强加给东北百姓，把这些人抓捕集中起来，送往林永矿区做劳工，他们把这样集结起来的劳动力叫作"勤劳报国队"。

第三种，是地方各县在征集"国兵"后组织起来的"勤劳奉仕队"。这是在1940年实行"国兵法"后用征集国兵不合格的兵龄青年（俗称"国兵漏"）组成的劳工队伍。这部分不叫劳工的劳工，也是义务制的，

---

① 孙邦主编：《伪满史料丛书——经济掠夺》，吉林人民出版社1993年版，第295—296页。

② 孙邦主编：《伪满史料丛书——经济掠夺》，吉林人民出版社1993年版，第296页。

它由各县的"国民动员科"和"协和青年训练所"派员带队，来林矿区"训练"和劳动同时进行。每期一个季度甚至半年，除发给每人一套草黄色单制服外，不再付给任何劳动报酬。他们在吃住上比被派来和被抓来的劳工略强一些。

在东北，大多数伐木运材，均选择秋冬两季进山，一方面，因为树木在秋冬两季干燥较轻，易于砍伐，木材加工不易爆裂，方便运输，因此从当年9月起就得着手筹备冬季在山里所需用的物资，"先修道路，建房屋，以为开山作业之准备"①。开山根据地区的不同，一般选择在11月上旬前后，然后集结工人经过10天至20天的长途跋涉到达伐木山场。另一方面，10月至翌年4月结冰期，利用雪地和结冰路面结束伐木和小规模的搬运工作，再转入利用融冰期所融化的流水进行"流送"（管流）。此外，则是依靠极其原始的作业方法，用马拉雪橇或马车将木材运送到森林铁道沿线的空场上。因此，一个单元作业区，必须筹集两三千名工人以及与此相匹配的马匹。另外，因为林业工作的特殊性，还要筹办作业器材，诸如需求大量胶皮鞋、防寒鞋、工作服、被褥、防寒大衣及手套、袜子等生活必需品；伐木工具则需要锯、斧、手钩、锹、洋镐、手锹、橇用铁器、锉等物品。满铁在东北伐木制材，因引进日本的技术人员越来越多，虽逐渐向日本式转变，但通常伐木劳工多使用长五尺余的两手挽锯，两人合作锯木，习惯上先用斧子砍出缺口再加楔木，再加上所选木材粗大，树木倾倒方向极其杂乱，因此危险性极大，稍不注意就可能发生意外。由于季节性限制，农民随季节不同而有忙闲，每年4—9月为农忙期，农业生产需要大量的劳动力，因此农民因忙于田间劳作而无暇进山伐木；而到了10月至次年3月，农民进入农闲期，此时就有大量闲置劳动力。林业采伐正好与农业生产相反，利用冬季结冰期进行采伐和运输，因此可以使用大量的有技术农民进行作业，价格低廉，节省佣金。至1943年东北林业采伐全盛时期专业和兼职采伐的人数及比率也达到空前规模。如表6-1所示。

---

① 王学来：《奉天中日合办采木公司事业之梗概及其组织》，《东方杂志》1915年第12卷第9期。

表 6-1   1943 年东北伐木工人数量及比率

种别	人数	比率（%）
专业林业工人	2450	22.2
农人兼业	7247	65.9
土建工人兼业	281	2.6
矿山工人兼业	241	2.2
工厂工人兼业	249	2.3
其他兼业	532	4.8
合计	11000	100

资料来源：东北物资调节委员会研究组编：《东北经济小丛书 林产》，中国文化服务社 1948 年版，第 76 页。

随着战争局势的激烈化，接踵而来的问题是缺乏熟练工人，各种物资也不能顺利供应。于是，作为节省劳动力的试验，使用了一部分拖拉机和牵引车，试图加强运送木材力量。但是，由于受到燃料和机械部件的限制，并没能收到良好的效果。对于采伐工人来说，集中作业期间比其他行业更需要足够粮食的供应，但是采伐森林多在偏僻荒凉之地，粮食补给需远道搬运，供应困难。为了解决粮食供应问题，从 1940 年开始，为了加快经济掠夺和强化战时体制，与增产木材的要求相反，特别加强了粮食和饲料的按月分配供应制度，满铁奖励林业从业者自行开垦荒地生产粮食，铁路沿线 200 千米内外，上山施行冬季作业地点，也以确保粮食、饲料的定时定量供应为绝对条件。为了确保林业工人能安心上山作业，伪满政府时期即 1943 年更是制定了"自给农场设置要纲"，要求各省设置经营自给农场，命令在主要采伐地域，以事业单位自主经营的方式，在其各自地域内，开垦可能进行农耕的田地，奖励林业工人自给自足体制。生产品纳入物资调动计划，以确保当地所需的产品比率、分配供应的时间和质量。到日本投降前，整个东北森林从业者对粮食的需求量更是达到主要谷物 60000 吨、浓厚饲料 131000 吨、粗饲料 295000 吨。[①] 除此之外，森林铁路

---

    ① 东北物资调节委员会研究组编：《东北经济小丛书 林产》，中国文化服务社 1948 年版，第 79 页。谷物，主要供给伐木工人食用；浓厚饲料，是经过添加盐和营养物的供牲畜食用的饲料；粗饲料，牧草、作物秸秆等未经加工的饲料。——引者加注

需要铁轨、机车，流送木材则需要流送设施、钢索及运转需要燃料，等等。

(三) 木材采伐、运输的程序

日本侵略者对中国东北森林的掠夺在采伐、运输木材作业方面有一整套程序，因为雇用的大部分工人都是中国劳工，所以程序大致和以前相同，只有在个别地方有中式与日式的区别。林业采伐是季节性的工作，并不是常年工作。每年秋季霜降时节入山，到第二年春分时节"掐套"（停运），裁减工人三分之一。做完楞场即编排完了裁减工作三分之一，一旦将木材点交完毕（指搬运到码头车站）即全部结束遣散。

开山：每年 9 月、10 月，把头相率入山划定槎头（伐木工区），建立木场，招雇工人，备置粮食、炊具、各种器材，准备齐竣后即着手作业，谓之"开山"。

造材：砍伐作业一般由 10 月下旬起，到 12 月中旬止，大树放倒后，依照使用目的，截为一定长度（除掏眼外，长 8 尺，行话称长 8 尺的原木一根为一连）。再根据树种、树干大小及市场上的需要，造成角材（方料）、丸木（圆木）。上述称为"造材"。因造材关系到赢利多寡，公司甚为重视。

抓楞：造材之后，林区气候渐冷，积雪渐厚，在积雪上修成雪路，用牛、马把分散在各处的造材聚集到一定之处，即称"抓楞"。一般集运到山谷低洼处，也叫"楞场"。

运材：从楞场将木材运到河边，称为"运材"。一般在农历大雪节气之后开运，先修出二三米宽的雪路，将木材一端架于爬犁之上，用牛或马拽之而行。一台爬犁用三头牲口，一次能拽二连，或二连之后续拖二连，加以整理，准备次年春天"赶河"。

赶河：木材运到河边后，增雇临时苦工，将木材加以整理筛选，刻入字号，作为标志。木材元口（大头）刻字为山号（表示料栈即公司号），末口（小头）和字押号（表示把头字号），木材两端掏眼，以备编排。待次年春，山雪融化时将木材投入河中，名曰"掀楞"，利用河水将木材漂流到江岸以备编排运出。

放排：放排是利用较大的江河，将木材水运到销售地点。漂流木材到达指定的江岸后，捞上岸编成木筏，行话称为"编排"（见图6-1）。木筏的宽窄要视水面和水量的大小而定，木筏的宽度一般是把长8尺、宽1尺8寸、厚7寸到8寸的方木11根，用铁丝揽在一起，称为一副或一拢，长度25副连接起来，称为1张木筏，俗话叫一张排。筏头和筏尾编为双层，上搭个小棚，用以住宿（若是近距离，则不用小屋）。编排一般在每年的5月初到10月末（如图6-1）。

图6-1　日本式编筏

长白分局管内十九道沟出合附近

资料来源：[日] 鸭绿江采木公司：《鸭绿江采木公司十周年纪念写真帖》，1918年。吉林省社会科学院满铁资料馆藏资料，编号23255。

（四）伐木工人的生存状态

在日本帝国主义和伪满洲国的统治下，工人们遭受最残酷的压迫，这首先是由于法西斯式的殖民统治和半奴隶制的劳动管理。日本殖民者的军事法西斯统治与贪得无厌的垄断资本相结合，利用封建式的把头制度，形成了最野蛮、最残暴的管理制度。他们通过特务系统、作业系统和把头系统三种管理体系，组成了控制工人的紧密网络。满铁作为当时在东北的头号大企业，对劳动力的管理更系统、更完备。建立之初，满铁由其总裁室人事课调查系分管社内劳务，随着战争的长期化和日伪推行产业掠夺计划，满铁于1938年9月在铁道总局人事局内新设调查课，除具有原职能外，还设置了专管劳务的人事局调查股。当时的劳务管理侧重解决工人的来源即招收工人解决劳动力不足问题。1943年，满铁设置劳务系，将有关工人的一切事务由人事系分离，统一由劳务系管理。劳务系不仅是只办理中国工人事务的业务机构、管理中国工人的统治机关，并且还具有侦察工人言行、对工人进行迫害的特务机关性质。

"俗以伐木为第一劳苦"，这是清代《柳边纪略》中对伐木工人生存状态的最恰当的描述。① 林业采伐为游动性，每年从"起背"（木把运粮及行李进山）日起，到翌年春分节"扫场子"（结束运输工作）日止，约为120个工日。一旦将木材点交完了，即行遣散、结束，所谓半年忙半年闲。"斧楂子"（采伐场所）一年一换，也就是采伐工人须两次寻觅就业。他们以雪原旷野为工作地点，以伐木、流送、放筏为业务，夏季生活则餐风宿雨，冬季生活则冰天雪地，饥食窝头、渴饮冰雪，严寒侵袭，衣帽皆霜，整年奔波，难得一饱，劳动成果又被日寇掠夺而去。伐木工多靠天吃饭，冬季等雪，须租雇多数牛马爬犁及临时工人来搬运木材；夏季等水，如桃花水及伏水和白露水等季节性的水，作为流送木材的依据；倘遇雨雪不足的天年，即认为木业界的自然灾害，则"困山""搭冻"相伴而来，职业性的疾苦亦随之而至；又如拦河"收漂"，过去仅设的麻绳或钢索"拿圈子"，一遇洪水便只能听天由命。

伐木工作本来艰苦，日本侵略者对伐木工人的折磨和虐待更是惨无人道。冬季昼短夜长，伐木劳工必须天不亮即出工，天黑方可收工，劳动强度非常大，苦不堪言。从河北、山东招募来的劳工因水土不服和对严寒的不适应而患伤寒病是常事，而把头为了向日本人交差，根本不把工人的生病当回事，仍然赶他们去工作，如果不去就会遭到一顿毒打，病重的由于缺医少药往往客死他乡，最后埋深山沟，连尸骨都找不到，

---

① （清）杨宾：《柳边纪略》（卷四），吉林文史出版社1993年版，第58页。

真可谓"冰天雪地钻老林，开春往后跑大江，活着挎筐要饭吃，死了光腚见阎王"①，可见伐木工人几乎是在生死线上挣扎求生。木把头虽然比伐木工人好点，但在日本人眼里也形如猪狗，经常遭受克扣和榨取，稍不如意就迎来言语羞辱和拳打脚踢，他们"于林场内工作极称努力，食用极属俭约，迨至砍伐季节告终，总计所获工资，除去偿人之粮食，马之刍草之债备而外，所余已属无几者"②，而木把头又把这种不幸转嫁给伐木工人，使普通伐木工所受苦难更加深重。

在把头和日伪森林警察的剥削和压迫下，劳工们苦熬度日。他们强迫工人加班加点，劳动条件恶劣，劳动事故频发，即使在冬季也是住在四面透风的工棚里，劳工根本没有属于自己的被褥，铺着干草的大炕上挤满了人，连翻身的地方都没有。当时流传的歌谣唱道："破烂工棚望月亮，霉臭窝头就盐汤，累折筋骨饿断肠，鬼门关里血泪淌"③。因为伐木季节大多在冬季，劳工们只穿着麻袋片或粗布缝制的单薄衣物在刺骨的寒冷中苦挨，室外大雪封山，工棚内异常寒冷，他们只能蜷曲着身子紧挨着互相取暖。食物就更难以下咽，"渴则饮雪，饥则食冻硬如石之苞米饼子"，常年只有发了霉的橡子面和玉米面两掺的窝窝头，别说米面肉油菜了，就连东北常吃的白菜土豆都很少见，渴了吃雪解渴，"其忍饥而寒之情况，概可想见"④。工人吃不饱还得胃肠病，每天还要干上十五六个小时的重活，过大的体力消耗根本得不到补偿，因此，劳工们常年营养不良，就算无法果腹饥肠辘辘也得出工，旷工就要扣工钱，甚至挨打受骂。东北天寒地冻，工作劳保毫无可言，再加上每天劳动时间过长，因此，劳工们进山后常常没有精力收拾个人卫生，出山的时候一个个蓬头垢面、面黄肌瘦。但即使是在这种困苦的条件下，百姓为了生存也是日复一日、年复一年地过着被日本帝国主义奴役的日子，苦不堪言。林业劳动不仅自然条件残酷，

---

① 丹东市政协文史委员会编：《鸭绿江流域历史资料汇编》下册，丹东市政协文史委员会2007年版，第679页。
② ［俄］苏林：《东省林业》，中东铁路印刷所1931年版，第126页。
③ 魏振德：《木帮仇》，载吉林省林业局政工处编《血染山川恨满林——林业工人家史集》，吉林人民出版社1975年版，第65页。
④ 萧惺伯：《鸭绿江森林伐木夫之组织及其生活》，《农林新报》1930年第224期。

而且危险性极高，再加上生活的困苦，劳工们也坚持忍耐，为的就是趁农闲挣点工钱以备春天有本钱进行农业生产。但就算如此，微薄的工钱也无法按时按量发放，要遭受把头和伪森林警察的搜刮和压榨。他们巧立名目进行层层盘剥和克扣，生病旷工要扣钱、伐木数量不够要扣钱，甚至稍微看不顺眼也要被扣钱，扣工资的各种名目加起来达20多项。① 工人有时为了少受苦，还要给把头和伪森林警察送礼，因此本来就少得可怜的工钱经过克扣和勒索，到手的工钱别说养家糊口了，就连自己的生存都无法保证。伐木工伐木只是靠人工拉锯，砸伤人的事故经常发生，被砸伤后也无人管，受伤的工人只好空着两手哭着回家。工人们从事的是笨重而又危险的体力劳动，采伐用弯把子锯，运输用马爬犁倒套子，大量的优质木材被源源不断地运出山去，被日本帝国主义掠夺。在这种环境下，工人们消耗的不只是体力，还有他们的生命，相当一部分健壮的工人被活活累死，侥幸活下来的人非病即残，没有染病的人也变得虚弱异常，形销骨立。可见，日伪掠夺东北森林资源都是建立在工人的血泪之上的，是在消耗劳工生命的基础上实现的，而他们却将工人维持生命的即维持劳动力简单再生产的条件都剥夺了，可见他们所谓的"开发满洲""一德一心"，不过是欺骗的宣传手段，其实质是赤裸裸的残酷剥削。

哪里有压迫，哪里就有反抗，帝国主义的压迫和剥削使工人不得不为自身的生存奋起斗争。刚开始的工人斗争都是自发的，林业工人的斗争方式有翻工、怠工、旷工、罢工几种形式。翻工，就是本来一件活干完了，再重新翻工，如料场码料工作，码好后日本检工来了检查合格后就把它推倒，然后重新码，不过这种方法很蠢笨，因为要付出重复劳动。怠工，就是"磨洋工"，监工的人不来不干，来了卖力气干，使他们也没办法。锯房内若想歇一会儿，就得让破料的大带锯停下来，其他锯无料可下，因此，常常利用换、修锯（带、圆锯）的时间歇一会儿。这种形式的斗争不仅是工人出工不出力，而且也是和浪费原材料、降低劳动生产率相结合的，它对于日本的掠夺计划和生产措施是一种有力的

---

① 董晓峰：《满铁对中国东北森林资源的掠夺》，《大连近代史研究》2014 年第 4 期。

抵制。旷工，就是交上工票后，让工友照顾一下就去办私事，监工的来了就说去厕所了。罢工，则是工人与日本人斗争的最高形式了，但在日本人的高压下一般很少发生。据《蛟河文史资料》记载，当时在林场工人的回忆说："我在林场的 7 年，只有一次较大的罢工"①。据日伪的统计，1932 年伪满洲国的劳资纠纷只有 10 件，参加人员只有 1134 人，持续日数只有 23 日；1933 年纷争件数虽有增加，也不过 29 次，参加人员 6345 人，持续日数 81 日。1934 年到 1936 年 3 年中又明显减少：1934 年参加人员只有 836 人，持续日数只有 58 日；1935 年和 1936 年纷争次数都是 13 次，参加人员分别是 1076 人和 1129 人，都少于 1932 年。② 事实上，工人的罢工斗争远不止日伪资料公布的这些，尽管日伪对工人实行了最严酷的统治，对工人的微小抵抗都要给予最严厉的镇压，工人们在一定条件下还是进行了一些罢工斗争的，甚至取得了某种程度的胜利，仅管这些罢工斗争还是个别的、偶发的。

二 日本"林业移民"政策及移民状况

移民是新老殖民主义者向外侵略扩张的重要手段，一切殖民主义者都毫无例外地向它的殖民地附属国进行大量移民。日本自明治维新后很快走上了军国主义的道路，制定了一条吞并朝鲜，侵占中国东北进而征服全中国称霸亚洲的基本路线，即所谓的"大陆政策"。向中国东北进行移民，正是"大陆政策"的重要组成部分，是使中国东北殖民地化的重要内容和手段。

（一）九一八事变前满铁的移民计划

日俄战争后，东北南部也和朝鲜一样沦为日本的殖民地，如何解决

---

① 李培基：《满林制材场回忆》，载孙邦主编《伪满史料丛书——经济掠夺》，吉林人民出版社 1993 年版，第 319 页。

② 苏崇民、李作权、姜璧洁主编：《东北沦陷十四年史丛书——劳工的血与泪》，中国大百科全书出版社 1995 年版，第 445 页。

日本当时的人口过剩和农村贫困问题，成为日本当政者重要的政治课题之一，"满蒙"问题协商组织，即陆海军、外务、大藏及拓务五省联席会议上，此问题经常被提出并进行讨论，于是集中向中国东北移民就成为日本政府的移民指导方针。早在日俄战争后，为了在东北扎下根基立于不败之地，当时的陆军大将儿玉源太郎、满铁第一任总裁后藤新平、关东都督福岛安正均强调了日本移民的必要性。儿玉源太郎声称："战争不可能常胜不败，永久的胜利是与人口的增减相关联的""将很多的日本人移民中国东北，东北地区自然而然会成为日本的强大势力范围"①。后藤新平在其满铁总裁"就职情由书"中就主张使10年内向"南满"移民至少增加到50万人，以确保日本在中国东北的长久利益。后藤新平认为："经营满蒙的诀窍，在于实现满洲移民集中主义""我们在满洲应占有以主制客、以逸待劳的地位"，如此则必须"第一经营铁路，第二开发煤矿，第三移民，第四畜牧，其中以移民为最"，又说"以经营铁路为基础，不出10年，则计有50万国民移民满洲，俄国虽强，也不敢轻易与我挑起战端，和战缓急的大权，居然掌握于我之手中"②。当时的外务大臣小村寿太郎也在日本国会发表了"满鲜移民集中主义"的演说，他主张"为保护'国防'第一线的永久安全，安排相当数量的大和民族定居于满洲，这是非常重要的，因而，要实施10年50万户农业移民的入殖"③。作为这种主张的实践，1914年关东州都督福岛安正在大连市金州东北三里的大魏家屯建立了第一个日本移民村——爱川村。④ 随后，各种移民团体和个人对此展开了调查研究，东京大学农学部的那须皓博士认为："若由企业家出资雇用工人在满洲经营农业，因日本工人不能忍受如中国工人那样低的工资和生活条件，故在劳动市场上竞争无得胜的希望。但若作为独立自耕农经营个人农场时，其成功

① ［日］井上清：《日本帝国主义的形成》，宿久高等译，人民出版社1984年版，第261页。

② ［日］满洲事情案内所：《近世满洲开拓史》，满洲事情案内所出版1941年版，第104—105页。吉林省社会科学院满铁资料馆藏资料，编号32117。

③ ［日］花井修治：《满洲开拓的初期时代》，载黑龙江省档案馆等编《日本向中国东北移民》，内部发行，1989年，第74—75页。

④ 孙继武、郑敏主编：《日本向中国东北移民的调查与研究》，吉林文史出版社2002年版，第385页。

与否取决于经营的规模、形式、管理能力如何，自然会有所不同。"① 当时除南美的巴西外，各国公开表明禁止日本移民。但事实上，日俄战争后在东北的日本人骤然增多，其中幻想一攫千金者为数不少，但全都集中在关东州和满铁附属地，而且满铁及其他会社社员、官吏、军人和军属等，多半是工薪生活者，永久定居者为数不多。特别是深入腹地的居住者更是寥寥无几，至1930年年末仅为8761人。② 其原因是中国政府不承认条约上规定的商租权，加之受有形或无形的排日压力，长久居住几乎不可能。为了促进日本农业移民，打下向北广大农村发展的基础，满铁曾将附属地内约4400公顷适于农耕的土地当作试验场进行"试验移民"，但许多人将土地以低价转租给中国人而去从事别的营生。因此，1913年，满铁决定从沿线守备队退伍士兵中进行选拔向铁路沿线移居，或满铁、关东州厅退职人员务农（大连农事会社等）。满铁认为退伍士兵是最好的试验对象，因为他们遵守纪律、经过军队锻炼身体强壮能适应东北的水土气候、出身农家热心努力。选拔条件：（1）有移民意愿，且家属中有2个以上适于农业劳动者；（2）有充足的经营资金和生活费；（3）经营方法、农作物选择须听从满铁指导和指挥；（4）可申请贷款，并有偿还能力。从1914年至1917年，满铁逐年将土地进行分配，③ 于是出现了关东州内的爱川村、熊岳城的果树园、奉天北陵的神原农场等，其经营规模很小，从收益看也不能说是成功的。

　　尽管满铁提供了各种优惠条件，交通方便、设施齐全、生活稳定，但退伍士兵还是未能安居下来，至1927年满铁宣告"试验移民"失败。同年，田中义一内阁推行侵华积极政策，农业移民问题又被提上日程。满铁总结过去失败的教训，认为根本的原因是"缺乏使定居者获得土地的扶助机构和事业经营者易于利用的适当的金融机构"（大连农事株式

---

① ［日］满洲国史编纂刊行会编：《满洲国史　总论》，东北沦陷十四年史吉林编写组译，东北师范大学校办印刷厂印刷1990年版，第435页。

② ［日］满洲国史编纂刊行会编：《满洲国史　总论》，东北沦陷十四年史吉林编写组译，东北师范大学校办印刷厂印刷1990年版，第664页。

③ ［日］满铁兴业部农务课：《独立守备队满期兵农业者调查》，1929年，第1—3页。吉林省社会科学院满铁资料馆藏资料，编号14034。

会社创立纲要），遂决定设立资本为 1000 万日元的大连农事株式会社，在关东州内开垦土地移植日本农户，以便为向州外即东北全域发展打下基础。① 但是，由于世界经济危机的袭击，1929 年 4 月起到 1932 年 2 月止总共移入日本农户 71 户，此项移民活动即行终止。"试验移民"和关东州移民均告失败，使得日本向东北大量移民的政策在 1931 年九一八事变前未能贯彻。而这一时期的移民称为早期移民，由东亚劝业株式会社具体实施，② 作为"满洲移民"一部分的林业移民更是乏善可陈。其主要原因首先是受到了东北人民的抵制和反抗，英勇的东北人民为了反对日本侵略者掠夺土地进行了不懈的斗争；其次是日本帝国主义统治集团的内部认识不一致，组织不统一，措施也不完备，以致向中国东北的移民进展迟缓。

（二）九一八事变后加快移民步伐

日本帝国主义对中国东北的大量移民是从九一八事变之后开始的。

九一八事变后，日本全面占领东北，此时确保其侵略成果稳固的要素之一就是加快移民的步伐，提出了武装移民的方针，日本政府决定由拓务省负责满洲移民，以生驹高常管理局长等人为中心，着手制订"满蒙"移民计划。历来拓务省所管理的南美移民，采取的是由营利企业的民间会社进行招募，日本政府对此采取援助的形式，因此，管理局从完全不同的角度，认为满洲移民：（1）必须身心健康，无愧于作为"多民族国家"之一构成成员者；（2）根据上述宗旨，由政府、有关机关，严格选拔，进行一个月左右的教育的训练，淘汰不合格者。决定根据全新的观点和方式制订移民计划。③ 与此同时，1932 年伪满洲国成立后，向中国东北移民在日本民间也形成了一种自上而下的空前热情，据《满洲

---

① ［日］《满铁文书》：昭和四年，总务，考查，关系会社监理，大连农事，第 88 册，第 14 号。

② 东亚劝业株式会社于 1921 年成立，由满铁、东拓、大仓三方面联合设立，总资本为 2000 万日元。1930 年，满铁已收购大部分股份，东亚劝业会社遂成为满铁的直系子公司，满铁通过它盗买和经营东北、内蒙古土地并统治朝鲜移民。

③ ［日］满洲国史编纂刊行会编：《满洲国史　总论》，东北沦陷十四年史吉林编写组译，东北师范大学校办印刷厂印刷 1990 年版，第 665 页。

年鉴》记载："以满洲事变爆发为契机，对满洲关心的日本显示出异乎寻常的紧张，此时确立作为永远确保日本生命线根本国策的言论在全国甚嚣尘上，与满洲国成立的同时，实施满洲开拓事业成为最成熟的时机。(昭和二十年版)从而在日本国民中燃起了满洲移民的热情。"① 可见，日本军部作为"治安对策"而计划的向中国东北移民也可以视为日本人民的强烈愿望。当时在日本发表的关于"满洲移民"计划的言论达百余件之多，而当时在推进移民计划扮演急先锋角色的是在茨城县中部、经营私立国民高等学校、从事教育农村子弟成为新日本农村建设骨干的教育家加藤完治，在加藤完治的游说下，日本政府上层对向中国东北移民加快了谋划的步伐，随后，在拓务省的委派下加藤完治赴中国东北与当时关东军司令本庄繁、板垣征四郎、石原莞尔两参谋进行协商，请求其协助取得土地，在石原莞尔的引荐下加藤完治与关东军中积极推行移民政策、以加强北部边疆防备的时任吉林省剿匪司令部顾问东宫铁男大尉一拍即合，加藤完治回国后，与当时农林次官石黑忠笃、农林省农务局长小平权一、满铁公主岭农业实习所长宗光彦、京都帝国大学教授桥本传左卫门、东京帝国大学教授那须皓等一起对移民计划进行商讨研究后，提出了实现大陆移民政策的"六千人移民案"，将其提交拓务省。移民案开篇即开宗明义地指出："满蒙移民今逢千载不遇之良机，宁速勿迟，宁多勿少向该地移民，依照我国现状，实属重要。本计划为第一期计划，逐年陆续增加，以 50 年后在满蒙居住之日本人最少限度达到 500 万人为目标"② 。此后，拓务省、加藤完治集团和关东军及东宫铁男等人沆瀣一气，互相勾结，共同推行向东北移民的侵略政策。移民的招募以在乡军人③为主体，在全国招募。募集人员中，干部 300 人、移民 6000 人，1932 年主要从日本东北、北陆、关东地方招募；利用满铁、劝业公司、大仓公司等所有的土地，以每人平均面积以 5 町步为标准。这一移民案成为后来日本 20 年移民 500 万人的雏形，日本侵略者从

---

① ［日］满史会：《满洲开发四十年史》，满洲开发四十年史刊行会，1965 年，第 181 页。吉林省社会科学院满铁资料馆藏资料，编号 002。

② ［日］满洲国史编纂刊行会编：《满洲国史　总论》，东北沦陷十四年史吉林编写组译，东北师范大学校办印刷厂印刷 1990 年版，第 436 页。

③ 即转业退伍军人。

此开始了大规模的移民侵略。

以此为基础，1932年1月，日本在奉天召开了"移民会议"，满铁集结调查机能设置了"经济调查会"，将第五部作为"移民班"、第二部作为"农林班"，责令其担当"人口势力的扶植"的调查研究。同年7月，农林班完成了"开拓民的农地选定及取得对策案"。1932年3月，日本拓务省管理局制订了《满蒙移殖民计划》并实施，欲实现10年移民40万户的野心，[1] 同时又在满铁总裁官邸召开了"满蒙"移民恳谈会，要求满铁对移民计划给予土地和资金各方面支持。1932年10月，关东军提出《关于向满洲移民要纲案》，明确提出了日本移民所具有的政治、经济、军事、人口四项目的，即"日本移民以在满洲国内扶植日本的现实势力，充实日满两国'国防'，维持满洲国治安，并建立以日本民族为指导以谋求远东文化之成就为重点"[2]。同月，第一次移民团员共计423名，以长山崎芳雄为团长，从东京出发，到达目的地即后来被称为弥荣村的黑龙江佳木斯桦川县永丰镇；1933年7月，第二次移民团员455名在团长宗光彦的带领下从日本群马县出发开往依兰县的湖南营，此即后来的千振开拓团；1934年10月第三次移民，迁入绥棱县瑞穗村300名，团长林恭平；1935年9月，第四次迁入密山县城子河300名、哈达河200名，团长佐藤修和贝沼洋二；第五次是1936年7月移到永安屯、朝阳屯、黑台等地。5次移民共计2900户，7260人，在此期间还移入了"集合移民"4个团，208户，766人。[3] 五次均为试验移民，当时，关东军为维持边境附近的治安，积极主张优先考虑移居边境地区的防御移民，但是，试验移民可谓"孤军深入"，受到了当地抗日武装的阻击，移民陷入困境。1934年12月，南次郎接任关东军司令官，表示要坚决实行大规模日本移民。以此为契机，日本政府在伪满洲国设立了负责移民的现地指导和斡旋工作的满洲拓殖株式会社（后变更为满洲

① ［日］满史会：《满洲开发四十年史》，满洲开发四十年史刊行会，1965年，第182页。吉林省社会科学院满铁资料馆藏资料，编号002。
② ［日］满洲移民史研究会：《日本帝国主义在中国东北的移民》，孟宪章等译，黑龙江人民出版社1991年版，第11页。
③ 孙邦主编：《伪满史料丛书——经济掠夺》，吉林人民出版社1993年版，第750页。

拓殖公社，简称满拓），① 满拓的资金为 5000 万日元，由日本、伪满洲国、满铁及其他出资，满铁还同时负担铁路运费及其他必要之援助。接着，从 1934 年到 1936 年，关东军又在伪满"新京"召开了两次移民会议，并于 1936 年制定了《满洲农业移民百万户计划案》，目标是在从 1937 年开始 20 年内向中国东北移民 100 万户 500 万人，这一庞大移民计划更是在 1937 年被广田弘毅内阁列为日本的"七大国策"之一，即第六项"确立对满的重要政策：移民政策以及鼓励投资，等等"，② 同时伪满政府在日本的授意和指令下也将这一移民政策列为伪满洲国的"三大国策"③ 之一。关于移民"国策的意义"，时任关东军参谋兼特务部部长西尾寿造指出："第一，是满洲国构成要素的五族协和的中心，他们将致力于满洲国基础的确立；第二，是确保大和民族向东亚发展的基础；第三，可解决日本国内的社会问题；第四，是巩固'国防'。"他认为："对我国来说，应排除万难，移民的重点首先是满蒙，必须由此从根本上来把握满洲事变的本质。"④

九一八事变后到 1936 年这一时期，日本向东北的移民除具有武装移民的特点外，还带有试验的性质，与九一八事变之前的移民有很大的不同，具有了新特点：首先是改变了由满铁等所谓民间机构组织领导的方式，而由日本公开地、直接地组织领导；其次是改变了自由松散的移民方式，采取了以集团移民为主、由在乡军人组成的军事化的武装移民；最后是在移民区域上，改变了过去局限在东北的南部，所谓满铁势力范围内的情况，而主要移殖到中国东北的北部广大地区。⑤

---

① 满拓：满洲拓殖株式会社的简称，1936 年 1 月，经日本大藏省、陆军省、拓务省认可，由伪满政府、满铁和日本三井、三菱财阀出资，于长春成立。满拓享有种种特权，主要负责有关移民资金的贷付，设施的建设与经营，移民用地的获取、管理和分配等一切事务。

② 复旦大学编：《日本帝国主义对外侵略史选编》（1931—1945），上海人民出版社 1975 年版，第 134—135 页。

③ 三大国策，即产业开发五年计划、开拓政策、边境建设三项。

④ ［日］满铁经济调查会：《满洲农业移民方策》，立案调查书类第二编第一卷第一号，极秘，1936 年，第 12 页。

⑤ 孙邦主编：《伪满史料丛书——经济掠夺》，吉林人民出版社 1993 年版，第 750 页。

（三）七七事变后的大规模移民计划

七七事变后，日本政府为了适应新形势，加快推行五年计划，于当年 12 月确定了"满洲开拓政策基本纲要"，开始了从移民政策向开拓政策的转变，并将过去的"移民"改为"开拓民"，宣称将实现"（一）加强'日满'不可分割关系；（二）民族协和；（三）增强'国防'力量；（四）振兴产业；（五）复兴与发展农业"等目标。① 从表面上看，日本推行汉、满、蒙、朝、日"五族协和"，但实质上是在美化的外表下实施以剥削为目的的资本主义殖民政策，是一个民族对其他民族的统治，是赤裸裸的剥削与被剥削关系。当时拓务省曾明确指出了移民的真正目的："现在满洲国的人口约有三千万人，二十年后将近五千万人，那时将占一成的五百万日本人移入满洲，成为民族协和的核心，则我对满政策的目的，自然就达到了。"② 这一庞大的计划其侵略目的是恶毒的，就是要通过改变东北人口的构成，使日本人不仅是东北各民族中的"优秀核心力量"，而且在数量上也占据很大的比例，从而实现吞并东北、永远霸占东北的侵略野心。

当时日本计划按这一目标，以每 5 年为一期共分 4 期实施：第一期 1937—1941 年 10 万户，第二期 1942—1946 年 20 万户，第三期 1947—1951 年 30 万户，第四期 1952—1956 年 40 万户，按照这一计划实施，东北在 20 年后人口将增至 5000 万人。③ 因此，为了顺利实施其移民侵略政策，伪满洲国产业部内的开拓司已经远远满足不了日本的需求，于是日本在国内和中国东北都设置了相关负责机构。在日本国内举全国之力，形成了以拓务省为中心，包括陆军省、内务省、厚生省等各省在内全力辅助的运行机构；中国东北伪满产业部之外新设置专门的移民机构——开拓总局，直属产业部，内设总务、土地、

---

① ［日］满洲国史编纂刊行会编：《满洲国史　总论》，东北沦陷十四年史吉林编写组译，东北师范大学校办印刷厂印刷 1990 年版，第 675 页。

② ［日］满洲开拓史刊行会：《满洲开拓史》，满洲开拓史刊行会出版，1967 年，第 182 页。

③ ［日］满史会：《满洲开发四十年史》，满洲开发四十年史刊行会，1965 年，第 185 页。吉林省社会科学院满铁资料馆藏资料，编号 002。

招垦、拓地 4 个处，来应对移民计划的制订、开拓民的指导助成、用地的调查及未用地的"开发"，并且在三江、龙江、吉林、"东满"、北安、黑河、兴安各省设置开拓厅，县旗以下有 47 个县设置开拓科，在 83 个县旗设置开拓股（系），与开拓总局紧密配合开展移民政策的推行，这些机构为推行林业移民发挥了重要作用。1940 年进行行政机构改革时，产业部变为兴农部，开拓总局直属兴农部，第一任总局长为结城清太郎。由于移民政策是日统治当局的国策，正如移民侵略的头目、"满拓"事务长稻垣征夫所说："满洲移民本身存在特殊重要性……即建国精神"①，正因为移民是为了"建国"，所以在 1939 年将移民改称"开拓"，移民团改称为"开拓团"。

　　在大规模的移民计划中，移民被区分为两种。一种是甲种移民，也叫作"集团移民"，这种移民由日本政府直接组织，200 户到 300 户组成一个开拓团或开拓村；另一种是乙种移民，叫作"集合移民"，这种移民由民间组织。此外，还有分散移民、铁道自警村移民和青少年义勇队移民。从 1937 年开始的大规模移民侵略，到 1941 年第一期的五年内，共移入日本移民 85086 户，这是日本移民最猖狂的时期。从 1942 年实行的第二期移民计划，由于太平洋战争的爆发致使战争节节败退，最终未能实现，注定了大规模移民侵略的野心无法得逞。到 1945 年日本战败投降，日本向东北移民共 10600 户，计 31.8 万人。②

（四）"林业移民"入殖中国东北

　　随着产业开发的进展，中国东北内陆偏僻地方专门从事林业采伐作业的专业人员极端缺乏，林业采伐工已经不能满足侵略者大量采伐的要求。因此，为了引进技术，确保劳动力，日本政府以改良林业为借口从日本招募熟练的伐木、运材移民，加快对中国东北的侵略性移民。这就是所谓的"林业移民"。林业移民是日本百万户移民计划的一部分，是由日本政府从日本国有林从业者当中招募熟练工人、并给予充足补助直接办理的集团移民。林业移民与农业移民有所不同，基

---

① 孙邦主编：《伪满史料丛书——经济掠夺》，吉林人民出版社 1993 年版，第 752 页。
② 孙邦主编：《伪满史料丛书——经济掠夺》，吉林人民出版社 1993 年版，第 755 页。

本是处于半林半农状态的特殊自由移民。一年中大部分时间他们在伪满洲国产业部的指导下，从事"国有"林或满洲林业会社指定的直营采伐地的森林采伐作业，采伐时间一般是从每年的 10 月起至翌年 3 月止共计 150 天左右，平均每天工资为 3 日元至 3 日元 50 钱。林闲期也从事农业劳动，以期年中劳动分配的合理化和稳定的生活来源，前提是必须听从关东军和日本政府的其他召唤，包括随时从军。林业移民在务农期间拓务省给配备一定的土地和水田，因为冬季要进行木材采伐作业，因此土地多选在森林作业区附近，满铁在 1935 年组成调查班对第一次入殖地的预定土地进行了勘查。林业移民在从事采伐作业期间，耕地由产业部和"满拓"管理，鼓励从事林业副产业，并派人进行指导，利用森林铁路能到达的地方进行贩卖，以便达到自给自足。林业移民的住所由政府提供，在翌年春耕前在营林署的指派下由"满拓"建造。在林业移民居住的地区由拓务省专门设置学校并指派教师，同时由产业部在移民村落内设置医院，配备嘱托医和护士。移民村落里的警备采取集团移民地的方法，开通森林铁路的地方则增加铁路警备员加强村落警备，这样，日本在采伐东北森林资源时是在关东军、警察队以及警备队员荷枪实弹的保护下进行的，以此来对抗东北抗日武装的反抗。

林业移民首先必须在伪满洲国产业部备案，其次通过日本拓务省指令农林省山林局来操作。林业移民在每年的 9 月进行招募。林业移民以农业移民为标准，条件更为严格：（1）身体强壮；（2）思想健康，意志坚强，能成长为中坚骨干而无酒癖者；（3）除本人外，至少有一个成年男子从事农业生产的家庭；（4）选择受过教育的在乡军人；（5）有农耕经验者；（6）去"满洲"前受过团体训练和精神训练者；（7）经过征兵检查未满 40 岁有伐木运材经验，而且技术优秀者；（8）希望能做到一县组成一个团体，安置在一个地区。① 招募条件中有一条完全显示了林业移民的军事性和政治目的，那就是选择在乡军人。因为关东军武装移民的目的即为确保殖民的"治安"，移民"必须做好一边作战一边耕

---

① 伪满洲国兴农部林野总局：《满洲国林政年史》，秘，1944 年，第 198 页。吉林省社会科学院满铁资料馆藏资料，编号 23237。

种的准备，陶冶军人的精神"①，"苏联最近在中苏边境频繁入驻赤色武装移民达2万人，国境警备日益严峻，以在乡军人为主体的屯垦中坚力量在苏军越境侵入之际，担任了支援关东军对苏'国防'的责任"②。对在乡军人的招募目的昭然若揭，"特别农业移民是以退伍军人为主体，在警备上相当于屯田兵制组织，具有充分的自卫能力"③，即随时能达到补充关东军兵源的目的，在镇压中国人民抗日武装的同时也要对苏联加强防御，从而形成坚固的大陆政策的据点，此即为日本侵略者占领中国称霸亚洲的野心。林业移民也是在这一侵略政策的指导下进行的，虽然在招募的条件里还有"有经验者优先"，官方是打着改进和提高东北林业技术的幌子，号称"调剂木材的需求和开发利用内地的森林""力求确保森林资源，加强对林木的保护以及合理化经营"④，但实质上是以侵略和掠夺东北的林业资源为目的的移民活动。表6-2即为以青森县为例，展现日本自1936—1940年间招收林业工人的数量。

表6-2　　　　　　　　青森县招收林业工人年度计划　　　　　　　（单位：人）

年度	山把头	运材工头	检尺员	伐木工·打杈工	合计
1936	4	4	40	80	128
1937	4	4	35	70	113
1938	3	3	30	60	96
1939	3	3	33	66	105
1940	5	4	47	94	150
合计	19	18	185	370	592

资料来源：[日] 藤卷启森：《以青森县为例的日本"满洲林业移民"探析》，《日本学论坛》2005年11月，第59页。

———————————

① 朱诗畅：《对伪满时期日本"林业移民"的研究》，《兰台世界》2015年第19期。
② [日] 满铁经济调查会：《满洲农业移民方案 日本人的移住适地调查报告书》，立案调查书类第二编第一卷第五号（续一），极秘，1935年，第45页。吉林省社会科学院满铁资料馆藏资料，编号17054。
③ [日] 满铁经济调查会：《满洲农业移民方案》，立案调查书类第二编第一卷第一号，极秘，1935年，第142页。吉林省社会科学院满铁资料馆藏资料，编号17047。
④ 伪满洲建设勤劳奉仕队实践本部：《满洲与开拓》，1941年。

第一次林业移民是在 1936 年，从日本秋田、青森两营林局管内招募的 132 名林业移民以先遣队的名义，"肩负着荣誉和责任"前往中国东北，"为官行砍伐事业募集纸张佣人及伐木工等"，当年 9 月 16 日到达入殖地直接进山从事采伐作业，第一次林业移民的地点为古城镇、草皮沟、二道河子、大青山四地。此前，伪满洲国林野局的"林业工人入殖方针及计划"中指出："官营砍伐事业的实行要经济且合理的运营，因此要培养熟练的工人长期进行所需的训练。本年度官营砍伐事业招一批熟练的日本工人的中坚骨干力量，指导满洲人劳动者工作，随之引诱他们移民住地。"[①]令日本政府没想到的是，日本国民对林业移民的招募反响极其强烈，在一个月的时间内应募的人数达到计划人数的 2 倍以上，原计划设想在青森、秋田、岐阜、长野四县进行招募，结果青森、秋田两县的应募者就已超过，第一次移民的招募及派遣完成指定计划（见表 6-3）。

表 6-3 　　　　　　　　　第一次林业移民入殖地及人数　　　　　（单位：人）

营林署名	入殖地	招致人数		
		佣人	伐木工	合计
延吉	二道沟（古洞河）	12	20	32
图们	三岔口（草皮沟）	11	23	34
牡丹江	仙洞（二道河子）	14	20	34
勃利	古城镇（大青山）	12	20	32
合计		49	83	132

资料来源：伪满洲国兴农部林野总局：《满洲国林政年史》，秘，1944 年，第 204 页。

第一次林业移民成功与否对今后实施移民政策责任重大，所以林务司在第一批林业移民入殖的次月即命令各所管林务署，对林业移民的生活、工作、健康情况、治安状况每月报告，并将其送达日本国内相关的营林局。翌年，即 1937 年，因病归国、退团和死亡共计 32 人。[②] 第一次林业

---

① ［日］藤卷启森：《以青森县为例的日本"满洲林业移民"探析》，《日本学论坛》2005年 11 月。

② 伪满洲国兴农部林野总局：《满洲国林政年史》，秘，1944 年，第 204 页。吉林省社会科学院满铁资料馆藏资料，编号 23237。

移民砍伐作业在 1937 年 3 月结束后下山，按既定计划移至古城镇、仙洞等垦荒地区准备当年的农垦作业，并从同年 4 月开始招募家属。

第二次林业移民因为有了第一次的经验，对招募方针进行了重新检讨，决定增加募集人数。此时正值广田内阁将 20 年内移民百万户 500 万人定为国策之一，而在这一国策中第一个五年计划中"林业移民"定为 1937 年 1000 户，5 年后 3 万户[①]，从这一计划中可以看出，林业移民已经不单单是作为伐木工而入殖的，同时还要发挥农业移民的作用。但这一计划被 1937 年七七事变打断，大量的日本本土农村劳动力为了加入全面侵华战争而应征入伍，同时军需工业也需要大量的人力，因此招募移民在专业性上有了要求。1937 年 10 月，第二批林业移民在日本共招募 166 名，均为伐木工，开往第一次林业移民的入殖地，同时还在中国东北现地选拔了 45 名日本人樵夫。第二次林业移民状况如表 6-4 所示。为稳定移民民心，日本当局在入殖地专门为移民提供了带有水井和厕所的住房，同时设置简易教育场所，由营林署中的年轻有识者担任。因为林业移民入殖地较为固定，1937 年年底，日本外务省及文部省在仙洞、二道沟、三岔口、古城镇由日本国库补助资金设置专门学校。与此同时，移民村落还附有作为医疗设施配置的医护人员。

表 6-4　　　　　　第二次林业移民入殖地及人数　　　　（单位：人）

营林署名	入殖地	日本招募	现地招募	因病退团及死亡	合计
延吉	二道沟（古洞河）	31	18	4	45
图们	三岔口（草皮沟）	—	9	—	9
牡丹江	仙洞（二道河子）	65	7	—	72
勃利	古城镇（大青山）	70	11	11	70
	合计	166	45	15	196

资料来源：伪满洲国兴农部林野总局：《满洲国林政年史》，秘，1944 年，第 295 页。吉林省社会科学院满铁资料馆藏资料，编号 23237。

---

① ［日］藤卷启森：《以青森县为例的日本"满洲林业移民"探析》，《日本学论坛》2005 年 11 月。

1938 年 1 月，由伪满林野局主持召开了"开拓事业关系官民协议会"，就林业移民与农业的关系展开了讨论。会议认为，"开拓民本来的目的即为农业，并且要坚定以此为基础的永久决心；因林业收入不稳定，农业收入必须成为移民生活的根基；将林业移民向来坚持的'林本农从'改为'农本林从'"①，按照这一方针，今后的林业移民被纳入一般移民的管理办法，并注入新的使命。第三次林业移民于 1938 年 10 月从日本东京、高知、熊本各营林局招募，开进新的入殖地铁骊；东北现地招募者除仙洞当地外，其他均招募以往业绩好的成手林业移民，本次现地招募 65 人，营农的种子、农耕用具均由关系机关斡旋，每个开拓团由林野局派人进行指导。第三次林业移民人数如表 6-5 所示。1939 年 3 月，伪满洲国进行官制改革，成立开拓总局，林业移民完全纳入开拓总局，与集团移民和集合移民进行"一元"管理，林业采伐业务由林野局派专人指导和监督，有关林业开拓民的一切活动需由开拓局和林野局协商处理。

表 6-5 第三次林业移民入殖地及人数

营林署名	采伐地	移住地	现地选择户数（户）	移住户数（户）	家属（人）	实住户数（户）
延吉	古洞河	二道沟	—	—	13	11
图们	天桥岭	三岔口	—	—	4	4
牡丹江	二道河子	仙洞	6	13	11	17
勃利	大青山	古城镇	30	81	10	40
绥化	呼兰河	铁骊	29	25	—	29
合计			65	119	38	101

资料来源：王长富：《东北近代林业经济史》，中国林业出版社 1991 年版，第 288 页。

至 1939 年，林业移民进行了三次专业性移民后即告结束，随后所需专业性林业移民即跟随一般移民无异，只是在分工上有所区别而已。

---

① 伪满洲国兴农部林野总局：《满洲国林政年史》，秘，1944 年，第 417 页。吉林省社会科学院满铁资料馆藏资料，编号 23237。

这些移民主要都迁入牡丹江营林局管内和北安营林局管内的一部分地区，直接移入各地林业作业的所在地。迁入的地址、户数、当初的人数，如表 6-6 所示。除官办移民外，满铁对日本人林业劳动者实行集体迁入，称为"预备林业移民"。1941 年和 1942 年，还进行了两次带岭林业移民的入殖，目的是作为"西南汉河流域模范林业经营计划"的一环。这一经营计划急需熟练的林业劳动力资源供给，因此，决定在 1941 年和 1942 年以集合开拓民的办法各移民 100 户，由日本各营林局对招募者进行 6 个月的农林实践团体训练，使之成为有集团精神的开拓民。首批入殖预定的 39 户 214 名林业移民正式入殖带领，除给提供相当数目的耕地及农具外，还附加了林业放牧地及林地等，使其达到高度的自给自足，冬季农闲时期与就近的林业部门入山进行采伐作业。

表 6-6 林业移民的迁入状况

营林署名	迁入地	户数（户）	人数（人）
龙井	二道沟	53	229
图们	三岔口	45	220
牡丹江	仙洞	108	456
勃利	古城镇	138	540
勃利	湖水别	31	114
绥化	铁骊	29	114
带岭	带岭	49	160
合计		453	1833

资料来源：[日] 满洲国史编纂刊行会编：《满洲国史 分论》，下，东北沦陷十四年史吉林编写组译，东北师范大学校办印刷厂印刷 1990 年版，第 203 页。

注：表中户数合计数，原始资料为 449 户，此处为根据表中数据加和所得。

随着战争局势的发展，林业移民人数不断减少，尤其是 1938 年后林业移民的进程严重受挫，这首先是因为战争消耗了日本大量的精壮劳动力，移民的招募越发困难；其次，1937 年后日本国内农村经济开始恢复，生活安定下来的日本国民故土难离，传统观念也决定了原住民虽然为了改善生活有暂时外出赚钱的想法却不想移民；最后也是重要的一点，则是先前的移民出现了许多不满的情绪。每月的报告书中列出的不满的事情如下：劳动所得不能如数如期兑现；房屋建筑费用高、明细不清；指导者无耐心无诚意；与国内家中联系不及时；时常被轻视、常以劳工对待，等等。"林业移民在比预想的还不利的环境下生活"①，不利的宣传直接导致了招募的困难。但这并不意味着日本会停止移民的继续进行，对中国东北业资源的贪婪和掠夺，对日本发动战争和确立国内自给体制而言不可或缺，因此对林业移民的招募和号召仍是日本当局积极操作实施的工作。林业移民最终以失败而告终，究其原因是"尽管他们提出非常可观、丰厚的募集条件和待遇来吸引民众，但实际上并未兑现；因而在疯狂地掠夺中国林业资源，乱砍盗伐严重地破坏中国东北地区生态环境的同时，日本政府对其林业移民采取了很大的欺骗性政策与措施"②。

1941 年以后为日本移民的衰败期。太平洋战争爆发后，伴随着青壮劳动力中应征入伍人数的增加，以及日本国内军工业的扩大、农村剩余劳动力的枯竭，此时期的日本移民团的计划招募数和实际迁入人数明显不成正比。1942 年移民的迁入率骤减至 50.2%，1942 年的一般开拓团计划户数为 19680 户，实际迁入户数为 2895 户，迁入率则骤减至14.7%。③ 另外，随着关东军向南方战线的大调动，移民团员应召入伍的人数迅速增加，以 300 户为单位移民的移民团在日本战败前，除妇孺老弱外，只有病弱青年 20—26 名。④ 日本移民政策事实上即已宣告崩溃。

在日本实施移民政策的过程中，满铁起到了举足轻重的作用。日本

① ［日］藤卷启森：《以青森县为例的日本"满洲林业移民"探析》，《日本学论坛》2005 年 11 月。

② ［日］藤卷启森：《以青森县为例的日本"满洲林业移民"探析》，《日本学论坛》2005 年 11 月。

③ ［日］《开拓总局有关资料》，第 35 页；《关于日本人海外活动的历史调查》（第二部分）"满洲篇"，第 182 页。载［日］满洲移民史研究会编《日本帝国主义在中国东北的移民》，孟宪章等，黑龙江人民出版社 1991 年版，第 105 页。

④ 《关于日本人海外活动的历史调查》（第二部分）"满洲篇"，第 182 页。载［日］满洲移民史研究会编《日本帝国主义在中国东北的移民》，孟宪章等，黑龙江人民出版社 1991 年版，第 105 页。

在东北的殖民统治刚一确立，即着手准备移民侵略，而具有这方面经验、掌握运输手段，且拿得出资金的满铁便首当其冲。在日本政府的授意下，满铁拿出300万日元，指使东亚劝业公司在"东满""北满"一带强制"收买"农地，并以"整地"为名大肆圈占土地。到1935年一共侵占土地100多万公顷，为大规模移民做了充分的准备。[①] 1935年满铁又投资设立满洲拓殖公司作为移民机构，开始由日本大批移民。1935年日本政府通过了"二十年百万户"的移民计划，移民规模日渐扩大。这一年，满铁还将东亚劝业改组为鲜满拓殖公司，专门组织朝鲜移民并对他们进行统治与盘剥。

　　林业移民与日本的其他移民一样，给中国东北带来了严重的灾难。他们的到来，首先在关东军和伪满的强制下，侵占了原来东北农民的大量土地，这使原本就贫苦的农民丧失了土地而流离失所，至1945年日本战败投降，日本在中国东北地区共掠夺土地达3.9亿亩，是日本国内耕地面积的3.7倍（600万町步），占中国东北可耕地面积的60%。[②] 其次，在荷枪实弹的关东军保护下和伪满洲国荫护下的日本移民，享有先天的优惠政策，日本林业移民每人分给10名中国苦力，随意由他们支配和奴役；林业移民的住房和公共设施，均在移民到来之前由伪满政府驱使当地百姓提前准备好。最后，也是日本移民出现的最严重的后果，即出现了一个民族压迫另一个民族的不平等灾难，东北农民饱受日本移民的欺压、剥削和枪杀等灾难，东北人民从此过上了暗无天日的生活，东北完全沦为日本帝国主义的殖民地。战争是残酷无情的，带给人民无尽的灾难，这种伤痛，在战争期间及战争后的很长时间内都难以愈合。日本移民从某种角度来说也是战争的牺牲品。当初他们来到中国东北是以侵略者的身份来的，带有明显的军事性质，他们对东北进行掠夺和强占，把富裕的生活完全建立在东北人民的血泪之上；但同时他们也是侵略战争的受害者，他们在国内本来过着普通百姓的生活，在政府的欺骗性宣传下背井离乡来到他乡，与战争绑在了一起，"尤其作为侵

---

　　① 苏崇民：《日伪统治东北期间的"满铁"》，载孙邦主编《伪满史料丛书——经济掠夺》，吉林人民出版社1993年版，第409页。

　　② 高乐才：《日本"满洲移民"研究》，人民出版社2000年版，第8页。

略者，必然受到抗日武装力量的袭击，死伤人员不断出现。战争给移民带来了很多无法忘记的伤痛，比如日本战争孤儿问题、日本残留妇女问题等"①。

三 森林警察

在军事方面，日本不允许伪满拥有"正规军"，因此，日本统治与镇压东北人民只有使用"警察和警察性质的军队"了。日本警政世界闻名，日本占领东北后，对东北的警政异常重视，因此在伪满洲国警察多如牛毛，是典型的警察特务统治。九一八事变后，伪组织尚未确立前，即接收了各地警察权；伪满洲国成立后，日本将在朝鲜实施的警察制度完全重施于东北，伪警察 70%来自民国时期的警察机构。与伪军一样，日伪警察的行政决定因素在日本人，因此，伪民政部警察司长一职即由日本调来朝鲜总督府警务处长长尾一郎充任，将各省公安局改名为警务厅，厅长均委日人担任，其余重要警官也多为日本人。至于各县公安局局长，虽尚未换为日本人，但均有日本顾问咨议二三人，实权仍掌握在日本人手里。按日本帝国主义在伪满洲国所推行的官吏定位制度，在一般行政机关，日本人官吏大都只能充任副职，但伪警察机构却不同，大部分正职和一切重要职位全部为日本人所掌控。与伪军不同，日本人在伪军中都是军官并无士兵，而在伪警察系统中却有大量的日本人充当一般警察，从而从伪满顶层到广大基层和统治末梢，撒下了日本人警察之网。② 日伪警察对东北人民处处监视压迫、限制行动及思想自由。日伪警察行政普遍"设有六科：特务、刑事、涉外、警察、保安、卫生，其中特务、刑事、警察三科均由日本人担任科长；特务科分高等、普通、检查三股，专门办事思想、文化、书报、集会结社，行为反动之事项"③。从种类上来看，在日伪统治时期，政治上压迫工人的机构首先是

① 朱诗畅：《对伪满时期日本"林业移民"的研究》，《兰台世界》2015 年第 19 期。
② 解学诗：《伪满洲国史新编》，人民出版社 2015 年版，第 176 页。
③ 《日本统治下东北警察状况》，《东北消息汇刊》1934 年第 1 期。

日伪的军警宪特机关、关东军、关东宪兵队、伪满宪兵队、日本和伪满警察、特务机关都骑在工人头上作威作福。他们经常以各种借口抓捕工人，使工人生活在朝不保夕的恐怖之中。伪满警察机构星罗棋布，遍及伪满城乡。当时构成伪满警察体系的，不单是行政警察和警察队，还有各部门的专属警察，在林业系统内部设有专门压迫工人的警务机关，称为森林警察。

伪满洲国成立前的东北的日伪警察制度，虽在形式上有大致划一的规制，实际上各省、各机关的组织机构和运营情况各不相同。各省分立，无任何贯彻始终的章法，地方分权的弊病十分严重。因此，伪满洲国成立后，在从上至下的严格统辖下，警察也必须成为一种强而有力的存在。因此，伪满洲国政府首先改革旧制度，实行中央集权主义，使全国的警察机构处于伪政府、省、县的一元化的统制之下，以此为原则，致力于警察制度的确立和整备。1932 年 3 月，伪满洲国作为最高警察机关设置了民政部的警务司，在地方分别设置了奉天、吉林、黑龙江三省的警务厅，负责处理"建国"不久的警政事务。接着于同年 6 月，在长春设置了警务司直辖的"首都"警察厅，在其他主要城市（奉天以外的八城市）设置了由省直辖的警察厅。又于同年 7 月，在各县公署设置了警务局，其下设警察署。至此，除兴安各省外（关于兴安省，在伪政府设有兴安局，并实行另一种警察制度），警察机构实现了以警务司为核心的上下一贯的体系。于是，警察机构的基础整备大致完毕，先是将从前各县的公安队或保安队等全部改为警察队，承担治安肃整工作，同时，从 1932 年 1 月起，开始聘用有警察业务经验的日系职员，进行"建国精神""满洲国概况"及其他必要事项的教育，作为警务指导官分配到各县，辅佐县警务局长，加强县的警察队，同时负责指导日常警察业务，培训满系警察官吏。从 1932 年到 1935 年末的三年多，伪满警察机构基本上达到整备的地步：一方面完成了对各地的治安肃整，另一方面在此短期间内创建了适合伪满洲国独特的机构的制度。但是很明显，日本帝国主义唯恐伪警自成体系，统辖伪警的不是伪满各级政府，实际上绝对控制伪警系统的是关东宪兵队司令部；"讨伐"时则直接接受关东军部队指挥。据统计，1932

年，伪满警察逾 10 万人。① 平均每 300 人中有 1 名警察，而当时在日本国内这一比例则是 500：1。1934 年，伪军削减一半，而伪警察却始终保持在 10 万人以上的水平。②

在掠夺东北林业资源的过程中，为了确保采伐的顺利进行，满铁与关东军及伪满政府联合，在各林场设置森林警备队，作为产业警备中的一类，"主要是为了保护'国有'林的采伐、运输而设置的森林警察队，在该作业区内执行警备及一般警察业务"③。有关森林警备，见于 1934 年 10 月 10 日根据伪满洲国民政部布告第 6 号、军政部布告第 8 号、兴安总署布告第 11 号、实业部布告第 8 号《取缔国有林违法采伐者及通匪林业者布告》，其中规定了不得私设自卫团或武装团体，从而全面规定了森林警备的一元化领导。

1935 年 12 月，"为了扫平山林地区匪贼根据地的同时，积极促进森林资源开发"④，经治安维持会和实业部协商，以民政部训令的形式下令，在必要的县里设森林警察队，属于县长的下属组织，担任森林采伐的警备。这样一来，原来森林采伐队各自私设的自卫团全部被撤销，除黑河省、兴安省的森林采伐地域因地处偏远、交通信息不发达而没有配备森林警备队外，其他地方则由管辖采伐地域的县警务局（后为警务科）配备属于警务局的森林警察队担任警务任务，以对付伐木工人的反抗。日本为了防止采伐窝棚与外界联系，在采伐的区域内强制推行集体化，即在森林警察、"日满军队"的监控下实行集体采伐的方式，禁止在准许采伐区域以外的地方采伐用材树木（薪炭材采伐则与集体采伐无关）。这种方式具有治安和产业统制的双重功效。警察大部分是东北人，其中也有延边地区的朝鲜人，在滨江、绥芬河等地方还聘用一些俄罗斯人。森林警察还配有日本人指导官以训练队伍，在主要的关卡地区则驻扎"日满军队"，以森林警察队做辅助力量，以镇压当地的反抗活动。

---

① 据《满洲国警察概要》载，1932 年共有伪警 100650 人，其中警察队 37509 人。
② 解学诗：《伪满洲国史新编》，人民出版社 2015 年版，第 176 页。
③ 吉林省公安厅公安史研究室、东北沦陷十四年史吉林编写组：《满洲国警察史》，内部资料，1989 年，第 270 页。
④ ［日］满洲国史编纂刊行会编：《满洲国史 分论》（上），东北沦陷十四年史吉林编写组译，东北师范大学校办印刷厂印刷 1990 年版，第 439 页。

1938 年 9 月，伪治安部训令第 77 号、产业部训令第 197 号、民生部训令第 154 号共同颁布《国有林采伐及警备规程》，规定凡伪满洲"国有"林之警备，均由伪治安部统辖之森林警察队担当，这一规程于 1940 年 8 月，以治安部训令第 27 号、兴安部训令第 197 号、民生部训令第 154 号进行了修改。1940 年年末，吉林、滨江、三江、牡丹江、通化、"间岛"、北安、黑河、兴安北，以及兴安东等 11 个省均建立了森林警察队①，日本投降前，共有森林警察队 91 处，人员 8419 名。②

《国有林采伐及警备规程》除规定了若干例外，对"国有"林的采伐也做了属于森林警察队警备的和不属于森林警察队警备的区分。一旦着手采伐，首先，在制订整个采伐计划或申请变更计划时，要由林野局长与治安部警备司长进行协商；营林局长在制订管下"国有"林采伐计划或要有所变更时，要与有关省警备厅长协商，营林署长在制定管下"国有"林采伐计划或要有所变更时，要与有关县、旗长（直辖营林署与有关省警务厅长）分别就有关警备问题进行协商。其次，营林署长批准的采伐，或有人承包官方砍伐的一部分时，营林署长有义务将采伐人或承包人的住所、姓名、采伐区域及作业期限等向有关省警务厅长及县、旗警务科长通报。而有关警务厅长从维持治安上认为有必要中止采伐时，应将其理由向警务司长申报。警务司长根据申报，与林野局长协商后处理，森林警察队根据上述规定，担当森林采伐的警备，但警察队首先在与"日满军队"紧密联系下，在采伐前考虑治安状况，并在该地区附近实施"剿匪"工作，担任采伐区一带的警备，采伐区域内管理及搬运木材、粮食，以及采伐区更新、森林调查等掩护工作，借以共同完成森林经营。同时，其还在林区担任管制烟火、扑灭山火等任务，努力完成警务。森林警察队长及有关县、旗警务科长，根据 1938 年 10 月治警备第 1375 号《关于处理森林工人劳动登记的决定》第 3 条，作为满洲劳工协会在各该县、旗办事处的嘱托（无报酬），接受委托处理劳动

---

① ［日］满洲国史编纂刊行会编：《满洲国史　分论》（上），东北沦陷十四年史吉林编写组译，东北师范大学校办印刷厂印刷 1990 年版，第 439 页。

② 东北物资调节委员会研究组编：《东北经济小丛书　林产》，中国文化服务社 1948 年版，第 80 页。

登记发放劳动票等事务。

　　森林警察的职责规定很详尽，但归根结底主要是负责镇压林内的抗日力量，尽管也有林政管理和护林防火之责，但实际上除勒索入山劳工外，几乎不管林政和护林防火的事。森林警察受命于县警务科，主要任务是对抗东北抗联队伍在深山老林里的游击活动，防止有人偷盗其木材和监督劳工干活。森林警察经常有队内之间换防和大队之间换防，为的是不被抗联组织渗透。据记载，日伪时期，伊春市小西林一带活动着一支受日本侵略者雇用的森林警察队。这支森林警察队是1942年10月成立的，共有50多人，都是从吉林省敦化县和桦甸县的山森警察队调来的。当时小西林刚采伐不久，林业采伐工人都是从外地抓来的劳工，他们不甘心受压迫，随着全国抗日怒潮的高涨，工人们抗击、痛打日本侵略者的事件时有发生。日本人为了更多地掠夺中国森林资源，不得不花钱雇用一批人来帮助他们镇压林业工人，同时也是为了防范东北抗日联军。这支森林警察队在没有来到小西林之前，大小头目都是中国人；来到小西林后，这支队伍由日本人重新进行了整编，队长正是日本人八木正一郎。队部设有特务系和警务系，均由日本人主管。特务系主管军纪，镇压处理通"匪"（与抗联有联系的工人）和逃跑的工人等；警务系主管人事、升贬、工资、生活等。下设三个监督警尉，50多人的森林警察队又分为三个分遣队：第一分遣队在大、小西林一带活动，有30多人；第二分遣队在乌敏河一带活动，有八九个人；剩下的人是第三分遣队，活动在小西林到伊春车站一带。他们的任务是保护日本人修的森林铁路，防范抗联，帮助日本把头欺压林业劳工，采伐盗运中国的森林木材。当年小西林一带是一片荒山野岭，人烟稀少，刚刚修上的铁路两旁零星地住着几户白俄和中国铁路工人，山沟里住的便是日本人、森林警察、林业工人。日本人整天挎着洋刀，耀武扬威地欺压穷苦工人和当地老百姓，他们每天吃的是大米、白面、肉、鱼罐头，住的是厚实的大板房，而森林警察队的生活环境与日本人相比迥然不同，工资受日本人剥削后所剩无几。这些人平时吃喝嫖赌需要的钱，都是靠压榨、勒索工人和当地老百姓所得，工人们痛恨地管他们叫"二鬼子"。当年的这支小西林森林警察队就是在这样的环境中，为日本侵略者卖力。他们对林业工人、当地百姓百般地欺压，肆无忌惮地勒索，对日本人却顶礼膜拜，并受其欺侮。有一次，警尉赵玉田在路上见到八木正一郎忘了行军礼，当即被打了两个耳光，嘴角淌血，还差点被免职。[1]

除森林警察外，满铁本身还设有专门的警特系统，在工人中进行防谍和情报等特务活动，进行所谓思想战，毒化、束缚和迫害中国劳工。七七事变后，日军为了镇压中国人民的抗日斗争，保卫其各种设施及军事运输的安全，根据关东军关于加强"自体防卫"的要求，分别设立内部防卫机构。如满铁1938年11月在总裁室下成立了对内防卫的特务统治机构防卫班，下设3个系；又在1939年5月，在其下属各局、厂、矿、码头也都设立了防卫系。太平洋战争爆发后，满铁又将防卫班扩充为防卫部，下设3个课，下属各局、厂、矿也将防卫系扩充为防卫课，下设庶务、防空、防谍等系。1944年9月，满铁又将防卫部扩充改组为整备局，其下增设了第四课专门从事情报活动，下属各局、厂、矿也改编为整备局，下设2课。为了加强其防卫系统，满铁还"从社外采用专门家"，即将职业特务任命为满铁社员。[2] 满铁的特务系统是配合警宪机构镇压工人的特务组织，其任务是查处盗窃案件和事故，经常派出密探混入工人队伍，从事特务活动。他们还按地区分工与警宪机构密切联系，监管"特殊工人"。此外，日伪宪兵、警察、特务也渗入满铁内部，甚至公开设立分支机构，直接出面镇压工人，有的则是以派进来、拉出去的办法安插特务暗中监视工人，对有不满日伪统治言行的工人实行残酷镇压。

---

① 李万林整理：《日伪时期小西林山林警察队》，载孙邦主编《伪满史料丛书——经济掠夺》，吉林人民出版社1993年版，第319—322页。
② ［日］特务委员会委员长发昭和十六年八月二日 铁总文01号17之3《关于特务委员会设置一事》，抚顺日档，1941年，第354页。

第七章

满铁对中国东北林木的运输与掠夺

日俄战争后，日本根据《朴茨茅斯和约》承袭了帝俄的权利，攫取了"南满"铁路及一切附属权益，以关东军为侵略中国之大本营，以"关东州"及满铁附属地为侵略中国之根据地，以其所有铁路为对中国之抽血管，千方百计，无所不至；九一八事变后，更假伪满政府委托经营铁路之名，将东北所有铁路尽置于满铁掌握之下，于是竭尽其人力、物力、财力大兴土木，至日本战败投降止，铁路、公路、港湾、水运等尽为日本帝国主义所控制，大量物资被日本所掠夺，木材作为重要资源成为运输的重要物资。

满铁运营的主要物资基础是"南满"铁路和大连港，主要业务是铁路运输业，这也是它的高额利润的主要来源，满铁的一切活动都是以铁路的巨大生产力为根基。它不仅是东北南部经济的大动脉，是日本资本吮吸东北人民血汗的大管道，更是运兵作战的利器，铁路所到之处就是日本军队耀武扬威之所。满铁除铁路运输和港口之外，还伙同其子公司逐步垄断了东北的海上运输、长途汽车运输、"北满"江上运输、短途运输和装卸、搬运等各个环节。满铁对东北林木的运输主要有陆运和水运两种办法，陆运根据设备种类不同，可分为轨道运材（森林铁道、小铁轨）、载重汽车（卡车、拖拉机）、橇等办法进行（见图7-1）；水运，则是利用流送木筏的办法进行运送，分为独木流运和排运。可是，随着对木材采伐的猖獗，木材产量的增加，加上战争局势对重要资材的需要，必须有计划而不间断地进行供应，因此搬运、输送也必须有计划地进行。九一八事变后，即1932年3月，关东军取得了伪满"国有"铁

图 7-1　火车搬运

资料来源：［日］鸭绿江采木公司：《鸭绿江林业志》，1919 年。吉林省社会科学院满铁资料馆藏资料，编号 23254。

路的管理权，并与满铁签订了《关于铁道、港湾、河川委托经营及新设等协定》，将伪满洲国的"国有"铁路、港口、江运及公路运输的经营及新铁路线的修建事宜，完全委诸满铁。满铁遂将全东北原有的中国自办铁路、港口和码头尽数侵占并着手实现其"铁路网计划"，全面对中国东北的林业资源进行疯狂掠夺。日本殖民者认为，"满洲铁路经营的成败，关键在于如何掌握北满和中满一带的土特产品"①。

一　铁路为主要运输手段

为了将东北建设成为"民族协和的乐土，基于日满一体提携，不言

---

① ［日］满洲史学会编著：《满洲开发四十年史》上卷，东北沦陷十四年史丛书编写组译，东北师范大学出版社 1988 年版，第 102 页。

而喻，通过巩固'国防'和资源开发，始能达到这一目的。比什么都重要的先决条件是，充实完备以已设铁路为主体的交通设施"①。迨至1939年10月，日本侵略者已在东北编织成一张铁路总长为10000千米、汽车公路20000余千米、"北满"河川航路5000千米的交通网，以满铁为核心的一元化综合经营体制成为日本掠夺东北的推动力。即承担水陆联络的港湾为满铁经营，与此密切相关的还有仓库业。另外，掌握小运输业大半的国际运输会社、以大连港为中心的海运业大连轮船会社、造船的大连船渠铁工会社等，都是在满铁的投资下运营的。原来陆路运输的汽车和铁路相竞争，但后来主要汽车公路均被纳入满铁统一运营，这就使铁路运输掠夺资源如虎添翼。

（一）满铁本线

满铁形式上是独立的股份公司，这在中国和国际上都有一定的欺骗性，实质上它完全由日本政府控制，是日本政府利用私人资本的对外扩张，是国家资本与私人资本相结合的产物。满铁作为半官半民的殖民统治机构，不仅疯狂掠夺殖民地的财富，而且还要推行日本政府的侵略政策。满铁拥有帝国主义在东北的一切企业经营特权，包括修筑和经营铁路、港口、电信、航运、开矿、伐林，自行决定运费和各种费用等，并取得铁路沿线土地可以任意支配使用，免缴一切税费，甚至可不缴铁路材料进口税等特权。他们还禁止中国方面修筑平行铁路，在"铁路附属地"排斥中国主权，形成名副其实的"满铁王国"。满铁本线以"南满"铁路、安奉铁路和大连港的交通运输业作为全部经营活动的基础和中心，它垄断东北农矿（林业统称林矿）产品的出口运输，控制东北的进出口贸易，铁路运输是满铁高额利润收入的主要来源。

九一八事变后，关东军侵占东北全境和伪满洲国建立，"军铁合一"，为满铁掠夺中国东北财富和资源扫清了障碍，满铁由"经营满洲"改为支持配合军部备战，以"国防"和产业开发、交通事业为中心任务。1933年2月，伪满制定《铁道法》，规定"除以某一地区交通为目

---

① ［日］满洲国史编纂刊行会编：《满洲国史 分论》（下），东北沦陷十四年史吉林编写组译，东北师范大学校办印刷厂印刷1990年版，第325页。

的及非供普通运输使用者外，所有铁道一律为'国有'，主要线路不许私有；为达此目的，对原有铁路中之必要线路可予以征用"①。同时宣布征用沈海铁路公司、呼海铁路公司及齐克铁路工程局所属的铁道及其附属的一切事业。由于满铁的业务范围扩大，1933 年 3 月 1 日满铁于沈阳设"铁路总局"，并新成立承担铁道港湾建设的建设局，于大连设立总社；增加投资 8 亿元。在委托经营有机的一体化和经济运营两大方针下，经营所谓"满洲国有"已成和新建铁路、港湾、水运及其所有附属事业，对东北全境的交通事业实行垄断，侵占了原来分属于 9 个中国铁路分局的 18 条铁路线，总长 2975.24 千米，其中满铁社线 1129.1 千米，中东铁路 1721 千米，相当于当时东北铁路总长的 50%强，② 以及葫芦岛和营口的河北码头，又于 1935 年 3 月接办原中东铁路的干支线 1732.4 千米，连同新建铁路在内，满铁所辖"国有"铁路总长为 6857.3 千米，为满铁原有铁路里程的 6 倍还多。③ 并在各地设立了 5 个铁路分局、2 个事务所及铁道学院和铁道研究所。在哈尔滨设立林业所、造船所（江船），在皇姑屯、长春、松浦、齐齐哈尔等地新建铁道工厂以及"北满经济调查所"。因此，1933 年满铁输送木材 894285 吨，比上年同期增加了 251241 吨。④

满铁经营的铁路，区分所谓的"国线"，即伪满洲国委托满铁经营的铁路；"社线"，即满铁及其直辖的安奉线；"北鲜线"，即朝鲜总督府委托满铁经营的铁路，1933 年 10 月 1 日成立北鲜铁道管理局。1936 年 10 月 1 日，满铁将其各铁路机构合并，在沈阳设立"铁道总局"，统一经营铁路、港湾、水运和汽车运输，成为管理整个东北水陆交通的总机关，所有的铁路、"国营"公路、水路的运输都被置于铁道总局管理之下，并且垄断了东北的全部港口，几乎控制了一切现代化地面交通工

　　① ［日］满洲国史编纂刊行会编：《满洲国史　总论》，东北沦陷十四年史吉林编写组译，东北师范大学校办印刷厂印刷 1990 年版，第 364 页。
　　② ［日］满洲国史编纂刊行会编：《满洲国史　总论》，东北沦陷十四年史吉林编写组译，东北师范大学校办印刷厂印刷 1990 年版，第 366 页。
　　③ 唐树富、黄本仁整理：《日本军国主义侵略工具"南满洲铁道株式会社"》，载孙邦主编《伪满史料丛书——经济掠夺》，吉林人民出版社 1993 年版，第 404—405 页。
　　④ ［日］满洲日日新闻社：《满洲年鉴（昭和十二年版）》，满洲日日新闻社出版 1936 年版，第 399 页。吉林省社会科学院满铁资料馆藏资料，编号 19493。

具。至此，满铁完全实现了独家经营，竞争消失了，代之的是绝对的垄断。到1945年日本战败，在满铁经营下的铁路共55条，总长度为11500千米（见表7-1）。[①] 如果说满铁主线是日本帝国主义从沙俄手中间接夺取中国权益的话，那么各支线的修筑则是日本帝国主义以武力为后盾、直接从中国手中夺取的，对其而言，这些军事侵略和经济掠夺具有重要的战略意义。

表7-1　　　　　　　满铁管辖铁路一览（1945年8月）　　　（单位：千米）

序号	线名	区间	里程
1	连京线	大连—长春	701.8
2	甘井子线	南关岭—甘井子	11.9
3	旅顺线	周水子—旅顺	50.8
4	金城线	金州—城子疃	102.1
5	营口线	大石桥—营口	22.4
6	抚顺线	苏家屯—抚顺	52.9
7	烟台炭坑线	烟台—烟台炭坑	15.6
8	安奉线	安东—苏家屯	261.1
9	辽宫线	辽阳—宫原	69.0
10	溪碱线	宫原—田师付	68.0
11	凤灌线	凤凰城—灌水	83.0
12	安大线	安东—浪头	13.0
13	奉山线	奉天—山海关	419.8
14	大郑线	大虎山——郑家屯	366.2
15	高新线	高台山—新立屯	61.0
16	河北线	沟帮子—河北	91.1
17	葫芦岛线	锦西—葫芦岛	12.1
18	锦古线	锦县—古北口	542.2
19	新义线	新立屯—义县	131.5
20	叶峰线	叶柏寿—赤峰	146.9

---

① ［日］满洲国史编纂刊行会编：《满洲国史　分论》（下），东北沦陷十四年史吉林编写组译，东北师范大学校办印刷厂印刷1990年版，第343页。

续表

序号	线名	区间	里程
21	北票线	金岭寺—北票	17.9
22	奉吉线	奉天—吉林	447.4
23	平梅线	四平—梅河口	156.1
24	梅集线	梅河口—集安	244.7
25	鸭大线	鸭园—大票子	112.3
26	浑三线	浑江—三岔子	17.2
27	京图线	长春—图们	528.0
28	龙丰线	龙潭山—大丰满	22.4
29	拉滨线	拉法—三棵树	265.5
30	朝开线	朝阳川—上三峰	60.6
31	龙青线	龙井—青道	51.0
32	图佳线	图们—佳木斯	580.2
33	兴宁线	新兴—城子沟	216.1
34	绥宁线	河西—东宁	91.1
35	滨绥线	哈尔滨—绥芬河	546.4
36	城鸡线	下城子—鸡宁	130.0
37	虎林线	林口—虎头	335.7
38	鹤冈线	莲江口—鹤冈	54.3
39	绥佳线	绥化—佳木斯	381.5
40	滨北线	三棵树—北安	326.1
41	北黑线	北安—黑河	302.9
42	京滨线	长春—哈尔滨	242.1
43	滨江线	哈尔滨—三棵树	9.9
44	滨洲线	哈尔滨—满洲里	934.8
45	宁霍线	宁年—霍龙门	283.0
46	齐北线	齐齐哈尔—北安	231.5
47	平齐线	四平—齐齐哈尔	571.4
48	昂榆联络线	昂昂溪—榆树	5.0
49	京白线	长春—白城子	332.6
50	白杜线	白城子—杜鲁尔	354.0
51	北鲜东部线	图们—雄基	147.3

序号	线名	区间	里程
52	雄罗线	雄基—罗津	15.2
53	北鲜西部线	南阳—上三峰	36.0
54	霍黑线	绿神—霍龙门	168.3
55	纳金口支线	双峡—纳金口	20.2

资料来源：[日] 满史会编：《满洲开发四十年史》，满洲开发四十年史刊行会，1964年，第343—345页。吉林省社会科学院满铁资料馆藏资料，编号002。

满铁经营铁路的主要任务是适应日本帝国主义的"国策"，满足日本政府和军部关于所谓"国防"、开拓和维护治安的要求，为支持侵略战争将军需品运输和军事运输摆在首要地位，协助关东军的军事运输以镇压东北人民的反抗和斗争，维护日本帝国主义在东北的殖民统治。满铁对木材的需求量极大（见表7-2），木材运输有铁轨与木轨之分，其所用动力也不同，前者靠机械牵引，使用蒸汽、汽油，后者则借助木材本身的重力或人力、畜力来完成，因为后者成本高、效率低，仅有少数几家林场使用，轨道运输还是以森林铁路为主。因为铁路：（1）可将大量林产物迅速运出且不受天气影响；（2）运送途中可避免不必要的损失；（3）任何树种、任何长度均可搬运；（4）木材干净，不附着沙砾，制材时不致损坏锯齿，且可以节省人力、物力和时间；（5）资金周转灵活；（6）可与其他运输方式有效连接，提高运输效率，所以满铁利用得天独厚的条件，成为靠运输掠夺木材最受益的会社。

表7-2　　　　　　1910—1931年满铁经办木材和社用木材数量　　（单位：吨）

年度	经办木材	社用木材
1910	45430	—
1911	50592	—
1912	55520	—
1913	82754	159699
1914	62370	127970
1915	70849	177289

续表

年度	经办木材	社用木材
1916	119755	141942
1917	171128	147836
1918	213814	213276
1919	282469	243773
1920	199716	191264
1921	276122	107355
1922	304321	66826
1923	414537	152030
1924	370365	239925
1925	474331	94004
1926	416832	90605
1927	420581	122154
1928	556902	169021
1929	474593	209864
1930	290888	156217
1931	234443	102582

　　资料来源：［日］南满洲铁道株式会社：《昭和十六年度统计年报》，第212—219页。注：表中木材不包括薪炭。

（二）收买北铁和修筑支线，"北满"木材南下

　　"北满"铁道母体是西伯利亚大铁道，全长7400余千米，是俄国人在1891年5月开始着手建设的。随着俄国对中国东北的侵略扩大，从1897年开始，在东北境内建设满洲里至勃克拉尼奇那亚的铁道，1898年开始建设哈尔滨至旅顺间的南部线，至1903年两条线全部完工，俄国铺设了纵横于东北中心全长2600千米的铁道，统称中东铁路，又称"东省铁路""东清铁路"。中东路沿线森林广布，东部是松花江、牡丹江流域的密林，西部是大兴安岭的茂密原始森林，南部是拉林河流域的森林，堪称"世界上最长的一条森林铁路"①。1905年日俄战争后，中东路的南部线长春以南的铁道让渡给日本（后来的满铁线），其余横断

----

　　①　陈觉：《东北路矿森林问题》，商务印书馆1934年版，第115页。

"北满"的铁道（滨洲线及绥滨线）及哈尔滨至长春之间的南部线的一部分（京滨线），即"北满"铁道。"北满"铁道地处兴安岭主脉、拉林河流域，是"中国森林资源最丰富、木材用途最广、适应性最强的地区"①，为日俄两国争夺激烈之地。满铁首任总裁后藤新平上任之前就认为"南满"铁路如果不和中东路建立联运关系，就只不过是一条地方性铁路，只有和中东路联运才能成为欧亚交通的要道。所以他一到任就抓联运事宜。1912年5月，在后藤新平的不懈努力下，日俄缔结了"南满"、东省两铁路货物联络运输协定，两路终于开始实施联络运输。"南满"中东实行联运是东北路政上的重大举动，实现"南满"中东联运对满铁吸收"北满"出口货物具有极为重大的意义，"所施策略，不无成效之可言。例如，无直接联运之提单，凡粮食、林木等项货载，必道经东铁之宽城子站，用大车运至长春站"②。因为中国东北的林业资源多集中于"北满"，因此，通过联运大量"北满"木材经中东路南部路线运至长春，再经"南满"路南下。这种情况从第一次世界大战开始后最为显著，至1930年达到顶点，1928年中东线发到"南满"线的木材仅为48549吨，到1929年几乎翻了一倍达到88192吨，1930年更是达到122731吨。③ 与此同时，林业资源的开发利用加强并逐步走上产业化之路，诸如木材加工业、纸浆与造纸、火柴加工业等随之兴盛起来，哈尔滨成为"北满"铁道木材交易市场的中心地位，以哈尔滨为中心的"北满"和中东铁路的东部线占据了东北制材业的主导地位。东部沿线当时有4家制材工场，④ 制材能力为8.5车每日，再加上哈尔滨、吉林、长春总计15个工场也不过22.5车每日，即2250石，而中东铁路东部沿线产量就占三成以上。⑤

---

① 王长富：《东北近代林业经济史》，中国林业出版社1991年版，第56页。

② ［日］东省铁路经济调查局：《北满与东省铁路》，东省铁路经济调查局出版社1927年版，第289页。

③ ［日］满铁：《第六十四回帝国议会说明资料》，1932年，第134页。吉林省社会科学院满铁资料馆藏资料，编号10059。

④ 即加瓦耳斯基氏牙不洛尼工场、斯基迭耳氏细鳞河工场、斯基迭耳氏苇沙河工场和中东海林公司海林工场。

⑤ ［日］南满铁路调查课编：《吉林省之林业》，汤尔和译，商务印书馆1930年版，第56—57页。

九一八事变前三年的数字即如此可观，九一八事变后，随着军事铁路网的修筑和煤炭生产的扩大，满铁的木材消耗量成倍增长。1935年满铁兼并了中东路，使伪满洲国的铁路实现了一体化，经济上、技术上无阻碍地发挥出全部能力，更是打开了东北物产对苏输出的通道。同时，满铁攫取了该路沿线的三大林区（绰尔、东部、岔林河）和与之有关的海林公司及亚布洛尼亚林区。这五大林区占地面积共160万余公顷，年采木材约100万立方米。1936年满铁又与伪满洲国合办满洲林业公司，垄断吉林省"国有"森林的采伐权，扩大了采伐规模，满铁控制的扎免采木公司和满鲜坑木公司都扩大了采伐规模，加紧了对林业资源的掠夺。

满铁在攫取并垄断中国东北铁路的同时，根据日本军部和关东军的需要，修建了一批新铁路，以实现所谓"满蒙铁路网计划"，名义上是要"变临时军用铁路为永久的和平交通机构"①，实际上是哪里有资源就将支线修到哪里。伪满洲国为普及私设铁路，制定了私设铁道法，满铁对私设铁路中在产业开发方面价值高、将来可构成"国有"铁路一部分的线路，同意接受委托建设。满铁及其支线在掠夺东北各种资源方面发挥了重要作用。按关东军的要求，铁路铺设"国防"意义大于经济意义，但与满铁的运输掠夺并不相悖，这些线路的建成加强了水陆联运，而且与国境线附近区域的森林分布不谋而合，因此对木材的大量运输极为有利。如敦化至图们的铁路，是日本帝国主义20多年来梦寐以求的"日满"最短路线，这条铁路建成后，日本能以最快的速度从北朝鲜将军队和物资直接运到长春和"北满"，这就可以大大增强日本的军事地位，同时也有利于掠夺"东满"、吉林一带的物资。伪满洲国建立后，大兴土木，铁路建设更以完成2.5万千米为目标，在关东军和满铁的策划下，满铁建设局仅用8年即于1939年10月1日就完成了10年建设4000千米，与已建成铁道合计10000千米的目标，至1942年完成28条新线路的铺设，总里程达4968.4千

---

① ［日］满铁：《南满洲铁道株式会社三十年略史》，1937年，第72页。吉林省社会科学院满铁资料馆藏资料，编号10234。

米。新线路的修建，铁路总长度的增加，使"国有铁路"的货运增长，1936 年度的货运量达到 1865 万余吨，比 1933 年的 891 万余吨翻了一番以上，其货运收入达到 8000 余万元。①

1939 年，日本加紧准备进犯苏联，制订了"北边振兴三年计划"，满铁承担了主要投资项目，修建"北满"各干线的复线和国境支线，全面控制"北满"江运，发展汽车线路，满足军事运输的要求，建立战时体制，紧密地配合关东军的作战部署，并于 1940 年将资本总额由 8 亿日元增加为 14 亿日元。② 在关东军的授意下，满铁不断赶建军事铁路和以掠夺煤铁和木材为目的的"产业铁路"，到 1943 年，建成了 17 条总长 1500 余千米的新线和近 900 千米的复线。③ 太平洋战争爆发后，满铁为密切同关东军和伪满洲国的联系，将满铁本部实质上迁到长春，全力经营铁路，实行高度重点原则，努力保证军事运输和向日本输送掠自中国的各种战略物资，并于 1945 年 1 月决定再次将资本总额增加为 24 亿日元。直到日本投降满铁解散为止，满铁及其支线始终是日本垄断资本、掠夺中国东北资源、剥削东北人民的主要工具，是日本帝国主义进行侵略战争的重要支柱。

（三）森林铁路对木材掠夺的延伸

由于靠近铁路沿线林带的林材已采伐殆尽，后来满铁采伐木材都在距沿线数十千米乃至二百多千米远的地方，加之采伐数量又很大，所以能大量地、低廉地、迅速地运送的方法，除由于地形的关系必须用马拉、用拖拉机运和水运以外，只有利用标准轨距的森林铁路。而且，森林铁路有如下优点："a. 能与伐木事业实行综合性联合经营；b. 具有不受季节、距离等自然条件制约的大量地、低廉地、迅速地、确实地运送

---

① 李作权：《"九·一八"事变至"七·七"事变期间的满铁》，载孙邦主编《伪满史料丛书——经济掠夺》，吉林人民出版社 1993 年版，第 427 页。

② 苏崇民：《日伪统治东北期间的"满铁"》，载孙邦主编《伪满史料丛书——经济掠夺》，吉林人民出版社 1993 年版，第 417 页。

③ 苏崇民：《日伪统治东北期间的"满铁"》，载孙邦主编《伪满史料丛书——经济掠夺》，吉林人民出版社 1993 年版，第 419 页。

的力量；c. 与同营业线接续上，没有装卸的必要，能高效地直接运到营业线的任何地方；d. 会社以其营业线所有的人力和物力，能直接或间接地发挥威力，较会社以外任何线路都容易经营；e. 可全部使用满俄人员作为乘务员或现场的工作人员，人事费用较少；f. 建设费和维修费较营业线低得多；g. 资财主要是重新使用会社营业线已经折旧过的，易于确保资财的供应和价格的低廉；h. 运费较营业线高，所以收入较高。"①满铁认为，林区铁路的经营不应该局限在会社的内部，还应积极地使其普及，可在外部与伪满政府"共同协力"，进而对全东北的林业资源进行掠夺。但是，随着战争的不断扩展，修筑铁路的物资首先供应战争需求而日显不足，因此不得不逐渐暂停铺设新路，木材的运输就从掠夺当地的物资下手。

东北的森林铁路开始于中东铁路铺设时期，"北满"各铁路沿线向森林地带延伸，目的是生产铁路所需的枕木、薪材，便利木材的运输和销售，大多是与本线能衔接的轨距相等，延长数十千米至百余千米不等。早期在俄国人开办的林场中，铺设森林铁路就是常规手段。当时，除中东铁路本线外，东部沿线延伸的专用森林铁路计有 11 处之多（见表 7-3），"民国二年，铁路支线不过 200 多千米，远至民国十五（1926）年，铁路支线已增至 330 余千米"②。另外，在东北早期开发较早的地区，如以吉林为中心的松花江流域、延边地区及牡丹江流域，由于日本资本投入，需要进行木材的大量输送而欲铺设森林铁路，但由于东北官宪的干涉多以失败告终。九一八事变前，至 1927 年已有森林铁路962.52 千米。③ 1935 年满铁收买中东路实现东北一体化之后，所有森林铁路均归满铁统制。

---

① 苏崇民主编：《满铁档案资料汇编·第九卷——农林牧业扩张与移民》，社会科学文献出版社 2011 年版，第 691 页。

② 佟常存：《中东铁路东线林区简况》，中国人民政治协商会议黑龙江省尚志市委员会文史资料研究委员会：《尚志文史资料》第 6—7 辑，1989 年，第 86 页。

③ 伪满洲国兴农部林野总局：《满洲国林政年史》，秘，1944 年，第 287 页。吉林省社会科学院满铁资料馆藏资料，编号 23237。

表7-3　　　　　中东铁路本线以外东部地方专用之森林铁路　　（单位：俄里①）

林区	专用线	长度	备考
一面坡	加瓦耳斯基	23.5	
九节泡	斯基迭耳	67.0	
牙不洛尼	加瓦耳斯基	70.0	
		7.0	
石头河子	中东路林区	60.0	牙不洛尼加瓦耳斯基氏专用线中含有2俄里之中东路线
		6.5	
横道河子	加瓦耳斯基	7.0	
		6.4	
		7.0	
梅林	中东制材公司	15英里	
		20英里	

资料来源：[日]南满铁路调查课编：《吉林省之林业》，汤尔和译，商务印书馆1930年版，第210页。

伪满建立之初，满铁在图们江流域铺设的森林铁路只有6条，总长369千米，而且其中只有3条铁路正常运作，运输量远远达不到供应要求。随着伪满政权的稳固，日本对木材需求量的不断加大，《林场权整理法》公布不久，满铁开始铺建图们江流域森林铁路。"国有"铁道建设的同时，森林铁路的铺设又活跃起来，新铺设的铁路达250千米。满洲林业会社成立的同时，1936年，即着手新的森林铁路建设，新筑沙河线、额穆线、新开线，总延长95.8千米。② 森林铁路大部分由伪满洲国"国营"或满洲林业会社经营，只有23%经营旅客运输业务，其余皆为掠夺资源所用。为了深入原始森林腹地加大木材的运输，满铁大量修筑森林铁道，1936年，伪满制订了修筑3条森林铁路的计划，并在森林警察队的掩护下着手铺设，总长约230千米，计划投入约330万日元。③ 1936年12月天桥岭线（"间岛"省汪清县三岔口至草皮沟上游）开通，全线45千米，龙

① 俄里：俄制长度单位，1俄里≈1.0668千米。
② 伪满洲国兴农部林野总局：《满洲国林政年史》，秘，1944年，第290页。吉林省社会科学院满铁资料馆藏资料，编号23237。
③ 伪满洲国兴农部林野总局：《满洲国林政年史》，秘，1944年，第287页。吉林省社会科学院满铁资料馆藏资料，编号23237。

安线（"间岛"省和龙县龙井村至安图县五道杨岔）总长 86 千米完工。
1937 年天桥岭线延长 20 千米，龙安线全线开通。同时，与之配套的建
设设施有作业轨道 143 千米、木材仓库 220 陌、堰堤 32 处、车道 480 千
米、电话线 840 千米①等。此外，图们江流域的图佳线、吉会线、京图
线都增设新线，大大提高了满铁运输木材的能力。森林收归"国有"
后，伪满洲国将森林铁路委诸满铁经营，在满铁和其子公司满洲林业会
社的统制下，森林铁路的铺设践行伪满洲国"国营"，依计划逐年新设
铁路，至 1938 年前后，森林铁路总延长里程达 1000 千米的目标指日可
待。② 表 7-4 为 1938 年 9 月统计的与滨绥线、滨洲线、图佳线接轨的森
林铁路的地点和长度。

表 7-4 　　　　　　　　　**森林铁路一览（1938 年 9 月）** 　　　（单位：千米）

接轨铁路线	接头地点	终点	长度
滨绥线	鲁客什窝	北方"国有"林	69.2
	苇沙河	西南方"国有"林	55.0
	亚布洛尼（现亚布力）	北方"国有"林	111.6
	冷山	西南方"国有"林	25.0
	横道河子	东北方"国有"林	56.2
滨洲线	牙克石	北方"国有"林	8.8
	伊列克得	东方"国有"林	45.0
	博克图	西南方"国有"林	50.0
	雅尔		
图佳线	—	大勒勒密河流域	30.0
	春阳	李树沟	50.0
	仙洞	二道河流域	73.0
	三岔口	草皮沟流域	45.0
	—	五道沟流域	73.0

---

① ［日］满洲日日新闻社：《满洲年鉴（昭和十四年版）》，1938 年，第 187 页。吉林省
社会科学院满铁资料馆藏资料，编号 19494。

② ［日］满洲日日新闻社：《满洲年鉴（昭和十二年版）》，1936 年，第 262 页。吉林省
社会科学院满铁资料馆藏资料，编号 19493。

接轨铁路线	接头地点	终点	长度
朝开线	龙井村	海兰河流域	86.0
京图线	黄泥河	额穆索	36.2
	大石头	沙河掌	33.6
	敦化	王把头店	28.7
合计		17 条	876.3

资料来源：[日] 满洲日日新闻社：《满洲年鉴（昭和十二年版）》，1936年，第262页。

除表7-4所列外，还有滨佳线的延伸线南叉、铁山包、鸡岭，白河线的五叉沟等。小兴安岭县东北开发最晚的地域，公开采伐始于伪满洲国建立之后，至1940年绥化佳木斯路通车，1943年又铺设汤原林（口）铁路，于是封闭已久的东北森林宝库，成为近代林产物采伐的大本营，森林铁路基本伸入各林区的腹地，这些如毛细血管四处延伸的铁路与大动脉满铁相连，将东北的林业资源掳掠往日本的战争和所需要的各个角落。

1938年11月，伪满林野局更是制订了森林铁路五年铺设计划，预期到1942年前竣工，与此同时，随着鸭绿江采木公司的解体，还收买了临江线（55.5千米）和长白线（210千米）。1940年，在海林长汀间修筑标准轨距的森林铁道，1942年，伪满政府及满洲林业会社共铺设15条线路，延伸326千米，1942年在伊春林区修建了105千米的森林铁路，满铁及其他单位在各地铺设626千米，截至1942年，计铺设森林铁路21条，延伸里程达1440千米。[①] 这些森林铁道与满铁干线及其支线相接，四通八达，如蜘蛛网般蔓延至整个东北，将中国的林业制材运往各地，以供侵略者所用。到1944年，伪满森林铁路总长度达1699千米，拥有蒸汽机车69辆，汽油机车148辆，重油机车19辆，运材车皮10739辆，每年运材量达105.7万立方米。储木场也随之建立，1945年

---

① [日] 满洲国史编纂刊行会编：《满洲国史　分论》（下），东北沦陷十四年史吉林编写组译，东北师范大学校办印刷厂印刷1990年版，第169页。

前有 188 处，总面积达 1551 公顷。[①]

　　森林铁路的修筑目的是便于大量木材从山里运出，同时也降低运输成本，随之也带来了木材交易市场位置的变化。森林铁路铺设之前，受自然条件及运输条件、运输手段所限，木材交易市场大多设在沿江河的出口处，如最早的鸭绿江下游的安东、松花江中上游的吉林；铁路铺设后，木材能够通过铁路大量、快速地运往各地，完成了水运向水陆两运的转变，于是木材交易市场也由沿江河大城市交易转向水陆沿线城市均可交接，因此，哈尔滨凭借特殊的地理位置和战略地位，成为水陆沟通的桥梁，与安东、吉林并称东北三大木材市场的城市，成为"北满"木材集散地。中东铁路与"南满"铁路联运之前，哈尔滨木材市场进材数量正常情况下铁路占 40%，松花江水运占 60%，[②] 联运之后，动摇了作为生产、消费市场媒介的长春的地位，从"北满"南下的木材可以不在长春市场中转而由铁路直接运至"南满"各地及关内，无论如何，"北满"木材交易市场的区域性转变，"是修建东省铁路的产物"[③]。可见，铁路的修筑不仅便于日本侵略者对中国东北木材的大量掠夺，而且也改变了东北的产业结构和商业结构。

二　水运

　　与中国东北广袤的土地相比较，海岸线却颇为短少，作为商港仅有面临渤海、黄海的营口、大连、安东所谓"南满"三港，后虽积极扩建旅顺、葫芦岛港，但终未发挥更大的作用；另外，内陆水运辽河、鸭绿江、松花江、黑龙江、乌苏里江等大河均已通航。满铁前期水运遵行大连中心主义，以开发海港和海运为主，随着日本的开发政策及战争的推进，满铁全面控制中国东北水运，大力发展港口运输和江运，实现与铁

---

① 东北物资调节委员会研究组编：《东北经济小丛书　林产》，中国文化服务社 1948 年版，第 100—101 页。

② 王长富：《东北近代林业经济史》，中国林业出版社 1991 年版，第 235 页。

③ 王长富：《东北近代林业经济史》，中国林业出版社 1991 年版，第 260 页。

路联运,以便大量地掠夺东北的森林资源,图 7-2 为安东港汽船装运木材的场面。

图 7-2 汽船木材装运状况

安东市下流三头浪头汽船停泊地

资料来源:[日] 鸭绿江采木公司:《鸭绿江采木公司十周年纪念写真帖》,1918 年。吉林省社会科学院满铁资料馆藏资料,编号 23255。

(一)港口运输

东北的港口运输大部分被大连港包揽。日本选定大连为开发"满蒙"的海港,不仅是因为俄国曾将大连港开放为各国通商贸易的自由港,而是经过充分科学研究的结果。营口离"满蒙"中心奉天最近,但港内水浅,入港船只不能超过 3000 吨,而且冬季结冰期达四五个月,船运停工;安东离奉天 200 多千米,在距离方面占第二位,但除 1000 吨以下的小型船外不能入港,并和营口一样,冬季结冰期不能通行。因此这两者均不适于做海港。而大连离奉天 300 多千米,在距离方面虽占第三位,但它是不冻港,且港内水颇深,具备 1 万吨上下的大船同时停留几十只的条件，实为"满蒙"沿岸独一无二的良港。因此，大连港成为日本掠夺东北物资且与各国对外通商贸易的吞吐港，担负着"满蒙"吞吐港的重大使命，同时也是日本殖民开发"满蒙"的关键因素。①

1. 满铁投资经营大连港与大连汽船株式会社

日本政府将大连港开放为自由港，满铁以大连为其发展基地和货物的吞吐港，采取了大连中心主义的经营方针，九一八事变前，日本开发"满蒙"和满铁的运输政策都是以大连为中心策划实施的。日本首相田中义一在向日本天皇的奏章中即提到："以大连为中心建设大船会社，以执东亚海运交通。"②"满铁投入 1 亿元以上的资金，在此地建设大连港湾和大码头，一方面作为自由港为世界通商贸易而开放，另一方面在此地设置本社，并以之为满铁本线起点，对确立日本对外商权做出了贡献。"③"南满"铁路所通过的本是东北人口最稠密、经济最发达的地区，拥有强大运输力的"南满"铁路和大连相辅相成，很快就压倒了辽河水运，大连港也超越了营口港，成为东北的主要门户。"南满"铁路和大连港将东北广大腹地更紧密地同资本主义世界市场联系起来，成为东北南部物资出口运输和外货进口的主要通道，日本殖民统治时期的大连航运业的兴起与发展是与日本帝国主义的疯狂侵略、物资掠夺密切结合在一起的。加之满铁执行有利于大连港的运费政策，大连港很快便兴隆起来。满铁接收大连港的 1907 年，大连港的输出额仅有 380 万两，只占"南满"三港输出总额的 15%，而当时营口却占 75%。④ 但是，很快地，至 1912 年大连港已超过营口成为东北的第一大港。第一次世界大战期间，由于沙俄参战无暇东顾，海参崴港陷于混乱，"北满"货物南下，给大连港带来了空前的发展机会，比起战前的 1913 年，至 1919 年输入货物增长 174%，输出货物增长 73%，由战前一直居于中国四大贸

---

① ［日］相生由大郎：《三线联络运赁反对理由书》，见《三线问题运动经过报告书》附录第一，第 2—3 页。

② 王希智、韩行方：《大连近百年史文献》，辽宁人民出版社 1999 年版，第 145 页。

③ ［日］伊泽道雄：《开拓铁道论》下卷，春秋社，1938 年，第 10 页。吉林省社会科学院满铁资料馆藏资料，编号 24788。

④ ［日］满铁地方部残务整理委员会：《南满洲铁道株式会社附属地经营沿革全史》上卷，1939 年，第 1189 页。吉林省社会科学院满铁资料馆藏资料，编号 10235。

易港口的末位,一跃而超过汉口、天津、广州成为仅次于上海的中国第二大港。①

满铁成立之初即继承俄国东清铁路公司的特权,而且在"决定由日本船舶掌握中国沿岸和远东各港之间的航权的政策下"②,插足海上运输,先是直接经营海上航路,至1928年开辟近海航线16条,并将其海运势力扩展至华南,开辟了香港、广东航线;以大连港为中间港的远洋定期航线有25条,航行于日本、美国、欧洲共8个国家及海参崴、中国台湾之间,日本航运业上升到世界第三位,为以后的大连汽船株式会社经营海运奠定了基础。1915年1月,满铁出资55万日元,设立直系子公司大连汽船株式会社,使其作为它在海上运输的别动队。大连汽船株式会社以满铁为后盾,发展成中国近海运输界的一霸,是满铁掠夺中国资源的重要帮凶。由于满铁将直接经营的航路全部转让给大连汽船株式会社,因此,至1931年大连汽船株式会社成为东亚海运界一大势力。伪满洲国建立后,1933年3月颁布了《满洲国经济建设纲要》,其中关于航运事业的基本政策提到:"海港目前来看,不但要扩大近海航线,就是远洋航线也要尽快加速发展。"③ 但因世界经济萧条,营业成绩曾一度不振,后来逐年有所发展。至1936年拥有船舶达50只,总吨数为175000吨,航线有近海定期11条,近海及远洋不定期12条,共23条。④ 1937年以后,木材出口数量各港均有减少,唯有大连和北鲜三港由于太平洋战争爆发稍有上升,但总体来看,1938年以前,木材一直处于出超状态,所以各铁路运往港口的木材与运往腹地的数量相差很大,加之伪满、关内、朝鲜间交流的物资骤增,所以安东和朝鲜的货流量激增。随着战局的演进,至1943年,海上运输受阻,战时对日输送的货物需仰赖陆路运输,以致海陆运输系统严重失调,不得不采取非常政策以随机实施。

---

① 苏崇民:《满铁史》,中华书局1990年版,第136页。

② [日]大连汽船株式会社:《大连汽船株式会社二十年略史》,1935年,第24页。

③ [日]满洲日日新闻社:《满洲年鉴(昭和十二年版)》,1936年,第424—425页。吉林省社会科学院满铁资料馆藏资料,编号19493。

④ [日]满铁:《满铁第三次十年史》,1938年,第2625页。吉林省社会科学院满铁资料馆藏资料,编号20080。

2. 满铁的营口码头和安东码头

大连港是满铁经营的重要港口，与此同时，在营口和安东港也不断扩张势力。营口港是中国东北第一个对外开放的商埠，日俄战争后，1909 年 11 月，满铁将大石桥至营口间的铁路延长后，开始在营口收买或租用车站至海岸一带的土地。次年 10 月，在营口设立了大连码头事务所营口分所，1914 年 5 月，大连码头事务所将码头业务全部移交满铁营口站管理。九一八事变前，满铁一边利用营口码头进行运输事业，一边投入大量资金进行扩建。满铁刚开始经营营口码头时，只有简陋的 3 栋木造仓库、330 米护岸壁，至 1930 年，满铁营口码头护岸壁总长度达 1354 米，仓库面积 25259 平方米，该年输入货物 6.9 万余吨，输出货物 109 万余吨。[①] 尽管如此，满铁营口码头的运输能力不能与大连港相提并论，而且多国势力在营口码头形成角逐之势，帝国主义之间的矛盾与冲突对营口的经济发展造成了不同程度的破坏，也限制了营口码头的发展。而直接导致营口港衰落的根本原因是日本殖民者实行了"大连中心主义"，大连港的运费优惠政策给了营口港致命的一击。至 1927 年，营口港从从事进出口贸易的大港沦落为主要从事国内贸易的港口，与大连港的蒸蒸日上相比，营口港可以说是江河日下，因此吞吐量和进出口贸易额明显下降。

安东港位于辽宁省南部鸭绿江入海口，临黄海，隔江与朝鲜新义州相望，是吉林省东南部和辽宁省东部的出海口，具有重要的沿边、沿江、沿海的优越水陆地理位置，是东北物资集散和水陆转运的重要港口。日俄战争后，1911 年 11 月，安奉铁路改筑工程全线完工，并在鸭绿江上修建了铁桥，次年大连码头事务所在安东设分所开始经营安东码头一切事务。为了便于水上运输、贮存木材，首先对五道沟处的浅滩及鸭绿江桥下进行疏浚；同时在鸭绿江岸设置卸货场，开凿贮木池；接着把原来的仓库从鸭绿江岸移至安东车站内，以便从事木材的装卸作业，达到水陆联运的目的。1912 年满铁经营安东码头时，护岸总长为 2773 米，至 1930 年为 2798 米，几乎没有增加，但仓库面积

---

① ［日］满铁：《昭和十六年度统计年报》，第 248—249 页。

却由 3878 平方米扩大为 11577 平方米，① 几乎扩大两倍。由于安东港冬季封冻不能航行，鸭绿江口淤沙常使大吨位轮船搁浅，因此，满铁着力加强了东北与朝鲜半岛之间的陆路交通。"1913 年实行日本、朝鲜半岛和东北三线货物联运以后，经安东港进出口货物的 60% 以上通过铁路运输"②，安东码头的运输货物数量大幅下降，1913 年安东码头的输出货物为 4.9 万吨，至 1918 年反而降为 2.7 万余吨，以后虽有增长，但至 1930 年又降为 1.3 万余吨。③ 与大连、营口港口截然不同，安东港一直处于入超状态。

日本控制中国东北的港口运输的根本目的之一就是掠夺资源。据满铁统计年报记载，1907—1941 年大连港输出物资除前 5 个年份不足百万吨外，其余均为百万吨以上，超过 500 万吨的有 16 个年份，1934 年东北木材生产额如表 7-5 所示；输出则达到 766 万吨，一直处于出超状态。大量的东北资源通过港口运输被源源不断地运出东北，九一八事变后，满铁港湾经营的计划发生了巨大变化，满铁自"军事第一经济第二"的立场修改了"大连中心主义"，着手建设"三港三系统主义"，欲将日本海变成内海，这一改变在经济方面具有重要意义，东北的木材及其他特产完全成为日本殖民者的囊中之物。

表 7-5　　　　　　　　　1934 年东北木材生产额　　　　　（单位：石）

产地分类	一般用材	枕木	其他	合计
北铁东部沿线材	450000	66000	350000	866000
北铁西部沿线材（包括嫩江流域）	390000	33000	30000	453000
哈市以下松花江材	320000	—	50000	370000
图宁沿线材	200000	49500	20000	269500
图们江材	220000	16500	25000	261500
京图线材（包括拉滨线吉林松花江上游）	1150000	495000	65000	1710000

---

① ［日］满铁：《昭和十六年度统计年报》，第 250 页。

② 姚永超：《"南、北满"政治区域的演化过程研究——港口经济圈的视角（1905—1935）》，《社会科学辑刊》2009 年第 3 期。

③ ［日］满铁：《昭和十六年度统计年报》，第 251 页。

续表

产地分类	一般用材	枕木	其他	合计
鸭绿江材	1200000	—	50000	1250000
其他	150000	66000	100000	316000
合计	4080000	726000	690000	5496000

资料来源：[日]满洲日日新闻社：《满洲年鉴（昭和十二年版）》，1936年，第312页。

注："其他"是指枕木薪炭材等。吉林省社会科学院满铁资料馆藏资料，编号19493。

从表7-5木材产地分类可以看出，为了方便运输，日本殖民者对东北木材的采伐大多在铁路沿线和江河流域，其中以北铁沿线、松花江上游、鸭绿江流域居多。这些木材除保证日本殖民者建设侵略设施所用外，另外有一部分通过港口运输运往关内、日本、朝鲜半岛等地，其中东北三大港口承担了港口运输的重大作用。而且随着战局的发展，运输量不断增加，20世纪30年代达到一个"繁盛"时期，从1934年木材国外输出量来看（见表7-6），大连港和营口港虽不是最大的输出港，但1935年预计输出量成倍增长，安东由于与朝鲜的联运政策，港口运输的作用在缩小，木材输出量反而在减少，而图们因为所处地理位置恰是木材的原产地，因此对木材的输出一直处于一个上涨的势头。但1942年太平洋战争爆发后，海上运输受船只不足影响，开始实施海上运输物资的陆运转嫁，因此，"港湾营业收入势必减少，经费势必增大，损失达724亿元乃是不得已的事"①。

表7-6　东北三港及图们码头木材国外输出量（1934年及1935年预计）

（单位：石）

港湾	1934年输出量	1935年预计输出量
大连	12000	25000
营口	13000	28000
安东	96000	80000

① [日]满铁审查统计事务所：《铁道统计年报（昭和十八年度）》第7编第1卷《港湾》，1944年，第1页。吉林省社会科学院满铁资料馆藏资料，编号19801。

港湾	1934 年输出量	1935 年预计输出量
图们	105000	180000
合计	226000	313000

资料来源：［日］满洲日日新闻社：《满洲年鉴（昭和十二年版）》，1936 年，第 312 页。吉林省社会科学院满铁资料馆藏资料，编号 19493。

（二）江运

东北内陆水运最早开发的是辽河河运，由于与满铁并行铁路运输的发达，辽河水运逐渐衰落；松花江由于与中东铁联运，下游航运呈现相当的盛况，哈尔滨在伪满洲国建立之时，登记船只有汽船 108 只、驳船 131 只，载重量合计达 111725 吨；[①] 黑龙江、乌苏里江、图们江等边境河流，地处边陲，再加上中苏之间悬案问题颇多，以致未能有效发展。日本对东北木材的河运多由鸭绿江、第二松花江、图们江、牡丹江、黑龙江等流送，满铁利用江河运输木材有两种情况，一种是从森林运至浅滩码头，以排运（俗称放排）为主，这种运输方法虽然原始，但也最有组织、最有效率，"长白山脉之大森林，伐采木材，组以为筏，流而下江。至吉林，更合数组，以为大筏，流下哈拉宾"[②]；另一种就是大型码头运输，满铁通过控制的航路和码头，将大批木材运往中国各地及朝鲜和日本国内。

1. 独木放流

所谓的独木放流就是将单棵长大木材浮于水上，使其顺流而下到达目的地。独木放流对河面和木材的要求比较严苛，流送木材的河流必须比最长木材的长度稍宽，能使最长木材不碰触河岸和河底障碍物从而无障碍地流到下游，水路的坡度因地而异，通常情况下，以 1/200—1/70 范围内的坡度为最佳；河流拐弯处会产生木材堵塞的状况，为防止因拥堵阻塞河道，就必须使用人工来改善河宽，不加以人工改善即可放流的

---

① ［日］满洲国史编纂刊行会编：《满洲国史 总论》，东北沦陷十四年史吉林编写组译，东北师范大学校办印刷厂印刷 1990 年版，第 375 页。

② 作新社：《白山黑水录》，作新社，1903 年，第 14 页。

天然水路极少，因此日本侵略者必须大量奴役中国劳工拦流筑堰，以堰堤横断溪水阻止水流以增高水位，然后再放开水闸使木材与堰内放水一并流下，达到顺利放流的目的。独木放流对季节也有要求，可选择春季利用融雪之水流者，也有利用初夏降雨后流送者，在东北，满铁利用阴历四月融雪时节为多，因为其水流不像雨季激流泛滥使木材流失。独木放流的木材到达目的地后，在水流中横以钢索以收集木材，当地称为"纲场"，木材收集之后应其要求，有的搬到陆上加以应用，有的导入贮木场运用其他运输方式继续运往各地，有的收集编排继续放流至下一站。

独木放流量随河流、水量各异，一人一天可放 12—15 立方米，为了充分利用短暂的季节优势，日本侵略者昼夜不停地放流，普通每 100 立方米所需人数如表 7-7 所示。

表 7-7　　　　　　　　**独木放流每 100 立方米所需人数**　　　　（单位：人）

距离＼河川	条件良好	条件不良
10 千米内	22	28
20 千米内	31	40
30 千米内	40	52
40 千米内	48	62
50 千米内	56	72
60 千米内	64	82
70 千米内	72	92
80 千米内	79	103
90 千米内	86	111
100 千米内	93	120
120 千米内	100	129
140 千米内	106	137
160 千米内	112	145
180 千米内	118	153
200 千米内	124	161

资料来源：东北物资调节委员会研究组编：《东北经济小丛书　林业》，中国文化服务社1948 年版，第 69 页。

2. 排运

随着林区采伐量的加大，林区大量木材要向外运输，日伪政府当局就命令工人在两山夹一沟的地方、河流的上游用原木每隔 10 华里到 15 华里筑一道坝。修筑时，首先在河中心留出水闸的位置，自河床中至两面山坡向河上游方向倾斜并排竖起直径 50 厘米、长 7 米左右的原木筑坝，修筑一道水坝，需要百余立方米木材，50 多人干一个多月才能完成。每道水坝设一个水闸，水闸一般宽 7 米，最窄不少于 5 米，用 20 厘米×20 厘米的落叶松材修成。为缓冲水的冲击力和保护水闸，由闸门开始往下要修筑水簸箕，水簸箕的底部用原木顺河道铺成，四周也是用原木垒成，水簸箕起的作用是防止河水对大坝的冲击。通常一条河流多则设十几道坝，所用木材量也是很可观的。每年春季"桃花水"下山或旱季用水时，先将大坝的闸门关上，待河道水位上升到 5—6 米就将木材推入河中，开闸后在水的压力和冲击下，原木随水流迅速冲出闸门顺流而下。但是在开闸放流后原木经常会出现拥挤叉垛而堵塞河道的现象，遇到这种情况，就派经验丰富、手疾眼快的工人看准叉垛的关键的那根原木将其拆开，垛开后拨垛者会迅速跳到岸上，或者骑在一根原木上顺流而下，被称为"骑水马"，这是很危险的一个工种。将这些原木"赶羊"到宽阔的大河里后，就要将单根的木材编排进行放排，称为"簰运"，即排运。放排的人要在排上吃住，随距离长短时间不定地到达目的地，进入放排阶段危险性就小得多了。

所谓排运，是指将木材捆绑编成木排顺流而下，排运的坡度以 1/500 至 1/400 为宜。因手法不同，排运分为中式、日式两种。中式木排是将等长的木材 15—22 根首尾颠倒连接为一床，三床纵连称为头子，3—4 头子横连为批，2 批或 3 批纵连为排，一排为 600 根左右，有时随河流宽度可达千余根。鸭绿江至安东，最快需 30 日，最慢有时 2 月有余，如遇秋季水量减少排停水中，冬季结冰后只能等翌年融冰后继续放流。日式，是用蔓草柔软枝条联系每根木材，排状狭长，颇类扇形，能顺水自然放流，即使在平水以下的季节也能作业，较中式排运所需费用更少，流送时间短，不需太多人工。利用这种方式，日本侵略者掠夺了大量的东北木材，仅

1930 年，到达安东的筏数（其中包括数量可观的电杆）为 1370 筏（电杆 28380 根），1931 年 3071 筏（电杆 23337 根），1932 年 2255 筏（电杆 6346 根），1933 年 1981 筏（电杆 9667 根）。[①] 从放排的数量来看，九一八事变是个分水岭，事变后对木材的流送量明显增加，各种木材量甚至成倍增加，日本对安东材的掠夺更甚，鸭绿江沿岸的生态系统遭到了严重的破坏。

放流对设施的要求颇高，满铁和伪满洲国每年均投以巨资，整备护岸工程及上陆设施，设备完善大型的为黑龙江上黑河储木场之登陆设施，小兴安岭、汤旺河秋冷之石框堰堤，浩良河之上陆设施，大海浪河之火龙沟堰堤，佳木斯大长屯储木场之上陆设施等。来自林地运出的木材于某地稍加整理，或市场上的木材在未移交木材加工厂及目的地之前，必须储藏在适当的地方，此项工作称为储材，其处所称为储材场。储材方法有陆上储材和水中储材两种，前者是将木材横堆或竖积于地上，后者是将木材储于水中。陆上储材必须选择土地干燥、空气流通的场所，并须加以排水，贵重木材则须储藏于仓库中；水中储材则须在储材之地掘坑，如果暂时储藏可将木材浮在水面上，若需长期储藏则将木材竖积淡水中。

3. 垄断"北满"江上运输

作为"国有"铁路的附带事业，松、黑两江的江运具有浓厚的军事性质。日俄战争后，满铁接收了中国原有的以及中东路所有的航运设施，先是在哈尔滨铁路局设置水运处，纠集民间船东成立哈尔滨航运联合会垄断两江水运。满铁侵占"北满"江运的目的有三：第一，配合关东军在"北满"开展军事活动，调动兵力、运送物资，镇压沿江一带的抗日武装斗争和准备对苏作战；第二，利用水运争夺资源，排挤中东路，掠夺"北满"资源；第三，巩固日本的殖民统治。后来根据关东军的要求，为适应伪满五年计划和北边振兴计划，满铁又强行收购民间船只，实行"国营"，进入备战体制。

由于伪满洲国铁路委托经营事项中包括松花江水运事业部分，铁路

---

① ［日］满洲日日新闻社：《满洲年鉴（昭和十二年版）》，1936 年，第 313 页。吉林省社会科学院满铁资料馆藏资料，编号 19493。

总局从此同"北满"的水运事业发生关系，作为"北满"交通网的一部分，松花江水运占有相当重要的地位。松花江虽然是黑龙江的一个支流，长度却达 600 千米。其源头的头道江和二道江发源于长白山脉，顺流而下合并嫩江、呼兰江和牡丹江等大支流注入黑龙江。它弯曲地通过之所就是"北满"的谷仓地带，特别是由哈尔滨起的下游，千吨的轮船也能航行。① 因此，铁路总局成立后，根据 1932 年 2 月的《松花江水运事业委托经营细目契约》，满铁从伪满洲国取得了松花江水运事业的经营权，包括船舶运输事业、码头及仓库事业、造船及船渠事业及其他属于上列各项的事业。于是，满铁就接收了"国有"的原东北航务局、东北江运处、东北造船所、东北商业学校、广信航业处、松黑两江邮船局等机关及其船舶、码头设施、工厂及附属于工厂的土地、建筑物、机械器具等所有设施。② "从此以松花江为中心的北满河川水运事业名副其实地统一在满铁之下"，为了统制"北满"河川的航运，满铁"纠集了哈尔滨民间船东 61 人组成一个辛迪加，定名为哈尔滨航业联合会"，并于 1933 年 4 月开始营业。③ 1935 年，满铁接收了中东路，在哈尔滨铁路局内开设水运处统辖水运事业，水运处通过航业联合会控制整个"北满"水上运输。至 1936 年，哈尔滨航业联合会经营着远近13 条航线，在各地还设有 161 处停泊地点，共计运送货物达 303 万余吨，主要货物是大豆、小麦，其次是煤炭、木材，主要运到哈尔滨，然后与铁路接轨。④ 这就不仅掠夺了沿江的财富，而且起到了减轻铁路运输负担的作用。

张鼓峰事件后，1938 年 11 月，关东军给满铁下达了《北满水运事业革新纲要》的通知，"为了满足'国防'上的要求，并与实行产业五年计划相适应，以资开发木材、煤炭等资源，将哈尔滨航业联合会加以改组，加强机构，实行国营方针（委托满铁经营），统一水运事业，以

---

① ［日］铁路总局:《铁路总局事业概要》，1933 年 6 月，第 22—26 页。

② 苏崇民:《满铁史》，中华书局 1990 年版，第 555 页。

③ ［日］满铁:《满铁第三次十年史》，铅印，1938 年，第 1246—1247 页。吉林省社会科学院满铁资料馆藏资料，编号 20080。

④ ［日］满铁:《满铁第三次十年史》，铅印，1938 年，第 1259—1263 页。吉林省社会科学院满铁资料馆藏资料，编号 20080。

期有助于'国防'和开发'北满'"①。由此，为了在军事上配合关东军对苏作战、运送伪满五年计划和北边振兴计划所需物资和人力，满铁于 1939 年 3 月强行收买了全部民船，解散了哈尔滨船业联合会，并于当年 4 月新设了直属铁道总局的"北满"江运局，实现了铁路、船舶的统一经营。"北满"江运局"总揽黑龙、松花江航运事业，以谋开拓边境地之交通；东自黑龙江溯乌苏里江而达虎林，更溯穆棱河而达密山及兴凯湖；西自黑河溯黑龙江达漠河、吉拉林，开辟 3800 千米新航路；又在松花江上游开辟扶余至吉林航路，在嫩江至齐齐哈尔航路；更将已经破坏之哈尔滨造船所修复，藉资修理及补造船只"②。当时"北满"江运局经营的航路有：松花江航路（哈尔滨—呼兰—佳木斯—富锦—同江）、黑龙江航路（抚远—同江—黑河—漠河）、额尔古纳河航路（漠河—吉拉林）、乌苏里江航路（抚远—虎头—龙王庙）、嫩江航路（哈尔滨—大赉—江桥）、第二松花江航路（三岔河—扶余—吉林—小丰满），总长度为 4600 余千米，其中国境河川有 3000 千米。③

　　黑龙江、松花江、乌苏里江三江航运，因冬季结冰期较长无法通航，所以富锦、佳木斯、依兰等地的大豆、鹤岗的煤炭及这一地区的木材，均需在开江后通航期的半年时间内运输完毕。为了掠夺更多的"北满"资源，"北满"江运局在通航期间要做完一年的工作量，因此各码头加班加点地进行航运活动，大量"北满"资源被源源不断地南运。表 7-8 列出了 1937 年度各种林产物的运输量。到 1939 年木材的运输量达 135076 吨，1940 年 237007 吨，1941 年 310809 吨，1942 年 113140 吨，1943 年 195339 吨。④ 在休航期间，"北满"江运局除了利用此期间修理船舶，自哈尔滨至富锦、同江间还运行 600 千米的长途汽车，以代水运，虽然当时胡匪劫车事件时有发生，但汽车运行并未受到多大影响。

　　① ［日］满铁档案：甲种，昭和十二年，总体，文书，文书，职制，第 2 册 29，第 34 号。
　　② 东北物资调节委员会研究组编：《东北经济小丛书　运输》，中国文化服务社 1948 年版，第 282 页。
　　③ 苏崇民：《满铁史》，中华书局 1990 年版，第 559 页。
　　④ ［日］满铁：《满铁统计月报》，1945 年 3 月，第 139—140 页。

表 7-8　　　　"北满"河川林产物运输量（1937年度）　　　（单位：吨）

地名	移出			移入		
	木材	薪材	木耳	木材	薪材	木耳
哈尔滨	—	—	—	48999	12435	—
三姓	17022	14	—	32	35	—
富锦	211	—	7	7872	1494	1
黑河	5393	1758	—	129	7665	—
虎林				1016	1016	—

资料来源：满洲文化协会：《满洲年鉴（1935）》，1937年，第270页。

三　陆运

九一八事变前，满铁的公路运输几乎乏善可陈。伪满洲国成立后，1932年3月10日，伪满洲国与满铁总裁内田康哉签订了《关于铁道港湾河川委托经营及新建等协定》，至1933年满铁与伪满洲国签订了一系列的补充条约，将"满洲国的基础产业、需要扶植的'国防'产业和对整个经济组织有着重大关系的事业"① 交由满铁控制，根据这一决定伪满洲国将铁路委托满铁经营之时，即将伪国营汽车运输事业作为铁路的辅助业务一同委托满铁经营，所以汽车与铁路不但没有产生恶性竞争，反而采取相互协助的方法，因此在铁路网尚未普及、人口稀薄、治安欠佳的地区，则以汽车作为辅助，或以之作为铁路的前驱先行开通。所以，日本侵略者认为，汽车事业对于移植人口、"开发产业"、维持治安等方面具有重要作用，尤其是铁路到达不了的地方的资源掠夺，汽车运输举足轻重。

（一）满铁汽车运输承担的陆上运材

九一八事变后，根据关东军的意图，满铁经济调查会于1932年

---

① ［日］满铁经济调查会：《满洲经济统制方策》，1935年，极秘，第43—50页。吉林省社会科学院满铁资料馆藏资料，编号17046。

1月制定了《满洲自动车交通事业方策》，拟在中国东北建设长达6万千米的公路网，使其中过半路线成为长途汽车的营业线，其中与铁路关系密切的以及对军事防务和传送邮件不可缺少的紧要路线将达2.5万千米。满铁认为，"一旦这些特殊路线上开始汽车运输营业时，对铁路的经营将产生很大影响，或者在将来的铁路政策上关联之处亦不在少"[1]。伪满洲国成立后，开始大兴土木，着手修筑公路。其目的一是便于镇压群众及抗日武装力量，二是便于掠夺东北资源。1933年1月，满铁以公路运输同铁路经营有重大关系为理由，向关东军司令官提出了《关于经营汽车运输业问题》的申请，要求经营伪满洲国计划修筑的6万千米公路网中"同铁路有密切关系的路线，或需要铁路代为经营的路线，再加上在维持治安、邮递上必不可缺"的总计约2.5万千米的特殊汽车路线。至于经营形式，满铁吸收了欧美各国铁路运输和公路运输竞争结果两败俱伤的经验教训，"为使铁路与汽车同时发展，以求经营之合理，不蹈欧美覆辙，故采取综合经营办法"[2]，主张"暂且由铁道部经营同满铁社线相关的汽车路线，而社外线则使社外铁路或其管理机关经营，由满铁本社实行全盘统制"[3]。伪满道路分为国道和地方道路，以"日满亲善""建设王道乐土"为名，把魔爪直接伸入了中国领土内部；又遍设"国际运输株式会社"和"地方运输会社"，垄断社会运输和装卸工人。伪满的公路政策指出，主要公路线分为军用路线、铁路辅助线、乡村治安线及开发产业线，均为"国营"路线，并委托满铁经营，其他各地区内的交联路线概为民营。公路铁路共同发展，主要公路不与铁路平行。根据公路政策，伪满制定的运输政策，对

---

① ［日］满铁经济调查会：《满洲特殊自动车交通事业方策》，立案调查书类第14编第4卷第1号，1936年，第35—37页。吉林省社会科学院满铁资料馆藏资料，编号17105。

② 东北物资调节委员会研究组编：《东北经济小丛书　运输》，中国文化服务社1948年版，第276页。

③ ［日］满铁经济调查会：《满洲特殊自动车交通事业方策》，立案调查书类第14编第4卷第1号，1936年，第33—34页。吉林省社会科学院满铁资料馆藏资料，编号17105。

于货运方面规定"凡一与事业有关之地区内经营货运事业称为'货物自动车运送事业',以民营为原则,完全交由交通部管理之。交通部为谋自动车交通事业之统治及发展起见,认为有必要时,指定在特定区域内合并各个事业者,组织'自动车运送事业组合',指定组合长、副组合长及理事、监事并认为法人"①。根据此项法则,日本可利用管制方式,以民营官督之办法,将一切民营事业集中控制,名为民办,实则官办。其一切公路运输则可集中于满铁,以实现日本操纵伪满政策,利于掠夺更多的东北资源。

满铁除铁路外还插手公路汽车运输业,目的是配合日本军事侵略的需要,将侵略军运往铁路达不到的内地和边远地区。满铁主张"凡是关于满洲交通,不论铁路、陆路、水路或航空,都应该由满铁承担起来这件事,这既是当然的权利,又是不可避免的义务。……今后把轨道上的火车和道路上的汽车加在一起,在全满范围内遍设交通网,垄断经营陆上一切交通事业,以便完成满铁的重大使命,乃是我们的巨大任务"②。至于经营方式则主张"暂且由铁道部经营同满铁社线相关的汽车路线,而社外线则使社会铁路或其管理机关经营,由满铁本社实行全盘统制"③。在满铁的策划下,伪满政府将汽车运输划分为"国营"和"民营"两类。"国营"的是汽车运输的基本路线,在军事上、经济上占有重要地位,1933 年 11 月,关东军向满铁发出了《关于汽车运输营业的指令》,正式决定由满铁"经营国营汽车路线作为满洲国'国有'铁路的附属事业",满铁除须遵循关于"国有"铁路委托经营协定外,尚须制订汽车营业事业计划提请军方批准。④ 伪满政府委托满铁经营,作为"国有"铁路委托经营的附带任务,完全听命于关东军,具有浓厚的军事性质。满铁经营"国营"汽车运输是唯日军之命是从的,正因如此,

① 刘廷荣:《北镇县伪满公路交通》,载孙邦主编《伪满史料丛书——经济掠夺》,吉林人民出版社 1993 年版,第 448 页。

② [日]满铁档案:昭和十三年 1 月《部所长会议议事录》中汽车局长的报告。

③ [日]满铁经济调查会:《满洲特殊自动车交通事业方策》,立案调查书类第 14 编第 4 卷第 1 号,1936 年,第 33~34 页。吉林省社会科学院满铁资料馆藏资料,编号 17105。

④ [日]满铁经济调查会:《满洲特殊自动车交通事业方案》,立案调查书类第 14 编第 4 卷第 1 号,1936 年,第 37 页。吉林省社会科学院满铁资料馆藏资料,编号 17105。

满铁经营汽车运输并非只以营利为目的，而是以服务于军事需要为其首要任务的。尽管满铁汽车运输不断增加，但由于军事运输性质的加强，购置车辆的增加和从业人员的增多以及所需各种经费的增多，满铁经营的汽车运输从未盈利。然而，为完成日军的指定任务，满铁并未因此而停止营业或缩小经营规模，相反，用于汽车经营的事业费却逐年增加。1933年满铁的汽车事业费为87万余元，1934年为94万余元，1935年又增为197万余元，1936年更增为244万余元，从1934年开始，各年度分别递增7.9%、109.%和23.6%。[①]

"民营"的则是一些短途小额资本的汽车运输，为了收买民心，暂时许可私人经营。而且"民营"也不等于民族资本经营，其中就包括日本资本甚至满铁投资的直系子公司，至于在所谓"国营"干线上的原有私人资本，满铁则用"一路线一企业"的方针将其排挤出去，这样一来，满铁就通过"国营"与"民营"的两种手法，将东北的汽车运输全部垄断了。满铁最初的经营汽车机构是1932年12月在铁道部营业课内设置的汽车系，1933年9月，铁路总局成立后又在该局运输处内设汽车科，成为伪满洲国"国营"汽车的统一经营机构，在汽车科下设置营业科、计划科、设施科，1936年满铁改革机构成立了铁道总局，汽车课遂成为该局营业局内的一课，原各铁路局下的汽车科又改称汽车系。1938年10月，为贯彻关东军的《汽车事业扩充统制纲要》，满铁将汽车科单独分离出来成立独立的汽车局，下设营业、技术两课及庶务系，此后，便由汽车局全面统辖满铁的汽车运输业务。1938年前后，伪满的汽车许可运营里程为46926千米，营业里程为24334千米，而实际运行里程为12600千米，货运汽车拥有量1428辆；满铁汽车从事运营的人数为5886人，其中日本人占37%，均身居要职，中国人占54%，朝鲜人占9%。[②]表7-9为不同路况每辆车每次对不同木材的积载量。

① ［日］满铁：《昭和十二年度统计年报》，第993页。
② 东北物资调节委员会研究组编：《东北经济小丛书　运输》，中国文化服务社1948年版，第277—279页。

表7-9　　　　　　　　　积载量（一辆一回）

用材分类 道路分类	用材（立方米）	薪材（垛积：立方米）	木炭（吨）
良好道路	3.0—4.0	7.0	2.0
不良道路	2.0—3.0	5.0	1.5

资料来源：东北物资调节委员会研究组编：《东北经济小丛书　林业》，中国文化服务社1948年版，第65—66页。

（二）国际运输株式会社的汽车运材

满铁为了将"北货南运"及开展远东运输，需要建立统一的国际运输公司，通过垄断经营掠夺中国东北资源。日伪统治者掠夺木材，其运送方法是由采伐工把木材送到指定场所，再由专业运输车辆或组织运输车辆送交铁道运输。这部分运输是由国际运输株式会社承运。国际运输株式会社是满铁的直系子公司，1926年8月在大连成立，实缴资本340万日元，满铁资本占81%。[①] 它本是满铁向中东路竞争的产物，可以说是满铁在陆路运输的别动队，是满铁指定的特定运送人，专门承运铁道末端运输事务，由它组织车辆和装卸工人，其他概不得参与。碍于同中东路的有关协定满铁不便直接出面办理的各种活动，就由国际运输株式会社代办。自成立之后，国际运输株式会社经办的货运量不断增加。1926年发送货物86万余吨，1930年已增为324万余吨；到达货物由58万余吨增为147万余吨。5年间分别增加277%和153%。该社除担负运输任务外，还为满铁进行秘密搜货活动，1926年至1930年5年间为搜货发放货款计13834万元，除1930年亏损外，前4年共计获利136万余元。[②] 作为搜货机构，国际运输株式会社解决了满铁不便出面同中东铁路、乌苏里铁路竞争的问题，起到了满铁本身所起不到的作用。九一八

[①] ［日］满铁：《国际运输株式会社十年史》，1934年，第16页。吉林省社会科学院满铁资料馆藏资料，编号14850。

[②] ［日］满铁：《国际运输株式会社十年史》，1934年，第329—330页。吉林省社会科学院满铁资料馆藏资料，编号14850。

事变后，国际运输株式会社又追随满铁将它的势力扩展到东北全境、华北和内蒙古地区以及朝鲜。特别是在军事运输、新线建设材料、劳动力供给方面的输送及中继运输等事务上，大有应接不暇之势。甚至插手葫芦岛的港口运输，随着满铁向华北的扩张，国际运输也加强了在华北的业务，并设置营业所。

随着日伪统制经济的发展，为了缓解铁路运输的紧张、降低运费，国际运输成为小运送的统制机关，垄断了短途运输和装卸、搬运业务。"所谓的小运送是相对大运送而言的，满铁称铁路、船舶和定期路线的汽车运送为大运送，与之相对应或单独的局部地区实行的运送称为小运送。它包括：一、大运送末端小运送（代办及搬运行为）；二、局部地区小运送；三、长途大车及卡车等的运送（不定期不定路线）；四、除河川港口航路以外的水上运送"①。仅以枕木的运输来看，每年九月、十月份满铁对一年的需求量下达到下属各子公司，各子公司申请运送量、单价、收货日期、收货地点等上报到满铁，满铁再根据具体需要进行分配，然后派员到各地去检查验收。至日本战败时止，东北大部分地区中有 62% 指定为国际运输株式会社统一运送地区，并于大连、奉天、长春等大都市，设立与国际运输株式会社连成一体的地方运输会社，从而使东北的运送事业得以统一，东北 75% 的农产物输送业务均由该会社办理运送事项。当时在车站、码头办理货物之装卸、包装以及其他劳务的工人，全东北约有 8 万人之多。② 到 1934 年满铁掠夺的吉林材用于枕木的就有 80 万石（约 320 万吨），再加上其他团体的掠夺输送的 120 万根乃至 150 万根（约），其中国际运输株式会社申请承担的运输数量 1929 年最高约达 26 万根，1932 年也有十七八万根，③ 如表 7-10 所示。

① 苏崇民：《满铁史》，中华书局 1990 年版，第 578 页。

② 东北物资调节委员会研究组编：《东北经济小丛书　运输》，中国文化服务社 1948 年版，第 291 页。

③ ［日］满铁：《国际运输株式会社十年史》，1934 年，第 274 页。吉林省社会科学院满铁资料馆藏资料，编号 14850。

表7-10　　国际运输株式会社输送枕木数量和金额（1927—1932年）

年度	输送量（根）	金额（日元）	满铁预备需求量（根）
1927	57449	110302	630000
1928	140819	230023	1080000
1929	259632	376176	950000
1930	73314	116593	620000
1931	66363	98432	470000
1932	173960	191224	830000

资料来源：［日］满铁：《国际运输株式会社十年史》，国际运输株式会社，1934年，第274页。吉林省社会科学院满铁资料馆藏资料，编号14850。

七七事变后，随着治外法权的废除，国际运输株式会社的势力更为扩大，在东北和朝鲜各地设置分支机构，1938年7月、1939年5月，日军挑起张鼓峰、诺门坎对苏蒙战争，国际运输株式会社积极协助关东军进行军需品的装卸和转运工作，在此期间，会社规模和业务得到很大的发展。到1941年，职工人数由1936年的2900人增加到1.1万人，分支机构也由不满200个增加为830个。当年3月撤销"北满"支社，在长春设支社，同时扩大总社机构，设4部10课，加强了与满铁其他特殊会社及日伪官宪的联系。[①] 至1945年日本投降前，国际运输株式会社拥有马车11142辆、常雇马车27005辆、手推车26567辆、载重汽车340辆。[②]

（三）满铁汽车运输在七七事变后的扩张

1937年七七事变爆发后，满铁经营"国营"汽车运输在日本侵略战争中的军事作用更为重要，同年12月，关东军司令官植田谦吉指令满铁总裁松冈洋右：满铁应在需要之时"以向军方提供3000辆汽车为

---

① 伪满铁道总局文书课：《第二回铁道局长会议议事录》，1941年，第68—70页。吉林省社会科学院满铁资料馆藏资料，编号24750。
② 东北物资调节委员会研究组编：《东北经济小丛书　运输》，中国文化服务社1948年版，第292—293页。

目标，截至昭和十六（1941）年度，满铁须备齐汽车 4000 辆"[1]。时隔不久，1938 年 2 月，关东军司令部又制定了《满洲国汽车运输事业扩充统制纲要》，并由关东军参谋长东条英机发给满铁总裁松冈洋右，责令其执行。《纲要》将有下述性质的路线一律扩充为"国营"车路线：（1）代替铁路的线路；（2）铁路的并行线路；（3）铁路的短途联络线路；（4）国营汽车的竞争线；（5）在开发产业方面特别认为适合于国营的线路；（6）在维持治安方面特别认为适于国营的线路。[2] 根据这些原则，满铁设立汽车局，推行"汽车事业四年计划"，妄图将它经营的"国营"长途车路线由 6000 千米扩大为 6 万千米，关东军指令满铁在 1938 年度经营"国营"汽车路线 139 条，长达 11717 千米。[3] 随着日本侵略战争升级与对苏作战准备的需要，1939 年又将其扩展为 195 条，总长 16175 千米，[4] 指向东北的各个地区及中苏边境。铁道总局所属汽车运输，其营业收入也逐年增长，1933 年为 608914 元，1934 年为 1265290 元，1935 年为 1581948 元，1936 年为 1878662 元，1937 年则达到 3508465 元。如以 1933 年为基数，1937 年则营业收入增加了 576%，1937 年已比 1933 年增长了 4.67 倍，[5] 至 1940 年，满铁相比 1936 年汽车"开设营业路线增加的公里数为 3 倍，车辆数约为 4 倍，从业人员数约为 9 倍"[6]。

但是，这种盲目的扩充使得满铁的运输严重亏损，直至 1941 年，满铁鉴于这种情况如持续下去，大有殃及满铁整个财政的危险，于是实行了所谓"更生"政策，即暂时停止继续扩张，进行整顿，缩减经费，调整运费、手续费，加强满铁自己的车辆修理能力，加强车辆的折旧率

---

[1]　[日] 满铁满洲交通史编纂室：满洲交通史稿手稿 40—2，《国营自动车·满铁委托经营》，未完成出版，第 183 页。

[2]　[日] 满铁满洲交通史编纂室：满洲交通史稿手稿 40—2，《国营自动车·满铁委托经营》，未完成出版，第 36—45 页。

[3]　[日] 满铁满洲交通史编纂室：满洲交通史稿手稿 40—2，《国营自动车·满铁委托经营》，未完成出版，第 60 页。

[4]　[日] 满铁满洲交通史编纂室：满洲交通史稿手稿 40—2，《国营自动车·满铁委托经营》，未完成出版，第 94 页。

[5]　李作权：《"九·一八"事变至"七·七"事变期间的满铁》，载孙邦主编《伪满史料丛书——经济掠夺》，吉林人民出版社 1993 年版，第 427 页。

[6]　[日] 满铁：《铁道研究》第 22 卷第 9 号，第 5—6 页。

等一系列措施，才扭转了亏损的局面。但好景不长，太平洋战争爆发后，由于美英等国断绝了对日本的石油输出，满铁的汽车零件难以进口，加上燃料不足，满铁的营业汽车实行代燃化后，由于道路关系，不得不停止一些路线，①尽管如此，为了满足战争的需要，满铁仍拼命扩大运输能力，货运量仍在不断增加，1940年货运合计为8.4万吨，1941年增为10.1万余吨，1943年更增为27.4万余吨。②满铁的汽车营业里程也在增加，1941年为18859千米，1943年为19803千米。③但是，这和满铁经营汽车当初预定的2.5万千米的目标仍相去甚远，它的公路网计划还只是纸上的线条。而与此同时，随着汽车运输的经营陷入困难状态，大车运输的地位越来越重要。

总之，由于东北地方财政紧张，虽然各地政府大力倡导修筑公路，但东北优等公路数仍然偏少，基本以土路为主；再加上自然条件的限制，东北雨季道路泥泞，冬季路面结冰，夏季路况虽然良好但对运输的需求又不大，冬季运输量增加但路滑难行。除此之外，治安问题也严重限制了东北汽车运输业的发展，东北匪患严重，使投资汽车运输业的投资者望而却步。自然与社会因素都不利于汽车运输业的发展，这就直接造成了东北现代汽车运输业的不发达。而日本虽然大力发展汽车运输业，但也并不是为东北经济的发展，而是更多地掠夺东北的丰富资源，其殖民性是显而易见的。

（四）橇运（爬犁）和大车输送

满铁在东北的伐木工作以冬天为主，充分利用天时地利可以减少运输所带来的不利和费用，因此橇运成为从山林向储材厂运输木材最有效、最节省的运输方式。满铁"在伐木造材的同时或以后选择适当的时期，利用冬季结冰期的冰雪，将散在广阔范围内的伐倒的木材集中搬到主要的林区道路，再让牛、马、骆驼等拉着雪橇，运到森林铁道沿线或

---

① ［日］满铁总局文书课：《铁道局长会议事录》，1941年11月，第6—7页。
② ［日］满铁：《满铁统计月报》（1945年版），第38卷第12号，第122—123页。
③ ［日］满铁：《满铁统计月报》（1945年版），第38卷第12号，第122—123页。

水运的集中地去"①。东北冬季森林积雪平均一尺五至二尺，而少有突降大雪的恶劣天气发生，再加上用橇行道路无须特别构筑，只在积雪之前清除路上的障碍物即可，如果在结冰的河流上用橇运材甚至连最简单的清除工作都可以省略，简单易行且安全。橇行道路普通为6—7英尺，积雪踏实之后就成为平滑的"雪道"，更有将河水喷洒在道路上使其结冰成"冰道"，比雪道平滑，摩擦系数较小，搬运效率显著提高。表7-11 所示以三匹牲畜为标准，一日往返不同次数的橇运载量。

表7-11 橇运载量及一日往返次数（以三匹牲畜为标准）

橇路 数量	雪道	冰道
载重量	1.5—2.0立方米	2.5—4.0立方米
4千米内	3.0回	4.0回
6千米内	2.5回	3.0回
8千米内	2.0回	2.5回
10千米内	1.6回	2.0回
12千米内	1.3回	1.6回
14千米内	1.1回	1.3回
16千米内	1.0回	1.1回
18千米内	0.9回	0.9回
20千米内	0.8回	0.8回
24千米内	0.7回	0.7回
28千米内	0.6回	0.6回
32千米内	0.54回	0.54回
36千米内	0.48回	0.48回
40千米内	0.44回	0.44回
50千米内	0.35回	0.35回
60千米内	0.25回	0.25回

资料来源：东北物资调节委员会研究组编：《东北经济小丛书 林业》，中国文化服务社1948年版，第66—67页。

① 苏崇民主编：《满铁档案资料汇编·第九卷——农林牧业扩张与移民》，社会科学文献出版社2011年版，第690页。

东北地域辽阔，成年优质木材皆由大山里向外运输，运输距离较长，道路以山路为主，森林铁路又比较少，"斩伐拖运，仍多靠天然人力，能利用机械者尚少"①。因此山里搬运木材常常配以牲畜，尤以牛马的需求量最大。马是东北农业生产的主要大牲畜，在森林采伐的过程中，如马匹缺乏，就得事先准备马匹，否则不足百日的冬季采伐期，如果晚进山 10 天，产量就会减少一成。因此，林业工人就采取提前租赁的办法，租用农闲期间的农民的马或牛。租用的办法有三：一是由采伐工自行去各地租用，二是由采伐工委托把头租用，三是承包采伐搬运工作的把头自行租用。因为搬运木材的工作比其他的农活都要剧烈，且作业地点地形复杂，多为山地，牲畜行走困难，加之饲料和补给跟不上，导致疾病和外伤严重，死伤竟达 10%，这直接造成运输业绩低下。橇运和四轮马车运输均需配以牲畜，因此农民的牛马表面上看是被租用，但实际上只付给少量的租金，最后因为牛马的死亡也直接造成了农民赖以耕种的主要劳动力被剥夺，使农民的农业生产也陷入了困境，百姓敢怒不敢言。

除了林区内短途的牛马运输，满铁的大车输送政策也是漫长冬季交通运输一支不可忽视的力量。大车运输是大量动员马拉大车把"北满"货物运来铁路车站，然后利用铁路运往大连的一种政策。当时这种大车运送和运费政策有着密不可分的关系，中东铁路在结冰期采取的冬季运费即是与大车对抗的运费政策。东北冬季（农闲期）的大车输送是农家唯一的副业，农民利用大车把产品运往市场，在返程时运进杂货，它的作用绝不可小看。满铁也早已注意到这一点，而恰在此时，1914 年第一次世界大战爆发，中东及乌苏里铁路因运往欧洲的大量军需品和革命动乱无暇顾及一般货运，中东路无论东行还是南下，几乎陷于混乱状态，满铁便将大车运输用于北货南下和中东路的竞争上来，这就催生了满铁大车运输急速发展。整仓"北满"的物产不远数百千米陆续由大车载运长春，输送大车有时日达 3000 辆，因此，战前东行 90%、南行 10%的

---

① 王世燕：《北满森林作业一斑》，《农声》1924 年第 39 期。

特产输送有了逆转，出现了新的局面。1917 年东行 69.5%、南行
30.5%，1918 年东行 30%、南行 70%，1920 年东行 12%、南行 88%。①
1920 年冬，寒风凛冽的"北满"到处结冰，无一不是很好的道路，满
铁遂动员"国际运输"统制下的大批马车，满载哈尔滨以南的货物沿着
南部线陆续南运。这种原始的马拉大车和 240 余千米的铁路并行，发挥
了极大的威力，从 1920 年冬至 1921 年春这一旺季给满铁运来了 30 余万
吨货物。② 1921 年，随着中东、"南满"两铁路签订了联运协定，大车
输送量乃逐渐减少。1926 年，国际运输株式会社接管了大车运输业务，
虽然沿用了前期的政策和手段，但仍然没有达到第一次世界大战时期的
业绩。九一八事变后，尤其是伪满洲国成立后，由于对物资的大量需
求，大车输送又开始兴起，直至日本战败前的 1945 年，国际运输株式
会社成为满铁子公司中输送物资的重要公司，其运输量仅次于满铁本
身，许多满铁无法出面的运输任务均交于该会社完成，从其运输工具数
可以看出其运输能力（见表 7-12 和表 7-13）。

表 7-12　　　　　　　　1945 年国际运输所有运搬工具数　　　　（单位：辆）

支社名	马车		手推车	载重汽车
	社有	常备	社有	社有
沈阳	4269	7887	1473	57
锦州	1572	2249	85	21
哈尔滨	1245	5411	43	59
吉林	1593	2480	267	45
牡丹江	1361	4265	149	81
齐齐哈尔	903	3713	8	24
本社地辖	199		631	53
合计	11142	26005	2656	340

① ［日］伊泽道雄：《开拓铁道论》下卷，东京：春秋社，1938 年，第 97 页。
② ［日］满铁：《满洲国铁路经营方针》，第 44—45 页。

表 7-13   1933 年、1934 年国际运输搬运工具数

种别	1933 年	1934 年
马匹	2670 匹	6191 匹
马车收容所	4927 辆	6047 辆
手推车收容所	830 辆	830 辆
车库	277 辆	292 辆

资料来源：东北物资调节委员会研究组编：《东北经济小丛书　运输》，中国文化服务社 1948 年版，第 292—293 页。

    大车是一种原始的运输工具，它之所以能在东北同铁路产生竞争，是因为东北地区尚不够发达，它对东北木材的掠夺是一项不可小觑的力量。采用传统的大车运输，成本低、灵活机动，实用性强；在运费方面，大车运输比汽车运输更廉价，具有价格优势。此外，冬季严寒冰冻期间，汽车往往出现损坏和额外的消耗等问题，大车运输则能最大限度地避免不必要的消耗问题，更显示出对抗气候的优越性，在极端天气仍能发挥作用。因此，大车运输成为日本殖民者除汽车运输外有力的辅助掠夺工具，与汽车运输一起跑在东北的公路上，大量的东北资源不分春夏秋冬、不停歇地运往侵略者需要的地方。

    满铁的运输系统同样役使了成千上万的中国工人，他们是支撑庞大的满铁运输能力的真正源泉。他们主要集中在满铁的沙河口铁道工厂和大连码头，前者多是有些技术的工人，后者则多是被称为苦力的单纯出卖劳动力的码头搬运工人。他们拿着最低廉的工资，干着繁重的工作。特别是搬运工人，他们要遭到满铁以及各运输公司、大小把头和日本警察特务的层层压迫和剥削，所受的压迫最深、剥削最重，人身最无保障，是工人中的最低阶层。

    太平洋战争爆发后，日本在战争泥潭中越陷越深。满铁如同整个日本帝国主义一样，它所固有的各种矛盾及困难也日益加剧。战争提出的加大运输量和各种物资产量的要求同满铁的运输和掠夺能力的矛盾，满铁增加和扩大其运输和生产设备的要求同它所能筹集的人力、物力和财力的矛盾，都在加深并日益尖锐化。这些矛盾在日本侵略者和中国人民

之间，满铁同被它盘剥的工人、农民之间的这种基本矛盾日益激化的情况下不断发展。满铁曾用加强法西斯统治，强迫工人提高劳动强度直至实行所谓的"总动员"等办法妄图摆脱困境。但是，正如整个日本帝国主义的侵略不可避免地走向失败一样，作为日本帝国主义侵略工具的满铁，也摆脱不了覆亡的命运。中国人民在中国共产党的领导下浴血奋战，取得了抗日战争的伟大胜利，在中国领土上彻底埋葬了日本帝国主义，同时也将吸吮中国人民膏血近 40 年的满铁这个殖民侵略机构永远埋葬了。

第八章

满铁对中国东北林业资源掠夺
造成的生态代价

　　1946 年出版的《东北的资源》一书中曾总结道："现在我国木材的供给具有大工业意义的地方，除东北的鸭绿江与松花江两流域以外，不过下列两地：（一）福建山岳地带，由闽江下福州；（二）赣南及湘省山岳地带，分由赣江与湘江下长江。以占有世界陆地总面积十四分之一的国家，而其森林面积竟如此的小，真可目为无森林的国家。"[①] 要总结日本对中国东北林业资源的影响，我们不妨看看日本林业的发展史。今天的日本是个绿荫掩映、郁郁葱葱的现代化国家。根据日本农林水产省的统计，截至 2016 年，日本的森林面积为 2521 万公顷，约占国土总面积的三分之二，是世界上森林覆盖率最高的国家。[②] 但很少有人知道，今天日本的葱郁林地，多数都是第二次世界大战后重新繁育的人工林；而曾经覆盖日本列岛的大片原生林地，却因长期的掠夺式开采而消失殆尽。幕府末期，日本的统治阶级兴起了大兴土木的奢靡之风，除生产力提高、加大对自然资源的索取之外，各藩的藩主、富商也以劳民伤财来显示自己对社会的控制能力。与此同时，随着人口增长导致的人地矛盾激化，向山要地、改林为耕的"开拓运动"逐渐兴起。特别是在人迹罕至的北海道地区，开拓民的小型聚落逐渐增加，大片的林地以砍伐和毁林开荒的落后方式变为农田。到明治维新之前的 18 世纪初，日本的自

---

　　①　詹自佑：《东北的资源》，东方书店 1946 年版，第 174 页。
　　②　王燕琴、白秀萍、陈洁：《日本森林资源增长特点与采伐利用政策》，《世界林业研究》2018 年第 2 期。

然林被破坏殆尽，甚至连北海道都未能幸免。日本著名的阳明学家熊泽蕃山曾在论述中痛陈"整个国家十山八秃"[1]。

在国内森林资源几乎采伐殆尽，无法支撑明治维新之后开足马力运转的日本军国主义机器之后，侵略的魔爪就伸向了地域辽阔且森林广袤的中国东北。早在日俄战争时，日本即设军用木材厂于安东，除在鸭绿江采伐外，仅收买江中流送的木材。1908 年，又由中日双方合办鸭绿江木植公司，资本 300 万元，自帽儿山至二十四道沟，距江 60 华里，为公司采伐区。[2] 但是，虽限定采伐范围，但该公司认为采伐区之外的树木更加优质，因此派木把头采伐以低价收购。1915 年，日本向袁世凯为首的北洋政府抛出"二十一条"，分为五号，第二号为关于对东北的侵略，其中规定：将旅大地区及"南满"、安奉铁路的侵夺期限展至九十九年，日本在"南满"及蒙东地区修筑商工业所需房场可得土地租借权或所有权，并可任意居住往来和经营工商业。日本对"南满"及蒙东地区的各种矿产拥有开采权，不准中国允许别国在此地区筑路或发放铁路贷款。[3] 在袁世凯政府接受丧权辱国的"二十一条"之后，日本人在"关东州"（"南满"及蒙东地区）的工厂由条约签订前的 127 家猛增至 1919 年的 294 家，日本取代沙俄，成为东北地区最为活跃的经济殖民者（见图 8-1）。

日人仰仗关东军撑腰和中国当局的腐败无能，在林场内横征暴敛、肆无忌惮。根据《清季外交史料》的记载，宣统年间总领奉天、吉林、黑龙江三省事务的钦差大臣锡良和署理奉天巡抚程德全就曾多次向外务部汇报地方上日人专横跋扈的案例。如临江县中心镇地方日朝合办的营林场强行收整中国木把头放流的木材，并向当地中国木把头勒索"赎回"而引发纠纷，由于中国木把头拒绝勒索，营林场就擅自将原木加工成材，引发中国木把头和工人的不满，5 名日本林场工人被中国木把头扣留。日本驻安东领事随即借口中方"保护不力"，派其安东所属日警、

---

① 孙洋：《熊泽蕃山经济思想探析》，《内蒙古农业大学学报》（社会科学版）2010 年第 4 期。

② 《奉天通志》卷 118，《临江县志》卷 4。

③ 孔经纬：《东北经济史》，四川人民出版社 1986 年版，第 193 页。

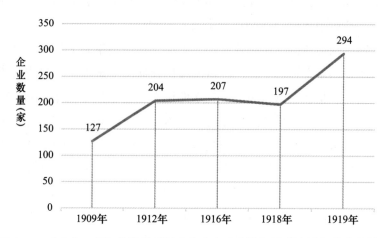

图 8-1 "二十一条"签约前后日本企业在"南满"及蒙东地区的变化情况

资料来源：[日]《关东局要览》，1939 年，关东都督府都督官房文书课，第 355—356 页。

华警各一名，警兵 50 人前往"自卫"，并绑走木把头王秉太。虽经清政府锡良、程德全当局斡旋，将被扣的 5 名日人放回，但被日本警察抓走的王秉太却最终没能获释。拘押王秉太的日本营林场一开始声称王秉太已经逃回，后又改口称已经放回。锡良、程德全在复外务部电时称"恐系被伤身死，难以交出……如无下落，当以致死论"①。

遭受日本侵略者荼毒的远不止东三省，与东三省毗邻的热河省（蒙东地区）也难逃一劫。内蒙古森林工业资源丰富，大兴安岭自黑龙江西延伸入境，纵贯呼伦贝尔、兴安两盟。原始森林从岭脊分布到左右两麓，构成大兴安岭林区。内蒙古境内林区面积 17 万平方千米，占整个大兴安岭林区面积的 67%。其中有林地面积 932.6 万公顷，占全国林地面积的 7.6%；林木蓄积量 8.4 亿立方米，占全国林木蓄积总量的 8.8%。林木蓄积中兴安落叶松占 70% 以上，是中国主要的针叶树林区。早在 19 世纪末，沙皇俄国在中国领土上修筑东省铁路时，便在沿线大肆砍伐林木做轨枕，以后又在牙克石、免渡河、博克图、扎兰屯和雅鲁

---

① 王彦威：《清季外交史料》，书目文献出版社 1987 年版，第 114—127 页。

河西设采木公司。20 年间，把铁路两侧 50 千米以内的森林砍伐殆尽。俄商还修筑了牙林、博林两条铁路支线，把掠夺的魔爪伸入林区腹地。20 世纪 30 年代，日本侵略军占领后，在大兴安岭林区设置许多林务员，经营区、施业区，扩大砍伐范围。俄、日两个侵略者都是进行剃光头式的掠夺性砍伐，到 1945 年日本投降后，许多遗留迹地，大树小树荡然无存，或者只剩下一些病树、劣树和伐根。特别是滨洲铁路以南山区，大部分成为童山濯濯。由于帝国主义的侵略和掠夺，森林资源遭到严重破坏，面积和蓄积量逐年减少，特别是中西部破坏更为严重，1947 年，全区森林覆盖率只有 7.7%，森林面积仅剩 13709 万亩，其中人工林 67 万亩，林业基础十分薄弱。今呼伦贝尔市、兴安盟林业管理局系统管辖的 822.1 万公顷次生林区（其中有林地 291 万公顷），有相当大一部分遭受俄、日两国侵略者掠夺性砍伐。[①]

一　日本的侵略殖民对中国东北林业的掠夺和破坏

伪满最初在实业部农矿司内设农林科，1934 年 3 月扩大为林务司，1937 年单独设立林野局，1943 年又改为林野总局。下辖吉林、通化、"间岛"、牡丹江、三江、北安、黑河、滨江、兴安、"南满"十个营林局，各局下设 38 处营林署。1932 年，伪满共有私营林场 255 处，登记林区面积达 420 万公顷，[②] 日伪为了全面控制东北林业，掠夺东北林产资源，1934 年公布"林场整理法"，以种种借口取消私人或团体之林场所有权，实行所谓的"国有化"。至 1938 年，有 152 处一般林场被撤销所有权，其林区面积为 2454600 公顷。还有一批私有林业公司在日伪林业统制政策下被迫解散，因此而取消林场所有权面积约 809500 公顷，尤其是日伪成立垄断性"满洲林业株式会社"后，吞并私有林达 296000

① 林蔚然、郑广智：《内蒙古自治区经济发展史》，内蒙古人民出版社 1990 年版，第 13、175 页。

② 东北物资调查委员会研究组编：《东北经济小丛书　林产》，中国文化服务社 1948 年版，第 17 页。

公顷。① 此外，鸭绿江采木公司、满铁系统林场、"东拓"的中东海林采木公司以及 12 家俄资林场也陆续将林场权移交给伪满政府。1939年 10 月，日伪决定对"直辖林野区"内私有山林、荒山、原野等实行大规模强制"收买"。至 1942 年，共在 17 个县中"收买"3312份，总面积达 135985 公顷，总价 943558 元。② 伪满实施林区"国有"化后，编制了"林野经营计划"和"经营大纲"，在东北设立 16 处经营林区，内设 125 处作业区，统一进行采伐和育林工作。1935 年 6月，日本关东军颁布"决定森林采伐区域与警备要纲"，建立森林警察队，实行"集体采伐"，并谋求建立一个垄断性特殊公司。9 月，伪满召开"日满经济共同委员会"，公布"国有林采伐要纲"，规定"国有"林采伐实行官营，仅桦甸、蛟河、敦化三县及宁安县南部"国有"林由特殊公司采伐。同时制定"国有林特别会计法"，即林业财政收入可自行用于林业开发建设投资。1936 年 2 月，伪满正式设立"满洲林业股份有限公司"。1938 年 7 月，该公司更名为"满洲林业株式会社"，1944 年 9 月，日伪将"满洲林业株式会社"改组为"满洲林产公社"，将负责处理林业劳资事务的"满洲森林采伐协会"及垄断木材加工业的"满洲制材统制组合"合并于该公社，该公社统一管理森林采伐和木材加工，以此加强对东北林业经济的统制。1945 年，伪满撤销林野总局，在兴农部下设林政司，将原林野总局所掌管的生产事业和森林铁路经营权全部移交"林产公社"，使之"成为名副其实之生产配给统制机构"。该"公社"内设总务、生产、劳资、配给等四部及运输局，下置 21 课。其地方机构，则于吉林、牡丹江、延吉、哈尔滨、佳木斯、北安、黑河、通化、兴安、东安、海拉尔、沈阳等地设立"省支社"，在大连、雄基、北平、东京、龙江、安东、长春、四平、锦州、热河等地设办事处，在有关县旗亦设有支社或办事处。该会社下辖采伐事业单位达 402 处，拥有林业工人 50 万人，形

---

① 东北物资调查委员会研究组编：《东北经济小丛书　林产》，中国文化服务社 1948 年版，第 22—23 页。
② 东北物资调查委员会研究组编：《东北经济小丛书　林产》，中国文化服务社 1948 年版，第 55 页。

成一个庞大的林业垄断组织。①

日伪统治时期，为了满足战争需要，对东北森林资源进行了疯狂的掠夺，木材采伐量迅速增长。1932 年，东北木材产量为 89.7 万立方米，1937 年剧增至 277 万立方米。七七事变后，伪满开始实施产业开发五年计划，对木材的需求急剧增加，因而木材产量迅速增长，1938 年增至337.1 万立方米，1939 年增至 427 万立方米，1940 年伪满木材产量已达559.5 万立方米。因采伐量骤增，木材运输发生困难，1941 年竟有 130万立方米的木材积压在山中，使木材产量有所下降，1942 年木材产量降至 418.3 万立方米。日本在太平洋战争中极力增加船舶数量，木材需要量剧增，因此布置紧急采伐作业，以增加木材产量。但收效甚微，1943年木材产量增至 505.6 万立方米，1944 年仅有 493.2 万立方米。伪满政府为扩大木材运输量，便兴筑一批森林铁路。至 1944 年，伪满森林铁路总长度已达 1699 千米，拥有蒸汽机车 69 辆，汽油机车 148 辆，原油机车 19 辆，运材车皮 10739 辆，每年运材量达 105.7 万立方米。此外，伪满还建立一批储木场，"八·一五"光复前计有 188 处，总面积 1551公顷。② 伪满木材主要供应军需，1943 年，伪满木材用于供应军需者185 万立方米，占需求总量的 53.5%。此外供输出者 10.7 万立方米，占3.1%；公需 18.8 万立方米，占 5.4%；满铁消费 31.5 万立方米，占9.1%；纸浆工业消费 20 万立方米，占 7.4%；民需为 17.7 万立方米，占 5.1%；其他为 67 万立方米，占 18%。③

（一）对林业资源的掠夺和破坏

"满洲东三省之地，其广袤六万三千余平方里，二倍于日本。其田野则土壤肥沃、五谷丰熟；其营口互市贸易，于世上沛乎有余；其山岳则有长白山之险，兴安岭之大，磅礴于南北；其江河则有黑龙江、

---

① 东北物资调查委员会研究组编：《东北经济小丛书　林产》，中国文化服务社 1948 年版，第 22—23 页。

② 东北物资调查委员会研究组编：《东北经济小丛书　林产》，中国文化服务社 1948 年版，第 100—101 页。

③ 东北物资调查委员会研究组编：《东北经济小丛书　林产》，中国文化服务社 1948 年版，第 129—132 页。

松花江、嫩江、乌苏里江、辽河、鸭绿江、图们江，纵横于原野；其大窝集（即森林）覆盖于长白山、小白山、东兴安岭、西兴安岭；其砂金丰富，且极纯良，迨为世界之冠。各地亦多产白炭云。"① 日本侵占中国东北地区，其目的就是掠夺东北丰富的资源，为日本国内提供各种物资。据雷麦的《外国人在华投资》一书估计：1930 年前在东北矿业的投资为 1.65 亿元，占日本对华矿业投资总额的 94%。日本对东北矿业投资主要是满铁，总额达 1.2 亿元，占总额的 71.4%。② 东北三省的土地面积超过 6 万平方千米，是日本的两倍。耕地资源丰富，粮食产量较大。营口港的贸易量在当时的远东地区居于前列。长白山、大小兴安岭之间流淌着黑龙江、松花江、嫩江、乌苏里、大辽河、鸭绿江等河流，日本侵占东北的目的是掠夺东北丰富的资源，以供日本国内生产生活和对外侵略扩张之所需。森林作为一种重要的资源，在建筑、铁路、矿山、造纸等许多行业都是一种重要的材料。同时，随着日本对外政策的不断变化，满铁林业政策也在不断调整。在伪满洲国建立初期，关东军提出"满蒙"经济为日本经济的发展服务，把中国东北建成日本重要的物质基础。在此基础上，日本控制了伪满洲政府，制定了相应的林业政策。1931 年九一八事变后，日本加大了对伪满的投资，根据伪满政府《满洲建国十年史》的统计，1932 年日本对伪满的投资达到 9720.3 万元，并且持续追加到 1936 年的 11.41 亿余日元。③ 哈尔滨市日人资本在林业方面的投资从 1931 年末的 700 万日元猛增到 1935 年末的 2000 万日元。④ 1933 年 3 月 1 日，伪满洲政府在政府公报上宣布了《满洲国经济建设纲要》，纲要的一个重要内容是将对"国防"和经济建设至关重要的工业和资源掌握在日本手中。

日本对东北地区的林业资源掠夺中，军方是重要的直接参与者。

---

① 陈跃：《晚清时期外国人对中国东北边疆的探察——以小越平隆和〈满洲旅行记〉为中心》，《社会科学战线》2011 年第 7 期。
② 曹静：《甲午战争至日俄战争期间日本对中国东北的经济侵略》，硕士学位论文，吉林大学，2005 年。
③ 伪满政府：《满洲建国十年史》，1943 年，第 560 页。
④ ［日］满铁北满经济调查所：《满洲事变及北铁接收后以哈尔滨为中心的各国工商业动向》，1936 年，第 289 页。吉林省社会科学院满铁资料馆藏资料，编号 17355。

以"筑城团"为主力，军用木材厂为据点，是日本在鸭绿江等森林资源丰富、运输条件便利地区的主要掠夺形式。所谓"筑城团"是明治三十八年十一月三日，即1905年11月3日夜日本东京下令组成的。其成员主要是工兵部队，林业技术人员等非部队人员只占极少数。厂长是陆军少将小岛好向。木厂本部设在安东，朝鲜惠山镇设分厂。分厂主要负责鸭绿江两岸的森林采伐，伐区主要是鸭绿江本流右岸的十九道沟。采伐工人主要是当地的劳苦大众。第一年生产大约有180万石（50万立方米），主要是红松与落叶松，不包括其他树种。到惠山镇为止，木材在河川上游主要利用起羊，然后进行编排，实行排运。对于如何进行从惠山到安东这个长距离的运输，他们没有经验。当时也没有地图，更没有河川图，因此给流送作业造成了很大困难。经过种种研究，他们从日本国内挑选了有流送木材经验的技术工人600余人，作为有军籍的人员来到鸭绿江，开始了排运的各种准备作业。在准备作业中，得到厂长小岛送来的一份日俄战争中得到的俄国军队使用的鸭绿江流域地图，它起了一定的作用。在开始放排的头一天，他们得到日军驻朝鲜司令部来电，提到在辑安县羊鱼头一带有2000余名"土匪"，要阻止军用木材的流送。这是明治三十九年（1906）的事。出发后经过几天才到临江县帽儿山，然后继续前进，果然在羊鱼头流排被截。这些"土匪"有步枪和大炮，炮火能波及朝鲜村庄。后来其大本营被日本军队袭击，全部溃散，两个头目逃入林中。在后来的木材流送中，辑安县知事吴国光派县卫队保护日方的流送作业，东边道尹获悉日军的木材被截后，向日本安东署长和筑城团军用木材厂长赔礼道歉，并送慰问金马蹄银1.5万两。①

军用木材厂从光绪三十一年（1905）10月中旬在十九道沟内开始采伐，全部是原木，其后数量逐年增加。采伐的树种除落叶松、红松外，增加白松、水曲柳和柞木，出材量达200万石（约55.7万立方米），在运材上也开始修建5.44千克的轻轨森林铁路，材种仍以原木为主，也生产部分长方材。1907年，日本在朝鲜的京城、平壤、罗

---

① 王长富：《东北近代林业经济史　林产》，中国林业出版社1991年版，第291页。

南、会宁等地决定修造大批军用建筑。① 这些建筑用材均由该厂供给。为此，过去俄国在朝鲜龙岩浦的制材厂扩大改修。为了满足会宁军用材的需要，采取了就近取材、就近加工的办法，又去会宁新建制材厂，所有原料均取之于长白山林区。由龙岩浦制材厂加工的原木，取之于鸭绿江本流及其支流浑江林区。会宁制材厂所加工的原木则由图们江流域林区采伐。由于用材量较大，而且非良材不收，使森林破坏极其严重。吉林林区是以红松为主的优质森林，完全被该公司葬送。最后形成惨象如"东部沿线 25 年以前所谓林海者，今则极目远望，偶见三五杂木而已。丛林藏木，杳不可寻，虽山巅之上间有丛生幼树，也仅距铁路二三十里之地见之"②。日人从"南满"扩张到"北满"，独揽东北森林开采，使东北的森林资源遭受又一场浩劫。

（二）"统制政策"对林政的破坏

1932 年 8 月，日伪颁布所谓"满洲经济统治根本方策案"，规定所谓"日满经济一体"和在经济上必须一致对外，并确定了关东军司令部与满铁作为统制伪满经济的支配机构。1934 年 6 月，应关东军当局的要求，伪满政府公布了详细的产业统制声明，其中明确规定，"国有森林"的林业为"公营或特殊会社经营事业"，即全部由日伪或满铁垄断。1937 年以后，由于"林业开发五年计划"、军事建设并向华北地区输出等原因，造成木材供需紧张出现不平衡，再加上木材生产部门由于初期经营粗放、劳动力不足、资金周转不灵以及气候的影响等因素，更导致了矛盾的尖锐。由此出现了对木材实行统制的声音。这个方针开始即提出，鉴于木材在"国防"上、经济建设上的重要性，为了应付当时木材市场的混乱和市价昂贵的形势，决定采取以下办法，调整木材供需关系和价格实行编制，以保证军需万无一失，同时保证产业开发计划的顺利进行，实行强有力的统制，但开始时只限

---

① 王长富：《东北近代林业经济史 林产》，中国林业出版社 1991 年版，第 230 页。
② ［日］东省铁路经济调查局：《北满与东省铁路》，东省铁路经济调查局 1927 年版，第 125 页。

于一般用材，而且在一般用材中只限于民营采伐材归日资官营的"满洲林业株式会社"收买的那部分。剩余部分由采伐业者自己处理。目的是调动民营采伐业者的生产积极性，激发其生产力的提高。但这样做的结果不仅使这些木材自由地进入市场，造成了扰乱市场的副作用，而且也破坏了统制政策。更为突出的是，有部分统制材利用不正当的手段也进入了市场。为了防止这种不正常现象的产生，加上战争的推进需要木材和重要产业继续发展，木材需要愈加迫切，所以到1940年，伪满当局取消了分阶段的统制政策，实行强有力的全面统制，并得到了关东军司令部的支持。在木材的全面统制下，之前没有被纳入统制范围的坑木、枕木、电柱、火柴用材不仅都要申请统制许可才能采伐调用，并且都要经满铁的许可才能配给。

为了加强对林木的统制，关东军同伪满当局合谋，采取威逼利诱的手段先后解散了依照中日条约承办的"鸭绿江采木公司"和与关东军不睦的日资"中东海林采木公司"。鸭绿江林业原为中国自行开发利用。光绪二十八年（1902），清政府与地方士绅官商共同出资20万两成立了木植公司。其后，俄方潜入该流域掠夺森林资源。日本不甘示弱，于1903年以采伐为目的，成立中日合办的日清义盛公司，总公司与分公司分别设在朝鲜的京城与中国的安东。1908年5月，据中日《会议东三省事宜附约》第10款的规定，经中日两国政府于沈阳签订《合办采木公司办事章程》，决定成立中日合办的木植公司，即鸭绿江采木公司，资金为北洋银圆300万元，由中日两国各出一半，实际上中国政府所负担的一半也是由日本政府供给的，鸭绿江林业完全落入日本人之手。日商还在安东开设制材、木浆、造纸工业等。十月革命爆发后，部分俄国资本家为维护其财产免受损失而寻找保护伞，日本乘机扩展势力。当时中东铁路沿线的租借林场以及其他林场大多分别为中、日、俄人所经营，一家包办的局面已不存在。日本为取代俄国势力，主要由经营本溪湖钢铁公司的大仓喜八郎等人参与开发大兴安岭。由于是依正式签订的外交条约成立，所以木材统制刚刚开始施行时，对该公司采取了特殊措施。1928年，因张作霖被炸死和田中内阁倒台，日本国内外务省、关东军的独断专行激化了同陆军省的对立。九一八事变之后，日本外务省主导并把持的鸭绿江采木公司引发了"主导满洲经济"的陆军省的不满，最终决定撤销"鸭绿江采木公司"，将其业务和资产一并划转给"满洲林业株式会社"，制材厂全部应关东军要求迁至牡丹江。"中东海林采木公司"系东洋拓殖公司下属企业，1917 年日朝合并后，东洋拓殖公司的经营权得到日本政府的委任而发家。会社出资在中东铁路东部的海林站成立中东海林采木公司，有林场权进行木材生产。在实行木材统制时，由于有东洋拓殖公司、朝鲜总督府和日本政府为后盾，也采取了特殊措施。但是与中东海林采木公司相邻有一林场，原为俄国资本家葛瓦里斯基的，后由日商"近藤林业公司"接收。该公司的工人多系俄人（即所谓白俄），日本特务机关对俄人采取怀柔政策，对该公司给予特别照顾。但该公司与中东海林公司由于境界不清，经常发生冲突，关东军对中东海林采木公司很有意见，先是劝其解散，其后台东洋拓殖公司因其事业不振，也同意军方意见；最后决定解散。至此，木材统制政策真正达到了关东军的"一元化"。其他一般用材的处理，均由"满洲林业株式会社"一家分配，但在一般用材中持密部门的用量占绝对多数，所谓"持密部门"实际指的是产业五年计划的密材单位。这些单位在变成战时体制后，也随之变成了军备部门，分配则按重点主义实行。什么是重点林业部门无从知晓，只有按企划委员会的决定办理所谓的重点。也就是要随时局的变化而变化，实际上只有服从关东军的指示而已。

统制政策对林政的破坏是多方面的，其中一个最重要的后果就是催生了森林警察制度。1932 年，在吉林日本居留民会召开全满日军的参谋等参加的首次警备会议，研究如何进行木材生产的问题。当时抗日游击队风起云涌，遍布林区，会议决定禁止采伐。有与会日人提出，禁止采伐的政策是不可取的。军用木材、满铁枕木、安东造船材都需获得，禁伐影响很大，对日本很不利。不如采取集团采伐，配备森林警察队，加上日军守备队，再采取一些防卫措施，是可以进行采伐的。这个意见被关东军采纳。这是集团采伐，成立森林警察队的由来，是一箭双雕的毒辣政策。1935 年 6 月，关东军司令部颁布了《决定采伐区域与警备要纲》，并决定成立森林警察，采用《集团采伐制度》。森林警察队配有日人"指导官"，在重要地区也能得到"日满军队"的配合，特别是在镇压东北人民和东北抗日联军反满抗日的斗争中，森林警察部队作为伪军的一部分，积极配合日军追剿抗联的行动，是一支十分积极和活跃的军事力量，杨靖宇、周保中等抗联将领带领的抗联武装都曾受到过伪满森林警察的围追堵截，抗联的叛徒也有相当一部分在变节后加入森林警察，成为日伪军的鹰犬。

（三）对东北人民的残酷统治和压榨

日本和沙俄侵略者对东北林业的掠夺和破坏，不仅对东北地区的自然环境造成了毁灭性的影响，更是给常年以林为生的广大劳动人民带来了深重灾难。东北地区的民族工业受到俄国和日本的先后侵略和压迫。他们依靠其在华特权，挟其先进的技术和雄厚的资本，通过官僚资本和封建势力，巧取豪夺，不断打击、吞并中小生产者，使民族资本主义一直未能发展起来。由于侵略者大量运用机器等先进生产力，并且依托掠夺的林业资源设立制材厂、造纸厂、火柴厂等现代工业企业，在鸭绿江流域、东省铁路沿线等地区，中国资本主义的萌芽和外国侵略者在华的侵略加深，林业工人作为最早的工人阶级，也在东北地区逐渐壮大。东省铁路沿线林场中的工人多数是季节工，而各工厂则以固定工为主。东北地区的林业工人不仅要受买办资产阶级、封建把头的重重剥削，还要遭受帝国主义的残酷压榨，较之中国民族资本家企业中的工人之境遇更为凄惨。包工把头四处诓骗失地农民、破产手工业者和债务缠身的普通民众，形成了"中国把头向外国把头负责、外国把头向中外资本家负责"的剥削体系。伪满统治后期由于战略物资短缺和军事压力增大而实行硬性摊派的义务劳动制，强行要求沦陷区人民无偿为日伪服劳役，其野蛮程度无以复加，许多工人因此被折磨致死。到 1941 年，伪满提出摆脱依靠关内劳动力，确保伪满洲国内劳动资源的政策。9 月，确定"劳务新体制要纲"，开展"国民皆劳制"和"劳务兴国运动"，实行全面奴役劳动。10月，公布"劳务兴国会法"，同时，解散"满洲"劳工协会。成立劳务兴国会，协助伪政权推行劳务统制政策，开展"勤劳运动"。同月，公布"国民勤劳奉公法"，把"兵役"检查不合格的青年编成勤劳奉公队，从事劳役。12月，公布"学生勤劳奉公会"，规定大、专学校学生每年必须参加一个月至一个半月的勤劳奉公队，否则不准毕业。由于劳动强度过大，许多青年也这样不明不白地死在了工地上。[①]

　　近代以来，东北林区自然环境严苛，人烟稀少，生活工作环境异常艰苦，林业工人不仅要战天斗地、与大自然做斗争，还要与林业资本家的剥削压榨做斗争。进入 20 世纪以来，沙俄和日本帝国主义侵略者的到来，更加恶化了林业工人的生存环境。依附于日本殖民者的木把头为了保障侵略者的"军需合同"和自身的利益，全然不顾工人死活。在寒冷潮湿的林间驻地，伪满森林警察和木把头驻场监工，工人们居住在四面透风的马棚里，用松树枝叶铺地、原木为枕，吃的是发霉的杂合面、橡子面做的窝窝头，配菜只有盐粒和凉水。[②] 工具简陋，超时超负荷工作是常态，与之相伴的是极高的工伤率。如此恶劣的工作环境下，林业工人还要面对木把头的剥削和日伪军警的欺压。湾沟林野局工人张国胜回忆，在顺着河道流送木材时，日伪军警为了增加流送量完全不顾工人的安危，逼迫工人下河运输木材，有工友被湍急的河水卷走，而军警把头却不允许工人施救。[③] 八家子林野局工人王云德，15 岁就迫于生计到黄松甸木帮伐木。运木材的平车全凭人拉肩扛，由于营养不良和超负荷工作，工人的工伤率居高不下，老工人把运木材下山的过程编成了顺口溜："平车平车净吃荤，哪天哪日不伤人，上坡筋骨要折断，下坡步步有死跟"[④]。黄泥河林野局工人王恩友

---

① 李澍田:《中国东北通史》，吉林文史出版社 1991 年版，第 703 页。

② 吉林省林业局政工处:《血染山川恨满林——林业工人家史集》，吉林人民出版社 1975 年版，第 6—8 页。

③ 吉林省林业局政工处:《血染山川恨满林——林业工人家史集》，吉林人民出版社 1975 年版，第 11 页。

④ 吉林省林业局政工处:《血染山川恨满林——林业工人家史集》，吉林人民出版社 1975 年版，第 38 页。

回忆,在供应日军军需的板房店林场,日本柜头(经理)松村和木把头王某合谋克扣工人的工钱,串通场内的伪森林警察和日本士兵残酷虐待不堪忍受逃跑的林业工人,工人们被像奴隶一样对待,险些酿成工人暴动。[①] 中国工人受剥削的典型案例是火柴工人。火柴工人一年四季都要在恶劣条件下从事繁重的体力劳动,腰痛成为最普遍的职业病。调药、上火、烘房的工人,整天站在百度以上高温的炉灶、油锅前操作。特别是到了夏天,经常发生中暑的现象。早期的火柴厂都制造黄磷火柴,调药、上药工人最易遭受磷毒,使牙床溃烂。中日工人在同一时期的劳动强度与工资收入均呈现出显著的区别。以工资待遇为例,在大连、沈阳、丹东和长春四个主要的伪满工业聚集地,按工人平均工资和每工时实得工资平均数计算,人数上居多的中国林业工人自1932年至1936年始终不及日本工人的三分之一(见图8-2)。[②] 这还是在中国林业工人平均劳动时数达每日10小时以上、遭受多重剥削和压迫的前提下所能得到的工资。[③]

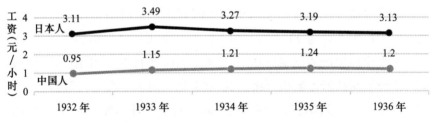

图8-2 大连中、日工人平均劳动工资比较

资料来源:〔日〕大连商工会议所:《满洲经济图表(昭和十二年版)》,1937年,第67页。吉林省社会科学院满铁资料馆藏资料,编号12084。

---

① 吉林省林业局政工处:《血染山川恨满林——林业工人家史集》,吉林人民出版社1975年版,第23页。
② 〔日〕大连商工会议所:《满洲经济图表(昭和十二年版)》,1937年,第67页。吉林省社会科学院满铁资料馆藏资料,编号12084。
③ 东北财经委员会调查统计处编:《伪满时期东北经济统计(1931—1945)》,1949年,第13—14页。

二 中国东北木材之于日本国内及战争的价值

(一) 日本木材工业的畸形膨胀

东北丰富的森林资源，令日本国内的林业加工企业垂涎欲滴。九一八事变后，二十几家日本企业竞相申请在中国东北开设纸浆工厂。经过筛选最终满洲纸浆工业株式会社、日满纸浆制造株式会社、东满洲人绢纸浆株式会社、东洋纸浆株式会社（当时叫大同兴业株式会社）四个会社获得了在东北开设纸浆工厂的权利。四家企业被允许在指定森林区域内开采森林，并要求四家企业由 1935 年 2 月 20 日起到次年 3 月止，调查完成指定区域内的森林资源，制订出建厂计划。这四个工厂建成后，年生产纸浆 6 万吨，另外还有鸭绿江制纸的 1 万吨，合计为 7 万吨。这些企业都是以木材作为原料生产纸浆的。这样的生产量并没有满足日本国内的需求，于是日本又制订了纸浆增产计划，计划在佳木斯、滨洲线扎罗木得、黑河新建三家纸浆工厂，预计这三家工厂的年生产量为 23 万吨，加上已有 7 家工厂 7 万吨的产量，预计以木材为原料生产的纸浆可达 30 万吨。当时在日本国内生产人造丝以及人造纤维织品所需高级纤维达到 20 万吨，而王子系统①只能提供 4.5 万吨，这远远不能满足日本国内的需求。对于这种情况，日本人认为必须从中国东北获得纤维原料。东北的树皮除了做薪材以外，一向没有其他的用途，但是由于日本国内的需求使得树皮纤维备受关注。1936 年 3 月，日伪政府允许东满洲人造纤维公司、满洲纤维公司、东洋纤维公司、日满纤维制造公司四家会社生产纤维。所需要的木材原料由政府指定的伐木公司统制供给。最初四家会社的生产量为 4 万吨，所需原料为 5 万立方米。② 这样的生产量显然不能满足日本国内的需求，于是 1936

---

① 王子系统是日本涩泽荣一为推动日本现代化的发展进程于 1873 年创立的造纸企业，在此后 130 多年的历史中，始终是日本造纸行业的领军企业。

② ［日］满洲日日新闻社：《满洲年鉴》，1942 年，载《伪满时期东北林业史料译编》第二册，1987 年，第 89 页。

年 7 月四家会社向关东军以及伪满洲国政府提出增产计划，并计划在此后 5 年内生产 19 万吨纤维。[①] 除此之外，日本人还利用树皮制造绳索，以代替马尼拉刺麻，或修补木船的缝隙。以树龄 14 年至 15 年之树所剥之皮最为理想。一人一日之采取量为 50—60 千克，抗战胜利前夕之生产量为 8000 吨。[②]

（二）　林业移民与"满蒙开拓"

日本之所以将侵略矛头指向中国东北，还有其国内的原因：一是日本国土狭小，人口众多；二是日本粮食资源有限；三是日本工业发展所需的能源和原料资源匮乏。这些原因促使日本将资源丰富、土地辽阔、粮食富足的东三省看作其重要的战略生命线，从而不择手段地要将东北吞并，据为己有。日本为了解决国内土地狭小、人口众多以及粮食紧张等问题，同时也是为了更深地控制东北，开始有计划地向东北移民。日俄战争之后，日本控制了中国东北的南部地区，为了缓解国内的矛盾，日本便将东北作为移民的主要方向。于是日本便开始向作为日本租借地的"关东州"以及"满铁附属地"进行移民。日本人开始向中国进出，是日俄战争以后的事。当时强调移民的有旧军人儿玉源太郎、关东督都福岛安正、满铁总裁后藤新平和外务大臣小村寿太郎等。到 1932 年移民数达 26.9 万人，基本上分布在"关东州"或所谓"满铁附属地"，多数是满铁和其他的一些公司职员、官员、军人和军属等拿工资的人。定居的，特别是深入腹地的为数不多，到 1930 年共有 761 人。属于农业移民的只有"关东州"的爱川村、熊岳城的果树园和奉天北陵的木神原农场等。九一八事变后，是否进行移民之事又有抬头。实际这个侵略"大政方针"早已有之，这些议论不过是时间与形式而已。日本政府召集了陆军省、海军省、外务省、大藏省、拓务省五省参加的联席会议，认为是解决满联悬案的好机会，主张大量移民。但是拓务省部分人认为由于

---

① ［日］满洲日日新闻社：《满洲年鉴》，1942 年，吉林省吉林市林业局史志办公室译编：《伪满时期东北林业史料译编》第二册，1987 年，第 89 页。
② 东北物资调节委员会研究组编：《东北经济小丛书　林产》，中国文化服务社 1948 年版，第 90 页。

气候条件，日本人一时尚难适应，持反对意见或持时机尚早论。① 虽然有争议，但到了 1932 年，第一次试验性移民已经于当年 10 月到达佳木斯市，为后续的"国策移民"迈出了重要一步。关东军积极响应移民事务，设立了专门机构——移民部。广田弘毅内阁时，移民政策被视为"国策"，提出了百万户移民的方针。这一部分移民因为是响应所谓"满蒙开拓"而来到中国，所以又被称为"开拓民"。

根据移民目的地当时当地的具体情况，开拓民进行木材生产基本集中在冬季农闲期，利用冬季的剩余劳动力自然形成副业。采伐时则采取共同采伐的组织形式，在作业经费、警备等问题上更便于统一协调。从 1938 年开始，为了满足开拓团自身的需要，在开拓民聚居地开始设立简易制材所，但随着不断地发展壮大，很多制材所的制材能力开始不再限于自用，而是能够对更大材径、更复杂板材进行加工。与此同时，随着日伪林野部门的扩张和木材需求的增加，特别是在木材统制施行后，为了实现经济、合理的经营，需要大量熟练的特殊劳动者，其中包括机械伐木工、制材工、烧炭工、制纸工、质检工以及部分林业种植养殖工种。在中国工人遭受残酷压榨后采取消极抵抗的现实压力下，为了改善作业流程和提高作业效率，日本国内的林业工人开始作为特殊的林业移民被引进中国。林业移民并不直接经营林业，而是作为劳动者和生产者参与日伪的林业开发。特别是在"满林"的官营采伐作业中，林业移民既是林业工人，也是农业移民，其移民地点多选择在离采伐区近且适宜耕作的地点，春夏季务农，秋后和冬季从事木材生产。九一八事变后，日本更是大力推行移民政策。到日本投降时，日本先后向中国东北输送移民达 30 余万人。② 随着日本移民的增加，这些移民对木材的需求量也与日俱增，主要用于建筑、薪材、木炭等。1936 年日本移民的用材量为 3.1 万立方米，1937 年为 11 万立方米，1938 年为 17.6 万立方米。按照日本的移民计划估算，1939 年用材量为 27 万立方米，1940 年为 98 万立

---

① 王长富：《东北近代林业经济史》，中国林业出版社 1991 年版，第 280—285 页。
② 高乐才：《日本"满洲移民"研究》，人民出版社 2000 年版，第 2 页。

方米，1941年为134万立方米，1942年为185万立方米。^① 虽然由于种种原因，日本的移民数量没有达到计划数量，但是30余万的移民同样消耗了大量的林业资源。

（三）困兽犹斗的"燃料替代计划"

1945年初战争日益紧迫，为了补充航空燃料的不足，关东军通知伪满政府生产松根油、白松油以代替汽油。伪满时关于松根油的生产，在辽宁省首山有满洲林产涂料公司，在吉林省蛟河有东巴尢林产化学公司，在经济部的监督指导下设有工厂。利用针叶树木片进行干馏，由原料制出焦油、松节油、白桦油。在林业部门看来，这个任务是十分繁重困难的，但是在非常时期体制下，只能是动员群众，设法满足关东军的要求。为了推动这项工作，伪满林政司新成立了树脂科专司其事，为能得到有关方面，即大陆科学院、大学的专家教授的支持而成立了"松节油、白桦油生产技术指导委员会"，先后召开了多次会议，确定了生产方针以及各省、县的生产数量、物资的分配等。但是实现计划依然十分困难，虽然经过多次研究，因时局的紧迫仍处于束手无策的状态。对这种困难的状况，关东军根本不予考虑，又提出了13万吨的追加任务。林政局为打开这个困难局面，连续召开了有陆海军以及政府有关部门、林产公社、特殊会社、民间业者（指日本业者）参加的会议，采取了各种措施。主要有：为了强化对重大时局的统一认识由伪政府召集各省次长、副县长（当时的省次长、副县长均为日人，掌实权）会议，增强他们的信心和决心，明确他们的责任。劳动力的动员和物资的供应由总务厅负责。林业部门的责任得到一定的缓解。继之又召开了产业动员大会，提出了一些希望与要求。主要是要求生产所需要的物资、急速发送，特别是如油罐车等；开放禁伐区域（当时的采伐区域由关东军指定，同时也决定一些林区禁止入内），以利任务的提前完成；要求以满铁为中心尽快进行各种运输；林区搬运道路的修建费尽快下拨；各种慰

---

① 吉林省吉林市林业局史志办公室译编：《伪满时期东北林业史料译编》第一册，1987年，第103页。

问品、奖励品均应尽快下发以调动生产人员的积极性。总务厅根据这些要求，利用飞机等确保战略物资的发送，并作出宁肯停止一部分事业，也要完成这项任务的指示。接着发表了有关奖励等特配物资的公告，包括粮食以及其他专卖品的物资动员的决定。最后公布了规格与价格，同时规定价格的超出部分，由林产公社负担。[①] 生产所需的各种物资，有的由东北地区解决，有的要在朝鲜的陆军燃料厂和海军武官府供应，竹筒要由日本供应，但是运输十分困难。由于时局的日益紧张，生产困难重重，在浪费了大量人力物力和森林资源后，生产松节油、松明子和白桦油的任务不了了之。

（四）关东军特别大演习与木炭生产

1941 年 6 月，苏德战争爆发，日本关东军参谋长吉本贞一中将发布命令，在邻近苏联的"关东州"及东北、华北地区实施旨在加强备战态势的"关东军特别大演习"，简称"关特演"，妄图等待苏联抽调远东兵力支援对德作战之时，以优势兵力进攻远东地区。但 1941 年在远东地区驻扎的关东军在后勤方面的压力巨大，特别是各种战略物资难以支撑长时间的作战计划，日军参谋本部认为，应当在后勤方面加强支持。并为此在 1941 年至 1942 年动员了大量的物资和军粮，如临大敌、士气很盛，有如过黑龙江进攻西伯利亚之势。伪满林野局接到了要迅速地提供大量的木材与木炭的通知。并声称关东军全军都布置在"东满""北满"的国境前沿地带，取暖、烧饭如使用薪柴，则容易因为烟火痕迹暴露驻军的目标，因此决定全部利用木炭。并提出生产 50 万吨的目标。整个东北地区无论林野局还是地方各县厅，过去都没有生产过如此数量木炭的经验，一时觉得无从下手，也不敢接受。经过与关东军再三协调，最后同意减至 40 万吨。

由于事关军事秘密，林野局没有相关资料，很难统计出准确的数字。最后采取了召集有关人员开座谈会，以会议的方式取得了比较可靠的生产情况和某些数字。数量决定后，林野局召集各有关县、开拓总

---

① 孔经纬：《日俄战争至抗战胜利期间东北的工业问题》，辽宁人民出版社 1958 年版，第 48—60 页。

局、开拓团（日本移民）开会进行了动员。因为是关东军的指示，各地方不敢违抗，林野部门也全力以赴，关军东也提供了积极协助。由于部队均布置在国境地带，所以关东军要求木炭的生产要尽可能地在国境附近就地生产，减少运输环节。林野局根据这个要求，充分考虑生产地的地理条件、森林状态，将生产目标分配给各有关营林局和营林署，并加强了生产机构，配备了专职人员。由于过去没有生产经验，为了更好地完成任务，林野局和各负责部门举办了生产木炭技术讲习会，着重研究了离国境地带近、离营林署采伐作业区近、阔叶树较多的林区，也注意到便于向大的铁路车站运输和森林警察队巡逻，以及物资贮藏方便的地方设立制炭作业所。由于时间紧任务重，实际生产过程中遇到了许多困难，例如技术人员和劳动力不足，各种物资十分缺乏。从"南满"招来的劳动人员多是农民，从未进过林区，更谈不上会烧炭。木炭生产出来之后如何运输，也是个重大问题。有森林铁路的地方可利用森林铁路，而没有森林铁路的地方则要用马车。盛装木炭也需要麻袋或者是草袋，但数十万吨木炭所需的麻袋和草袋，根本无法在短期内筹集，关东军也想不出什么好办法，而如果停运就等于停止生产，关东军自然不会允许，最后只能采取露天运输和露天堆放的方法完成任务。最终，伪满向关东军提供了 38 万吨木炭。

木炭的生产和接受进程也受到战争形势的影响。1941 年冬季到 1942 年春，由于取暖、做饭等需求旺盛和战备要求紧迫，日军为做好 1941 年向苏联远东地区进攻的准备，对烧炭工作盯得很紧，其间与林野局、制炭所的摩擦不断。随着 1942 年夏季之后日本的军事战略重心转向南方（华南、南亚地区），对木炭的需求和制备松懈下来，并在 1942 年年末几乎进入停滞状态。此后，关东军有拒绝接收木炭的趋势，经过林野局再三与之交涉，关东军最后只答应接收 36 万吨了事。剩余的 2 万吨如何处理，成了林野局的负担。出路只有两条：一条是在东北销售，但因数量太大，销售不了。另一条是对日输出，虽然日本有需求，但是由于太平洋战争的影响，日本海航运有困难，因此也不可能实现。林野局对关东军特别大演习生产木炭的会计采取临时木炭生产会计的办法处理。林野局向营林局分配的生产费用是每吨 250 元，营林局向营林署分配时每吨为 220 元。但实际生产费每吨平均是 130 元，因此，财务方面没有出现更大的困难。但是由于最后无法处理的 2 万吨的成本必须给予解决，综合起来还是出现了赤字。这 2 万余吨的木炭最后只能随意地堆砌在各个制炭所，包括关东军接收后未及使用的木炭和林野局剩余部分的木炭，均无法运输残留到最后了事，造成了人力物力和森林资源的极大浪费。

从上述两项特殊林产品的生产和关东军特别大演习生产木炭来看，可以分析出以下三点：首先是在战事紧迫时，伪满的林政部门对关东军的命令是无法拒绝的，关东军是伪满的"太上皇"，当然也是林业部门的"太上皇"，权力至高无上。一声令下，不仅是林业部门，任何部门也只能唯命是从。其次从生产过程看，木炭由 50 万吨减至 40 万吨，最后生产了 38 万吨并得到关东军的承认，林野局总体上还是完成了任务，但是松根油、白桦油的生产则在产量和质量上都陷于彻底失利。其根本原因在于生产计划是否基于林业生产的客观规律和能力，而不是侵略者们的一厢情愿或者异想天开。最后也是最重要的是，从上述两个生产任务的布置和要求，以及总务厅的表态来看，东北地区沦陷成为日本殖民地的实质暴露无遗。关东军一声令下，总务厅表示决心，宁可停止部分营生事业也要确保军方要求，这是殖民地政策和殖民地经济的具体体现。

三　对中国东北森林资源和生态环境的破坏

（一）对生态环境的破坏

在长达半个世纪的侵略和掠夺中，日本在东北地区获得了大量的森林，其中大部分用于军国主义对外扩张的"燃料"。由于大量的优质林被掠夺，东北地区的原生环境甚至地貌都发生了明显恶化，生态资源遭受了灭顶之灾。森林是个复杂的生态系统，拥有孕育动植物、涵养水分和养料、改善蒸发量、保持水土等生态作用。林木在短时间内大量遭到砍伐而无法恢复森林功能，直接导致东北地区动植物资源减少、森林环境恶化和极端天气频繁出现，对东北人民的生产和生活造成很大的影响。森林植被是水土保持的前提，森林破坏的直接后果就是水土流失日益严重。在森林破坏较为严重的辽河流域，每年都有大量泥沙被冲入辽河，至今辽河流域水土流失面积已达总面积的 1/3 以上。清末以前辽河曾是东北地区航运命脉，但 20 世纪初以来，由于流域水土流失严重，河道淤积，逐渐失去了航运功能。1904 年，仅从辽河上游通江口到入海口营口港之间就形成了 162 处浅滩，个别浅滩流沙堆积竟然超过河岸 2 米。[①]

　　由于东北地区森林面积大，水土流失及洪水等灾害性天气频繁发生。1911—1960 年，中国东北特大洪涝灾害发生次数为 14 次，1932—1960 年有 7 次，1960 年仍呈逐年上升趋势。以最严重的辽宁省为例，根据 19 世纪的统计数据，辽宁省仅发生了 5 次大洪水。森林在水资源保护中具有重要作用，随着流域内森林的大量采伐，流域两侧出现了大片荒地，这些原来被森林地貌覆盖的地区失去林地覆盖和根系对水土的涵养，导致水土流失加剧，从而无法再对沿岸的季节性洪峰发挥调节作用。辽宁省大洪水频数显著增加，由 1907 增至 1971。近年来，洪涝灾害发生多达 17 次。大部分洪水发生在松花江、嫩江流域。[②] 此外，森林采伐量大，流域水土流失加剧，河流泥沙大量淤积，导致河床淤积，洪水的危害程度进一步加剧。以辽河流域为例，由于流域两侧的森林被采伐，水土流失严重，泥沙淤积在河流中，发生了"十年九涝"，结果是人民经常遭受洪水和流离失所的悲剧。同时，干旱的发生也直接关系到森林的减少，森林具有调节水分平衡的功能，直接影响干旱的发生。[③]森林数量众多，水分调节作用大大减弱，导致干旱频繁发生。据统计，1932—1949 年，中国东北发生了 8 次旱灾，每一次旱灾持续了很长时间，蔓延很广，给农业生产造成了极大的危害。中国东北森林环境的恶

---

　　① 曲晓范、周春英：《近代辽河航运业的衰落与沿岸早期城镇带的变迁》，《东北师范大学学报》1999 年第 4 期。

　　② 衣保中、叶依广：《清末以来东北森林资源开发及其环境代价》，《中国农史》2004 年第 3 期。

　　③ 刘东生：《东北地区自然环境历史演变与人类活动的影响研究》"自然历史卷"，科学出版社 2007 年版，第 65 页。

化也导致了中国东北湿地、盐渍化和荒漠化的萎缩。在伪满时期，日本对中国东北地区进行官营采伐和集团式采伐，导致大面积森林被采伐殆尽，尤其是用"清扫式"的采伐手段对抗日武装出现的区域进行采伐，导致了大量荒地的出现，使森林环境进一步恶化。

东北地区的森林在沦陷时期，遭受大量的采伐和破坏，从而导致水土流失的加剧，以吉林省为例，在 20 世纪 50 年代，吉林省的水土流失面积约为 271 万公顷。① 水土流失是导致土地盐碱化和荒漠化的主要因素，从而引起东北地区沙尘暴的出现。东北地区的森林被大量采伐，森林面积不断缩小，导致动物的栖息地遭到破坏，动物越来越少，森林系统的食物链开始出现断链的现象，最终使森林生态系统的平衡性遭到破坏。以鼠类为食物的鹰、蛇等物种的减少，导致森林中鼠类的数量猛增，鼠类可携带鼠疫，进而影响到人类的生产和生活，在 1949 年前整个东北地区就陆续爆发了鼠疫疫情，给东北地区的人民带来了灾害性的影响。② 东北地区的森林大面积减少，导致了极端天气频率增多、森林生态系统失调、森林物种减少以及地方病流行等不良后果，直接或间接影响了东北地区人民的生产生活，给东北地区人民的生命和财产安全带来了严重的危害。

(二) 导致东北地区森林格局的变化

日本帝国主义及其代理人控制了整个东北地区的森林，森林采伐和管理的重点从东部的鸭绿江和吉林地区转移到西部的大、小兴安岭山区森林地区。在伪满时期，优质林木被大量砍伐，只有长白山腹地有便于开采的优质林，但由于日伪对森林的巨大需求，该地区的森林远远不能满足日本的需求，所以日本和伪满洲政府开始将目光投向大、小兴安岭林区。伪满洲国成立前，由于地理位置偏僻，交通不便，在这一地区很少有林业企业采伐活动。伪满成立后，日伪对大兴安岭山区进行了系统

---

① 吉林省地方志编辑委员会：《吉林省志·卷十八·水利志》，吉林人民出版社 1996 年版，第 659 页。

② 王铁军：《近代以来东北地区森林砍伐对生态环境的影响简析》，《社会科学辑刊》2013 年第 6 期。

的森林调查，制订了一套完整的森林采伐计划，为整个东北森林的发展提供了详细的参考。随之日本和伪满洲政府增加了中国东北的森林采伐量。1929年，东北森林面积为3646万公顷，林木蓄积量为42亿立方米。但到1942年，已经减少到3047万公顷，林木蓄积量减少到37亿立方米。[①] 1940年到东北解放后的一段时间里，东北地区森林面积和蓄积量都在不断减少[②]。伪满时期，对东北地区的森林采伐导致东北地区森林格局发生变化，很多区域的林况都已经发生改变，如东北地区中部的绥化地区，其区域内主要有呼兰河、诺敏河、松花江等，河流两岸森林密布，在1940年绥化地区有森林面积524.1万公顷，森林主要以针阔混交林为主，到1945年这些河流流域的针叶林几乎被采伐干净，仅剩海伦、绥棱两县有少量针叶林存在。[③] 日本对绥化地区的森林采伐改变了这一地区的森林面积和森林树种的布局。据统计，在1945年后，东北地区尚存有大片原始森林的地方主要有三个区域，分别是大兴安岭北部区域、小兴安岭区域以及长白山区域。这三个区域的森林面积和蓄积量分别是：大兴安岭北部地区森林面积约为525万公顷，蓄积量约为7.5亿立方米；小兴安岭地区森林面积约为1178万公顷，蓄积量约为7.5亿立方米；长白山地区森林面积约为33万公顷，蓄积量约为0.7亿立方米。[④]

在森林树种上，东部区域改变尤其明显，由于东部大部分区域，特别是鸭绿江流域，由于多年采伐造成针叶林被采伐殆尽，取而代之的是次生阔叶林，其森林质量和生长年限都比不上优质的针叶林。大、小兴安岭区域还保留着大面积的原始森林，主要为针叶林，其森林质量较优，生长年限较久。东北地区森林无论在地理分布上还是在森林种类上都发生了变化，东北地区东部区域原始森林所剩不多，主要为次生林，而次生林主要以阔叶林明显更多一些，从劫后余生的林地前后对比中不难发现，日本及伪满林业企业对阔叶林需求量不是很多，故对阔叶林的

---

①　韩麟凤主编：《东北的林业》，中国林业出版社1982年版，第128页。

②　叶瑜等：《过去300年东北地区林地和草地覆盖变化》，《中国科学》2009年第3期。

③　绥化地区志编辑委员会：《绥化地区志》上册，黑龙江人民出版社1995年版，第292页。

④　朱士光：《历史时期我国东北地区的植被变迁》，《中国历史地理论丛》1992年第4期。

采伐相对针叶林来说就少得多。

综上所述，自 20 世纪初到九一八事变爆发后，日本取代沙俄成为东北森林资源的主要掠夺者。他们对于生长周期长、成材率高的优质原始针叶林进行大规模集中采伐，导致这部分林地的消耗剧增、恢复困难。采伐手段的野蛮落后，造成了林木资源的大量浪费，破坏了林地的自然环境，透支了林地的自然恢复能力。进入冬季后，东北地区的民众本以居住地附近的林地作为薪炭的主要来源；九一八事变后，为了应对抗日武装依托山林地形开展的游击战和破袭战，日本侵略者以公路和铁路线和"集村并屯"设立的居民点为中心，人为制造和扩大无人区、无林区，以减少抗日武装的掩蔽，造成沿线大量林地被砍伐或直接焚毁，居民不得不冒着零下数十摄氏度的严寒长途跋涉去获取薪炭，冻伤、冻死、下落不明的事件时有发生。日本帝国主义操控下的林木商人、关东军和伪满政府对东北地区森林资源的掠夺是全方位、立体式和破坏性的。

参考文献

一　原始文献

[日] 草野龙次郎译：《北满洲の林业》，哈尔滨事务所调查课，大正 13 年 4 月。

[日] 川村顺：《满铁林业协力会规约》，满铁新京支社调查室，昭和 18 年 8 月。

[日] 川村顺：《满洲国林业机构再编成试案（未定稿第一案）》，满铁新京支社调查室，昭和 17 年 2 月。

[日] 川村顺：《时局の林业经济に及ぼせる影響》，满铁新京支社调查室，昭和 16 年。

[日] 川村顺：《时局、满洲经济に及ぼす影響——林业部門》，满铁新京支社调查室，昭和 16 年 8 月。

[日] 服部正相：《北方农村の林业》，北方文化出版社，昭和 18 年 5 月。

[日] 宫崎辰之允：《清国林业及木材商况视察复命书》，明治 38 年 7 月。

[日] 海林木材株式会社：《林业经营实态调查表》，昭和 18 年 7 月。

[日] 横田廉一担当：《通化县桓仁县农林业调查报告书》，满铁产业部农林课拓殖系，昭和 12 年 3 月。

[日] 吉林铁道局产业课农务系：《林业事情》，昭和 13 年 7 月。

[日] 加藤组：《林业经营实态调查表》，昭和 18 年 7 月。

[日] 江幡三郎等：《吉林省东宁方面林业调查报告书》，满铁经济调查会第二部林业班，昭和 9 年 1 月，油印。

[日] 江幡三郎等：《满洲林业资源调查报告（续）》，满铁经济调查会第二部林业班，昭和 10 年 11 月，以印刷代誊写。

［日］栃内壬五郎：《满洲の农林业の价值》，满铁兴业部农务课，昭和2年11月，铅印。

［日］林野局林野试验室：《大学専門学校卒业大陆林业技术者名簿》，1939年11月。

［日］《林业ニ关スル协议及说明事项》，手稿。

［日］满铁地方部劝业课：《满铁沿线农业用地既往拾ケ年间农、牧、林业の梗概》，大正10年10月。

［日］满铁经济调查会：《大同林业会社法》，昭和9年7月。

［日］满铁经济调查会：《大同林业株式会社法制定理由（案）》，昭和9年1月。

［日］满铁经济调查会：《林业ニ关スル法规、契约并会社定款》，昭和8年7月。

［日］满铁经济调查会：《林业事情调查报告书（齐齐哈尔方面ノ部、扎兰屯地方ノ部、博克图地方ノ部、吉林、敦化ノ部）、三姓木材集散取引状况》，昭和10年5月。

［日］满铁经济调查会：《满洲国森林ノ经营 附：大同林业会社ノ设立》，昭和9年9月。

［日］满铁经济调查会：《满洲林业方策》，昭和10年11月。

［日］满铁：《满洲林业经营机关设立要纲及说明书》，满铁经济调查会第二部第二班，昭和8年2月。

［日］满铁庶务部调查课山下义雄译：《露领极东の林业と林况 附：ソウェート连邦の森林资源总说》，大阪每日新闻社，昭和2年5月。

［日］满铁铁道总局产业课：《北满地方铁道沿线开发五个年计画案（大纲）（农畜林业）》，昭和13年9月。

［日］满铁铁道总局林业局产业课：《林业经营案编成要旨》，昭和17年5月。

［日］满铁资料课：《东满洲林业株式会社创立ニ关スル件（秘）》，昭和9年3月。

［日］满铁资料课：《吉林东南地区林业协会设立》，昭和10年5月。

［日］满洲林材通信社：《满鲜林业概观》，1939年11月。

［日］木村繁太郎编：《吉林省之林业》，满铁庶务部调查课，昭和 3 年
7 月。

［日］青柳胜敏：《吉林省东北部林业》，满铁总务部调查课，大正 9 年
6 月。

［日］日本农林省：《林业政策大纲案》，满洲帝国政府，昭和 17 年 6 月。

［日］山田彦一：《林业关系ヨリ见タル总局ノ十年计画》，满铁经济调
查会第二部林业班，昭和 10 年 4 月。

［日］松田组林业部：《林业经营实态调查表》，昭和 18 年 7 月。

［日］泰洋行：《南满洲吉林附近の森林并に林业に就いて》，满铁庶务
部调查课，大正 15 年 12 月。

［日］藤山一雄：《满洲の森林と文化》，满日文化协会，1937 年 12 月。

［日］田中定吉：《吉敦沿线林业状况（吉敦沿线森林调查报告其一　吉
敦沿线林业概论）》，满铁吉林公所。

［日］土居伝三郎等：《满洲林业资源调查报告》，满铁经济调查会第二
部林业班，昭和 10 年 11 月，以印刷代誊写。

［日］鸭绿江采木公司：《鸭绿江林业志》，大正 8 年 6 月。

［日］薗部一郎：《林业政策（上卷）》，西ケ原刊行会，昭和 15 年
10 月。

［日］正村功：《ソ连邦の林业管理组织》，满铁调查部第三调查室，昭
和 17 年 2 月。

［日］正村功译：《林业关系法规》，满铁调查部，昭和 17 年 10 月。

二　中文著作

常城、崔丕：《世界列强与东北——"九·一八"事变前日本和欧美列
强对东北的争夺》，中国大百科全书出版社 1995 年版。

迟景德：《中国对日抗战损失调查史述》，台北"国史馆"1987 年版。

丁名楠、余绳武、张振鹍等：《帝国主义侵华史》第一卷、第二卷，人
民出版社 1973、1986 年版。

顾明义主编：《日本侵占旅大四十年史》，辽宁人民出版社 1991 年版。

韩启桐：《中国对日战事损失之估计》，中华书局 1946 年版。

解学诗:《隔世遗思——评满铁调查部》,人民出版社 2003 年版。

军事科学院军事历史研究部:《中国抗日战争史》,解放军出版社 1991年版。

辽宁档案馆:《满铁档案选编:满铁的设立》,辽海出版社 1998 年版。

辽宁档案馆:《满铁密档·满铁机构》全 24 册,广西师范大学出版社 2004 年版。

刘天纯等:《日本对华政策与中日关系》,人民出版社 2004 年版。

施玉森:《日本侵华史》,雏忠会馆出版 2005 年版。

苏崇民:《满铁关系公司剖析》,吉林大学日本研究室,1978 年。

苏崇民:《满铁史》,中华书局 1990 年版。

孙继武、郑敏:《日本向中国东北移民的调查与研究》,吉林文史出版社 2002 年版。

万峰:《日本近代史》,中国社会科学出版社 1978 年版。

王魁喜:《近代东北史》,黑龙江人民出版社 1984 年版。

魏承先编:《满铁事业的暴露》,中华书局 1932 年版。

《中国馆藏满铁资料联合目录》,上海东方出版中心 2007 年版。

中国社会科学院近代史研究所:《日本侵华七十年史》,中国社会科学出版社 1992 年版。

中国史学会主编:《中国近代史资料丛刊·中日战争》,上海人民出版社 1957 年版。

中央档案馆、中国第二历史档案馆、吉林省社会科学院合编:《日本帝国主义侵华档案资料选编》,中华书局 1994 年版。

三 中文译著

[美]保罗·肯尼迪:《大国的兴衰》,王保存等译,求实出版社 1988年版。

[美]本尼迪克特:《菊花与刀——日本文化的诸模式》,孙志民、马小鹤、朱理胜等译,浙江人民出版社 1987 年版。

[美]罗兹·墨菲:《亚洲史》,黄磷译,海南出版社、三环出版社 2004年版。

［日］安冈昭男：《日本近代史》，林和生、李心纯译，中国社会科学出版社 1996 年版。

［日］草柳大藏：《满铁调查部内幕》，刘耀武、凌云、舟徒等译，黑龙江人民出版社 1982 年版。

［日］服部卓四郎：《大东亚战争全史》第 1 册，张玉祥、赵宝库译，商务印书馆 1984 年版。

［日］井上清：《日本军国主义》第 2 册，宿久高等译，商务印书馆 1985 年版。

［日］铃木隆史著，吉林省伪皇宫陈列馆：《日本帝国主义对中国东北的侵略》，吉林教育出版社 1996 年版。

［日］升味准之辅：《日本政治史》第 1—4 册，董果良译，商务印书馆 1997 年版。

［日］藤村道生：《日清战争》，米庆余译，上海译文出版社 1981 年版。

［日］外山三郎：《日本海军史》，龚建国、方希和译，解放军出版社 1988 年版。

［日］信夫清三郎：《甲午日本外交内幕》，于时化译，中国国际广播出版社 1994 年版。

［日］信夫清三郎：《日本政治史》第 3 卷，吕万和等译，上海译文出版社 1988 年版。

［日］依田家：《日本帝国主义的本质及其对中国的侵略》，卞立强等译，中国国际广播出版社 1993 年版。

［日］远东军事法庭裁判所言语部：《远东国际军事法庭审判书》，张效林译，群众出版社 1986 年版。

［日］竹内里三等编：《日本历史辞典》，沈仁安、马斌等译，天津人民出版社 1988 年版。

［苏］鲍里斯·罗曼诺夫：《俄国在满洲（1892—1906）》，陶文钊等译，商务印书馆 1980 年版。

［苏］斯米尔诺夫、扎伊采夫：《东京审判》，李执中等译，军事译文出版社 1987 年版。

四　外文著作

［日］宫本通治『満州事変と満鉄』、南満州鉄道株式会社、1934 年。

［日］鶴見祐輔『後藤新平傳（満鉄经营篇下）』、太平洋協会出版部、
　　1943 年。

［日］江上照彦『満鉄王国——興亡の四十年』、山陰出版社、1980 年。

［日］满史会『満州開発四十年史』、満州開発四十年史刊行会、1965 年。

［日］市古宙三『近代日本の大陸発展』、萤雪書院、1941 年。

［日］松本豊三『南満州鉄道株式会社三十年略史』、南満州鉄道株式会
　　社、1937 年。

［日］松岡洋右『満鉄を語る』、第一出版社、1937 年。

［日］宿利重一『児玉源太郎』、1938 年。

［日］外務省『日本外交年表主要文書 1840—1945』上、原書房、
　　1972 年。

［日］沼田多稼藏『日露陸战新史』、岩波書店、1940 年。

五　论文

崔艳明：《满铁调查与日本全面侵华》，《河北学刊》1997 年第 6 期。

丁晨曦：《日本侵华的重要工具——南满洲铁道株式会社》，《大连教育
　　学院学报》1996 年第 2 期。

高乐才：《满铁调查课的性质及其侵华活动》，《近代史研究》1992 年第
　　4 期。

李红梅、萨殊利：《南满洲铁道株式会社的设立与日本侵华政策》，《北
　　方交通大学学报》2003 年第 4 期。

李久炼、苏学文：《满铁和满铁资料》，《图书馆建设》2000 年第 3 期。

李娜：《满铁在"九·一八"事变中的情报活动与宣传》，《日本问题研
　　究》1999 年第 1 期。

李亚静、高峻：《从"九·一八"事变后看"满铁"的职能和性质》，
　　《乐山师范学院学报》2006 年第 10 期。

刘慧宇、卢玉华：《从满铁看日本在华经济活动的本质》，《北方文物》

2001 年第 3 期。

刘晓钟：《满铁侵略活动与"九·一八"事变》，《沈阳工程学院学报》
2005 年第 3 期。

刘永祥：《满铁情报调查机构述论》，《辽宁大学学报》1991 年第 3 期。

孟宪梅、李红梅：《试析满铁的情报调查活动》，《东北亚论坛》2003 年
第 6 期。

庞慧茹、高雪松：《日本侵略中国东北与南满洲铁道株式会社》，《东北
沦陷史研究》1997 年第 3 期。

祁建民：《满铁经济调查会：日本统治中国东北的"智囊"》，《社会科
学辑刊》1998 年第 5 期。

宋金玲、刘素范：《"九·一八"事变前后的满铁》，《北京交通大学学
报》2004 年第 3 期。

苏崇民：《满铁设立是日本经略中国大陆的重要开端》，《东北亚论坛》
1998 年第 4 期。

苏崇民：《满铁史概述》，《历史研究》1982 年第 5 期。

王晓峰：《"满铁"对图们江流域森林资源的"调查"》，《东北史地》
2013 年第 1 期。

解学诗：《日本对战时中国的认识——满铁的若干对华调查及其观点》，
《近代史研究》2003 年第 4 期。

邢丽雅：《伪满日本开拓团的掠夺性开发对东北的影响》，《理论观察》
2012 年第 4 期。

阎伯纬：《历史上的"南满洲铁道株式会社"简述》，《历史教学》1981
年第 6 期。

杨韶明：《满铁初期的调查机关及其活动概述》，《东北沦陷史研究》
1997 年第 4 期。

朱诗畅：《对伪满时期日本"林业移民"的研究》，《兰台世界》2015 年
第 19 期。

六　学位论文

冯其坤：《伪满时期日本对东北森林的经营与掠夺研究》，硕士学位论

文，西北农林科技大学，2016 年。

李春杰：《黑龙江省移民史研究（1644—1945）》，硕士学位论文，吉林师范大学，2015 年。

李琦珂：《20 世纪松花江流域农业生产结构变迁研究》，博士学位论文，南京农业大学，2013 年。

任仲博：《伪满时期林业政策研究》，硕士学位论文，东北师范大学，2012 年。

田峰：《日本移民开拓团侵略中国东北述论》，硕士学位论文，齐齐哈尔大学，2013 年。

王立磊：《近代以来我国林业税费制度变迁研究》，硕士学位论文，河北农业大学，2011 年。

张竞文：《20 世纪上半期日本对中国东北森林资源的调查与掠夺》，硕士学位论文，东北师范大学，2007 年。

郑宇：《近代东北森林资源产业化研究（1878—1931）》，博士学位论文，吉林大学，2017 年。

朱诗畅：《生态环境视阈下日本对辽宁地区资源掠夺探究（1931—1945）》，硕士学位论文，渤海大学，2016 年。

七　电子数据档案资料

国会図書館近代 digital library http：//kindai. ndl. go. jp/

国立公文書館 http：//www. digital. archives. go. jp/

アジア歴史資料センター http：//www. jacar. go. jp/

后　　记

　　2018 年的初雪夜，彼时歌曲《沙漠骆驼》正流行，我亦如在沙漠中踽踽前行的骆驼，在满铁研究的广阔莽原中不断探索求真。历经策划、撰写、统稿，国家社科基金重大委托项目抗日战争研究的子课题"满铁对中国东北林业资源的调查与掠夺"书写告一段落。2022 年是不平凡的一年，疫情结束之期即再次结稿之日。

　　掩稿思绪万千，唯感科研路长，长道漫漫，吾将上下而求索。搁笔沉思，感恩之心至诚，虽千言万语不能表达万一。求学路上，得遇恩师，熏陶浊身，涤荡愚心，幸甚至哉！社科院科研路上，又蒙领导同人知遇之情，如沐春风。在此首先感谢本课题的负责人邵汉明院长的信任和栽培，言传身教，对年轻科研人员的提携和引导，从课题的酝酿至付诸实施，再到结出硕果，始终不遗余力，感激之情无以言表，唯有更加刻苦努力加以回报；感谢原满铁研究中心常务副主任武向平研究员在课题进行中所做的一切，她对工作的热情和积极奋斗精神是我们每个年轻人学习的榜样；感谢满铁资料馆孙彤和景壮两位研究馆员在我翻查资料期间的耐心服务和有益指点，使我在浩渺的满铁资料海洋中不致迷失，少走弯路。科研之路难免孤苦，得遇良师诤友相扶相伴是为幸事，我相信学问之事的薪火相传与精诚合作，懂得道德之言的历久弥新，期待历史研究的山高水长、古为今用。

　　自本课题接手之日起，我励精图治，搜集资料，埋头笔耕，统计前后，行将三年。

　　写作的过程是自我反思、整合所学的过程。从选题到策划、从章节研讨到因材分工、从写作指导到统稿修改，从提出问题到推翻重述，每个环节都经过反复思考和不断研磨，其间的思虑万千之苦和灵光一现之喜只有热衷学问的人才能体会。感谢我的课题组成员对我的宽容和理解，在课题的数次研讨和写作中，对我的吹毛求疵不厌其烦，虽历经几稿仍笔耕不辍，遂感慨各位同人在今后的科研中有此耐心与毅力，定会有不凡收获。

受著者的研究方向、知识结构所限，本书在写作过程中在文字表述和写作风格、全文的理论框架的磨合和衔接及一些具体问题的把握上可能有所差池，虽历经几次统稿，难免挂一漏万，祈请得到专家和读者的批评指正。

全书由李娜统稿。具体分工如下：

李娜承担：绪论、第五章、第六章、第七章、后记；

王家曦承担：第一章、第八章；

王晓峰承担：第四章；

张馨元承担：第二章、第三章。

在本书写作过程中，借鉴了学术界许多专家学者的研究成果，在此谨申谢意！

作　者

2018 年 11 月初稿

2022 年 6 月结稿